KB092475

비됴클래스의
유튜브 영상 편집
with 프리미어 프로

하지원(비됴클래스) 지음

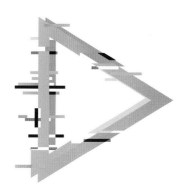

B 한빛미디어
Hanbit Media, Inc.

지은이 **하지원**(비됴클래스)

'하천'이라는 이름으로 〈비됴클래스〉 유튜브 채널을 운영하고 있습니다. 고등학교 졸업 후 바로 동영상 제작 일을 시작하여 많은 경험을 쌓았습니다. 2015년 여름에 시작한 〈비됴클래스〉 유튜브 채널은 현재 국내에서 영상 편집 주제로는 가장 많은 구독자를 보유하고 있습니다. 개인 오프라인 강좌 브랜드인 'VC CLASS'를 운영하였으며, 영상 편집 관련 교육 콘텐츠를 제작합니다. 포토샵과 프리미어 프로 개발사인 '어도비'의 초청으로 여러 차례 프로젝트를 진행했고 그 외 여러 기업, 교육 기관과 협업하고 있습니다.

유튜브 〈비됴클래스〉 www.youtube.com/@video_class

NO.1 영상 편집 유튜버

비됴클래스의 유튜브 영상 편집 with 프리미어 프로

초판 1쇄 발행 2023년 01월 18일
초판 3쇄 발행 2024년 11월 22일

지은이 하지원 / **펴낸이** 전태호
펴낸곳 한빛미디어(주) / **주소** 서울특별시 서대문구 연희로 2길 62 한빛미디어(주) IT출판1부
전화 02-325-5544 / **팩스** 02-336-7124
등록 1999년 6월 24일 제25100-2017-000058호 / **ISBN** 979-11-6921-066-9 13000

총괄 배윤미 / **책임편집** 장용희 / **기획** 유희현 / **교정교열** 박지수 / **진행** 박지수
디자인 이아란 / **전산편집** 김보경
영업 김형진, 장경환, 조유미 / **마케팅** 박상용, 한종진, 이행은, 김선아, 고광일, 성화정, 김한솔 / **제작** 박성우, 김정우

이 책에 대한 의견이나 오탈자 및 잘못된 내용은 출판사 홈페이지나 아래 이메일로 알려주십시오.
파본은 구매처에서 교환하실 수 있습니다. 책값은 뒤표지에 표시되어 있습니다.
한빛미디어 홈페이지 www.hanbit.co.kr / 이메일 ask@hanbit.co.kr / 자료실 www.hanbit.co.kr/src/11066

지금 하지 않으면 할 수 없는 일이 있습니다.
책으로 펴내고 싶은 아이디어나 원고를 메일(writer@hanbit.co.kr)로 보내주세요.
한빛미디어(주)는 여러분의 소중한 경험과 지식을 기다리고 있습니다.

안녕하세요! 비됴클래스 하지원입니다!

어렸을 때부터 창작으로 생각을 표현하는 일을 동경하다 보니 자연스레 시청각으로 생각을 구현할 수 있는 영상 제작에 빠져들고 관심을 가지기 시작했습니다. 당시 영상 제작을 독학하기 위한 자료는 외국어나 어려운 전공 서적이 대부분이라서 영상 제작 기술을 배우는 일이 꽤 어려웠습니다. 어렵사리 배운 독학 경험을 바탕으로 한국어로 진행하는 쉽고 재미있는 강의 콘텐츠를 만들고자 결심했고, 그 결과물이 바로 〈비됴클래스〉 채널입니다. 초보자부터 관련 업계 종사자, 크리에이터 등 많은 사람들이 〈비됴클래스〉 채널의 트렌디하고 재미있는 콘텐츠에 큰 호응을 보내주었습니다. 많은 분들이 기초부터 차근차근 배울 수 있는 도서를 요청했고, 더 많은 분들에게 도움을 드리고자 지난 2018년 첫 도서를 출간했습니다. 그리고 5년이 지나 드디어 두 번째 도서를 출간하게 되었습니다.

프리미어 프로와 유튜브 노하우를 알차게 담았습니다!

이 책에는 누구나 쉽고 재미있게 따라할 수 있다는 〈비됴클래스〉 채널 모토를 바탕으로 영상 콘텐츠 제작에 필요한 중요 기능을 선별해 담았습니다. 프리미어 프로의 많은 기능 중 기초 내용부터 실제 유튜브 크리에이터가 사용하는 필수 기능까지 두루두루 살펴볼 수 있습니다. 2015년부터 시작한 유튜브 크리에이터 활동을 바탕으로 보고, 듣고, 스스로 연구한 내용을 정리해 유튜브를 시작하려는 사람에게 도움을 줄 수 있는 알찬 내용도 아낌없이 구성했습니다.

즐겁고 행복하게 영상을 만드세요!

유튜브 크리에이터 활동과 본격적인 영상 제작을 시작한 지 8년이 지났습니다. 저는 요즘 이렇게 생각합니다. 동영상 제작이나 유튜브 크리에이터 활동처럼 창작을 하는 사람에게는 금전적인 성공도 물론 중요하지만 결국 본인이 창작을 즐겨야 오래오래 할 수 있습니다. 영상 제작이 힘들고 지칠 때는 내가 어떤 순간에 기쁜지 떠올려보면 다시금 에너지가 생길 때가 있습니다. 책상에 앉아서 편집을 하는 동안에는 정말 힘들지만 완성되고나서 함께 작업물을 보면서 웃을 수 있는 시간 때문에 동영상 제작을 멈출 수 없는게 아닌가 싶습니다. 이 책과 함께 내가 만들고 싶었던 영상을 만들어내면서 창작의 즐거움을 느끼는 행복한 시간이 되시길 바랍니다.

2023년 1월
하지원

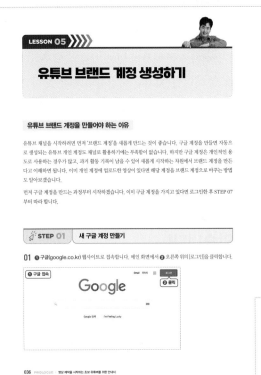

당신도 유튜버가 될 수 있다

영상 제작을 시작하는 초보 유튜버를 위한 안내서

유튜브를 시작해야 하는 이유부터 본격적인 운영 전략, 촬영 준비를 위한 장비 마련 노하우까지 유튜버가 되기 위한 모든 것을 알려줍니다.

왕초보도 프리미어 프로 전문가가 된다

프리미어 프로 영상 편집

NO.1 영상 편집 유튜버 채널 〈비됴클래스〉의 하췬이 프리미어 프로 기본 기능부터 활용 방법까지 제대로 준비했습니다.

감각적인 유튜브 영상의 숨은 비밀

유캔튜브 테크닉

내 영상이 다른 유튜브 채널의 영상보다 1% 부족하다는 느낌이 든다면 [유캔튜브 테크닉]을 참고하세요. 유튜브 영상을 더욱 감각적으로 편집하는 노하우를 배울 수 있습니다.

유캔튜브 테크닉

클립에 적용된 효과 쉽게 복제하기

예제 파일 CHAPTER_03\LESSON_05_YT.prproj | 완성 파일 없음

프리미어 프로에는 클립에 포함된 효과와 모든 특성(위치나 크기, 모션, 불투명도, 효과 등)을 한번에 복사하고 다른 클립에 붙여 넣는 기능이 있습니다. [효과 컨트롤(Effect Controls)] 패널에서 효과별로 복사/붙여넣기해도 되지만 특성 붙여넣기(Paste Attributes) 기능을 사용하면 더욱 편리하게 작업할 수 있습니다.

클립에 적용된 효과를 복사해 다른 클립에 일괄 적용하기

01 예제 프로젝트 파일을 엽니다. ❶ A클립에는 미스트 효과가 적용되어 있습니다. 옆의 ❷ B클립에 해당 효과를 복사해 붙여 넣겠습니다.

303

04 ❶ V2 트랙의 ■을 클릭해 잠금을 해제한 후 ❷ 조정 레이어의 오른쪽 끝을 드래그해 V1 트랙의 영상 클립 전체 길이에 맞게 조절합니다. ❸ Spacebar 를 눌러 완성된 영상을 확인합니다.

비됴클래스 작업 꿀팁 [잔물결 편집, 후행 클립 이동]에 체크하는 이유

기능 이름만 보면 어떤 기능인지 짐작하기 어렵지만 속도를 조절하면서 발생하는 클립 잘림 또는 클립의 사이가 벌어지는 현상을 막는 기능입니다. 아래 예시를 통해 쉽게 알아보겠습니다. ❶ 처럼 배치된 클립의 속도를 **200%**로 조절하면 ❷와 같은 상태가 됩니다.

▲ 속도 200% 빠르게 : 잔물결 편집, 후행 클립 이동 OFF

비디오 클립의 속도가 빨라지면 지속 시간이 줄어들고 시작점 기준으로 빨라진 속도만큼 공간이 생깁니다. 이때 [잔물결 편집, 후행 클립 이동(ripple edit shifting trailing clips)]에 체크한 후 속도를 조절하면 클립 사이에 발생하는 공간을 없앨 수 있습니다.

클립의 지속 시간이 변경되며 발생하는 공간이 모두 잔물결 지우기로 삭제된 상태입니다. 반대로 슬로우 모션으로 작업할 때 영상 클립의 총 지속 시간이 늘어나며 뒤에 있는 클립 위에 덮어씌워지는 경우가 발생하는 이때는 반대로 뒤의 클립을 밀어내게 됩니다.

▲ 속도 200% 빠르게 : 잔물결 편집, 후행 클립 이동 ON

319

영상 작업 꿀팁과 문제 해결 가이드

비됴클래스 작업 꿀팁&문제 해결

비됴클래스 하쥔의 특별한 노하우를 학습하고 영상 편집 작업 중 만나는 다양한 문제 상황을 즉시 해결합니다.

본격적인 영상 편집을 시작하기 전에

이 책은 영상 편집 프로그램 중 프리미어 프로를 사용하고 있습니다. 어도비 공식 홈페이지에서 크리에이티브 클라우드(Adobe Creative Cloud)를 설치한 후 프리미어 프로 최신 버전을 설치해주세요.

▲ 크리에이티브 클라우드 설치

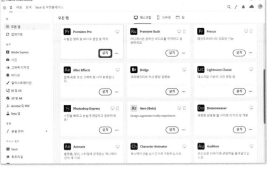

▲ 프리미어 프로 설치

비됴클래스 유튜브 채널과 함께하세요

이 책으로 프리미어 프로와 영상 편집의 기본기를 제대로 학습했다면 구독자 47.5만 명의 NO.1 영상 편집 유튜브 채널 〈비됴클래스〉를 확인하세요. 더욱 다양한 영상 편집 기술을 배울 수 있습니다.

유튜브 〈비됴클래스〉
www.youtube.com/@video_class

유튜브 영상 편집을 위한 스페셜 테크닉

Youtube, You can do it! 누구나 유튜브 영상 제작자이자 편집 고수로 거듭날 수 있는 스페셜한 테크닉을 준비했습니다. NO.1 영상 편집 채널 〈비됴클래스〉 하쥔의 [유캔튜브 테크닉]으로 영상의 퀄리티를 업그레이드해보세요!

예제 파일 다운로드하기

실습에 필요한 예제 파일은 한빛출판네트워크 홈페이지(www.hanbit.co.kr)에서 다운로드할 수 있습니다. 홈페이지에 접속하여 오른쪽 하단의 [자료실]을 클릭하고 도서명으로 검색합니다. 도서의 [예제소스]를 클릭해 다운로드합니다.

다운로드 단축 주소 www.hanbit.co.kr/src/11066

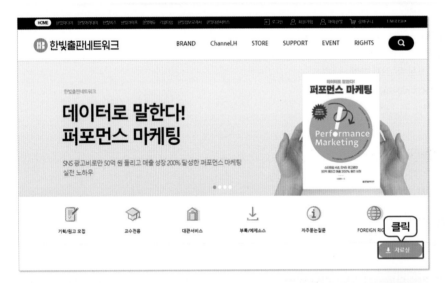

목차

PROLOGUE 영상 제작을 시작하는 초보 유튜버를 위한 안내서

목차

CHAPTER 01 프리미어 프로 기초 기능 익히기

CHAPTER 02　프리미어 프로에서 자주 사용하는 영상 편집 기술

CHAPTER 03 멋진 유튜브 영상을 만드는 프리미어 프로 효과

목차

CHAPTER 04 영상을 풍부하게 만드는 다양한 특수 효과

영상 제작을 시작하는 초보 유튜버를 위한 안내서

PROLOGUE

LESSON 01

당신이 유튜브를 해야 하는 이유

우리는 개인의 영향력을 역사상 최고로 키울 수 있는 시대에 살고 있습니다. 지금도 유튜브에서는 새로운 인플루언서가 탄생하고 있습니다. 유튜브가 완벽한 매체는 아닙니다만, 개인이 활용할 수 있는 여러 매체 중 상당한 부분에서 우수하다는 사실은 부정할 수 없습니다.

아래 표는 여러 매체의 영향력과 접근성을 임의로 평가한 것입니다. 절대적인 수치는 아니지만 여러 매체를 비교할 때 참고합니다.

매체	누구에게나 퍼지는가? (영향력)	개인이 쉽게 사용할 수 있는가? (접근성)	합계
TV, 라디오	5점	0점	5점
책	1점	2점	3점
블로그	4점	5점	9점
유튜브	5점	5점	10점

먼저 TV나 라디오는 영향력에 있어 여전히 강력한 미디어 매체입니다. 하지만 대형 스튜디오, 프로덕션이 개입해야 제작이 가능한 매체이기 때문에 개인이 쉽게 접근하고 사용할 수 없습니다. 책은 어떨까요? 요즘은 누구나 책을 쓸 수 있는 시대지만 출판에 이르는 과정은 여전히 힘든 일입니다. 무엇보다 책을 출간했다고 해서 여러 사람에게 빠르게 퍼지는 것도 아닙니다.

사진과 텍스트 기반인 블로그도 훌륭한 매체입니다. 블로그를 통해 취미를 넘어 수익을 창출하고, 제2의 직업으로 활용하는 사람도 여전히 많습니다. 블로그 상위 노출, 블로그 수익화 등의 교육이 활발한 것이 그 증거입니다. 블로그를 활용할 수 있는 방법은 다양하고 지금도 누군가는 새로운 기회를 찾아 블로그를 시작하고 있습니다.

2015년까지는 블로그를 대체할 매체가 없었습니다. 하지만 유튜브의 급속한 성장과 인스타그램, 틱톡 등 다양한 영상 소셜 미디어가 등장하면서 블로그의 위상이 많이 축소되었습니다. 블로그가 여전히 훌륭한 매체임에는 틀림없지만, 유튜브나 다른 소셜 미디어에 비하면 단점이 너무나 명확합니다.

우선 유튜브는 동영상 중심의 플랫폼입니다. 사진과 텍스트 기반인 블로그 콘텐츠보다 접근하기도 더욱 쉽고, 생동감이 있다는 것은 당연한 사실입니다. 하지만 유튜브가 더욱 훌륭한 매체가 된 것은 사용자의 적응에 있다고 생각합니다.

사용자들이 유튜브에 익숙하지 않았던 2013년부터 지금까지, 유튜브의 기능은 동영상 콘텐츠를 업로드하고 시청하는 것입니다. 내가 관심을 가지는 유사한 영상 위주로 메인 화면에 노출되고, 동영상 화질의 차이만 있을 뿐 버퍼링과 같은 성능이나 재생 기능도 크게 차이가 없습니다. **하지만 2013년과 현재의 가장 큰 차이점은 유튜브 시청의 보편화와 적응입니다.**

지금은 누구나 스마트폰을 가지고 있습니다. 스마트폰에는 대부분 유튜브가 설치되어 있고, 여가의 상당 부분을 유튜브를 시청하며 보내는 것은 특별한 일이 아닙니다. TV나 넷플릭스가 있어도 짧은 영상을 시청하는 것은 유튜브가 제격이기 때문에 하루에 최소 한 편 이상의 콘텐츠를 시청하는 사용자가 대다수입니다. 궁금한 게 생기면 네이버나 구글이 아닌 유튜브에서 검색하는 것도 일상화되었습니다. 유튜브가 블로그와 다른 점은 대중들의 일상에 밀접하게 자리 잡았다는 것입니다.

유튜브가 레드오션이 아닌 이유

너도나도 유튜브에 도전한다는 이야기가 들려옵니다. 2014년에는 유튜버라는 개념조차 모호했지만 지금은 유튜버라는 직업을 가진 사람이 많아진 것도 어색하지 않습니다. 유튜브를 시청하는 사람들이 증가하면서 시청자들의 다양한 취향을 충족해줄 유튜버가 나타나는 양적인 순환 성장이 일어난 것입니다.

이렇게 유튜버가 많아지면서 혹자는 '유튜브는 레드오션'이라고 이야기합니다. 반은 맞고 반은 틀린 말입니다. 잘하는 사람은 꾸준히 잘하고, 못 하는 사람은 못 하기 때문입니다. 계속해서 다양해지는 사람들의 취향, 니즈만큼 새로운 기회가 생기기 때문에 현재 상황을 부정적으로 보지 않습니다.

하늘 아래 똑같은 유튜브 피드는 존재하지 않습니다. 유튜브의 AI 동영상 추천 알고리즘이 나날이 정교해지면서 사용자 취향에 맞는 피드를 제공합니다. 과거의 미디어 플랫폼의 양상은 '대세를 따르라'였습니다. 콘텐츠에 순위를 매기고 높은 인기 순서로 콘텐츠를 소비하도록 사용자를 부추겼습니다. 현재는 사용자가 무엇에 관심을 가지는지, 어떤 콘텐츠에 더 오래 머무르는지 다양한 경로로 분석하여 피드를 제공합니다.

여러분의 유튜브 피드에는 구독한 채널, 혹은 인기 채널만 나타나는 것이 아닙니다. 방금 시작한 유튜브 채널이라도 사용자의 맘에 들 것 같다면 나타납니다. 이러한 시스템은 방금 시작한 유튜버에게도 노출과 성공의 기회를 제공합니다. 대세에 편승하지 않아도, 유명하지 않아도, 마이너한 취미라도 유튜브의 추천 알고리즘에 따라 적절한 사용자에게 노출될 수 있습니다. 덕분에 유튜브 채널이 늘어나도 다른 매체와는 레드오션의 양상이 다르다고 할 수 있습니다.

유캔두 유튜브 테크닉

초보 유튜버 가이드

프리미어 프로 기초

영상 편집 기본

프리미어 프로 효과

영상 특수 효과

동영상을 반드시 잘 만들어야 할까

유튜브는 '동영상'으로 이야기하는 공간입니다. 그렇다고 유튜버가 동영상 제작 전문가가 될 필요는 없습니다. 동영상은 보이는 것(영상, Video)과 들리는 것(소리, Audio)의 조합으로 보고 듣는 게 불편하지 않다면 콘텐츠로써 '기본'은 하는 것입니다. 큰 예산을 들여 전문 인력이 만든 영상보다 스마트폰으로 촬영해 간단한 편집만 거친 내 이야기가 더 높은 평가를 받을 수도 있는 곳이 유튜브입니다.

동영상 제작에 대한 아무런 노력 없이도 유튜브 대박을 바랄 수 있을까요? 그것은 로또를 바라는 심정과 다를 바 없다고 생각합니다. 적어도 내가 표현하고자 하는 내용은 무리 없이 전달할 수 있어야 꿈이 실현될 가능성이 1%라도 높아집니다. 이 책을 통해 여러분이 나만의 동영상을 만드는 방법을 필요한 만큼 알려드리고자 합니다. 만약 책을 반쯤 보다가 내가 알고 싶은 것은 다 알았다 싶으면 책을 덮고 바로 영상을 만들어보는 것을 추천합니다. 영상 편집은 직접 실행하는 것이 중요합니다. 책을 100번 읽는 것보다 한 번 만들어보면서 내가 무엇이 부족한지, 무엇을 배워야 하는지 피부로 느낄 수 있길 바랍니다.

유튜브는 원래 이렇게 힘들까

> 안녕하세요. 하쥔님의 영상을 보고 배우면서 최소 일주일에 한 개는 영상을 만들어 유튜브에 업로드하는 초보 유튜버입니다. 원래 유튜브가 이렇게 힘든 건가요? 다른 사람들은 카메라 앞에서 말도 잘하고, 야외에서 자신 있게 촬영하는 것 같은데 저는 정말로 어렵습니다. 카메라 앞에서는 하려던 말도 까먹어서 대본을 한 마디씩 읊는 수준이고, 바깥에서는 사람들이 이상한 시선으로 바라보는 것 같아 소심해집니다. 게다가 편집은 얼마나 힘든지 10분짜리 만드는 것도 일주일은 넘게 걸리는 것 같아요. 2~3일에 하나씩 영상을 업로드하는 사람들은 대체 어떻게 하는 건지 경이로울 따름입니다. 아무래도 저는 유튜브를 하기에 재능이 없는 걸까요?

위의 이야기는 놀랍게도 필자의 이야기이기도 하고 주위의 초보, 베테랑 유튜버 모두가 고민하는 이야기이기도 합니다. 아무런 경험 없는 일반인이 카메라 앞에서 자연스럽게 연기하거나 말하는 것은 당연히 힘든 일입니다. 유튜브를 한 지 8년이 되어가는 필자도 힘들기는 마찬가지입니다. 하지만 영상은 내가 직접 편집할 수 있으므로 부끄러운 장면을 모조리 편집할 수 있습니다. 인사말 한마디를 10번 촬영하고 가장 잘 나온 컷 하나를 유튜브에서 보여주면 되는 것입니다.

인스타그램이 인생의 가장 화려한 부분만 조명한다고 말하는 것처럼 유튜브도 마찬가지입니다. 완성된 영상 뒤에 엄청난 노력, 부끄러운 과정이 숨어 있는 것입니다. 긴 노력 끝에 완성한 완성본을 업로드하기 때문에 시청자는 그 뒤의 힘든 과정을 눈치채기 어렵습니다.

거기에 영상을 만드는 과정은 원래 오래 걸립니다. 이야기하는 중간중간 빈 부분을 자르고, 부자연스러운 부분은 없는지 수십 번 검토해야 합니다. 거기에 자막/그래픽 작업은 물론, 콘텐츠의 흐름을 자연스럽게 만들기 위한 여러 노력을 쏟다 보면 작업 시간은 무한히 늘어납니다.

그래서 우리는 이러한 사실을 인정할 필요가 있습니다. 동영상 제작은 누구에게나 어색하고, 어렵고, 지치고, 힘든 작업입니다. 그래도 해야 한다면 완벽한 영상을 만들기보다 적절한 선에서 타협하며 하루라도 콘텐츠를 더 빨리 만드는 것이 좋습니다. 이 것이 동영상을 만드는, 유튜브 시작하는 여러분을 응원하는 이유이기도 합니다.

유튜브 테크닉

초보 유튜버 가이드

프리미어 프로 기초

영상 편집 기본

프리미어 프로 효과

영상 특수 효과

LESSON 02

유튜브란 무엇이고
어떤 채널을 만들 것인가

유튜브는 전 세계 5억 명, 국내에서는 약 2천만 명이 이용하고 있다고 합니다. 국내 핵심 이용자는 하루 평균 2시간 이상 유튜브를 시청한다는 통계도 있습니다. 생각보다 많은 시간을 사용하는 셈입니다. 유튜브는 어떻게 전 세계인의 생활에 자리잡게 된 것일까요? 간단합니다. 영상 제작자에게 수익을 공유하는 시스템을 만들고 시청자들이 원하는 영상을 추천하는 알고리즘을 개발했기 때문입니다. 제작자, 시청자, 광고주가 모두 윈-윈할 수 있는 전략인 것이죠. 간단해 보이는 두 가지를 구현하기 위해 유튜브가 얼마나 많은 노력을 기울이는지 알아보겠습니다.

꼼수가 통하지 않는 유튜브 알고리즘

유튜브 영상을 만들기 전에 유튜브가 어떤 방식으로 동작하는지 알면 채널 성장에 많은 도움이 됩니다. 문제는 유튜브가 가진 알고리즘(영상을 추천하는 방식)은 매우 복잡하여 유튜브 직원도 정확한 원리를 모른다는 점입니다. 또한 인공지능이 알고리즘을 실시간으로 바꾸고 개선하기 때문에 설령 알아내더라도 꼼수나 해킹(Hacking)은 금방 무용지물이 됩니다.

유튜브 생태계를 이루는 중요한 세 요소는 무엇일까요? 바로 유튜버, 사용자(시청자) 그리고 광고주입니다. 이렇게 셋이 존재해야 유튜브 시스템이 제대로 운영될 수 있습니다. 예를 들어, 재미없는 영상을 자주 업로드해 내 채널에서 사용자가 이탈한다면 이는 당연히 광고 노출 감소로 이어집니다. 이런 채널이 유튜브에 많아지면 광고주 역시 이탈해 유튜브 자체의 매출이 줄어드는 악순환에 빠집니다.

유튜브는 '재미있고 오래 볼 만한' 영상을 피드 상위에 노출하는 사용자 경험(UX, User Experience)을 매우 중요하게 생각합니다. 유튜브가 개인의 취향에 맞는 영상을 추천하는 이유도 바로 이런 이유 때문입니다. 하지만 사용자만 좋으면 그만일까요? 유튜브는 사용자만큼 광고주를 생각합니다. 유튜브를 사용하는 광고주, 기업의 최대 관심사는 브랜딩 차원에서 자사 이미지 구축과 그에 따른 광고 집행입니다.

유튜브가 추구하는 영상 추천 방식은 '사용자가 오래 시청할 수 있는 영상(시청 지속 시간)'이면서 동시에 '광고주가 광고를 집행할 만한 영상(광고주 친화적)'입니다. 이는 유튜브에서 공개적으로 이야기하고 있는 부분이기도 합니다. 당연히 광고주 입장에서 혐오를 유발하는 콘텐츠, 편향적, 선정적, 폭력적인 콘텐츠에 광고가 달리기를 원하지 않습니다. 그런 영상은 조회수가 높아도 크게 보면 유튜브 생태계에 악영향을 끼치는 요소가 됩니다. 유튜브는 서비스의 존속 가능성을 생각해야 하는 입장이기 때문에 문제 소지가 있는 영상을 차단하거나 수익 발생을 차단(소위 노란딱지)할 수밖에 없습니다.

'긴 시청 지속 시간'과 '광고주 친화적'인 두 가지 가치를 실현하고자 유튜브의 내부에서 복잡한 알고리즘 개선이 지속해서 이루어지며 영상 추천 방식이 변합니다. 블로그나 인스타그램 마케팅에서 유행했던 마케팅 도구 등의 '꼼수'는 유튜브에서 통하지 않는 이유입니다.

해킹 프로그램을 구매해 10만 명 구독자를 가진 채널을 만들고, 댓글, 조회수를 늘리는 행위는 유튜브 채널 성장에 도움이 되지 않습니다. 오히려 성장을 방해하는 요소로 작용합니다. 유튜브에서는 이러한 꼼수를 원천 차단하고자 부단히 노력합니다. 주의할 점은 유튜브는 국가나 기구가 아닌 사업자입니다. 서비스 규칙을 마음대로 정할 수 있고, 새롭게 바뀔 규칙을 미리 고지하지 않는 경우도 있습니다. 여러분이 알고리즘의 마음에 들지 않는 일을 계속한다면 언젠가 유튜브에서 차단당할 수도 있습니다.

유튜브로 진정 이루고 싶은 것이 무엇인가

한때 '퇴사하고 유튜브한다!' 붐이 일었을 때 저에게 많은 유튜브 고민 상담이 들어왔습니다. 그때마다 '왜 유튜브입니까?'라고 매번 물어봤습니다. 이 질문에 확실한 목표로 대답한 사람들은 지금까지 유튜브 채널을 꾸준히 유지하고 있습니다. 확실한 목표의 예는 다음과 같습니다.

• 금전적 수입 확장, 돈
• 본인의 인플루언싱 파워 확대, 인기
• 사업의 확장, 회사 브랜드 및 개인의 홍보

이러한 목표들은 한 가지 공통점이 있습니다. 바로 하기 싫은 일도 해내게 만드는 원동력이 있다는 것입니다. 하지만 종종 '재미있을 것 같아서', '놀면서 돈 버는 것 같아서', '일상 기록하기 위해서' 유튜브를 시작하시는 분들도 있습니다. 하지만 영상을 꾸준히 촬영하고 편집해 업로드하는 일은 만만하게 볼 일이 아닙니다. 조금이라도 재미없어지거나 힘들면 포기하기 쉬울뿐더러, 방향성을 잡지 못해 콘텐츠가 일관되지 못하고 표류하게 될 확률이 높습니다. 결국 채널은 성장할 수 없고 지속된 무관심에 포기하게 됩니다. **돈과 인기 같은 원초적인 원동력은 지속성이 강합니다.** 잠깐의 고통이나 지루함을 참아내고 자기 즐거움보다는 시청자의 니즈에 초점을 맞춘 콘텐츠를 계속 만들어야 성장할 수 있습니다.

필자가 비듀클래스 채널을 시작한 첫 번째 이유는 인기였고 두 번째는 수익이었습니다. 나를 알리고 싶은 수위 '관종끼'가 있었고 자연스레 돈이 따라오지 않을까 하는, 그리 깊은 생각은 아니었습니다. 하지만 원초적인 목표가 나름 명확했기 때문에 오랫동안 포기하지 않고, 내가 하고 싶은 콘텐츠보다 시청자가 원하는 콘텐츠는 무엇일까 계속 연구하면서 지속할 수 있었습니다. 여러분도 자신이 유튜브로 진정 이루고자 하는 것이 무엇인지 한번 생각해보기를 바랍니다.

채널 주제를 선정하기 전 특성 분석하기

유튜브를 시작하려는 사람들 대다수가 채널 주제를 선택할 때 큰 고민 없이 VLOG를 이야기합니다. 본인이 즐겨 보기도 하고, 일상을 촬영만 하면 될 것 같아 쉬워 보이기 때문입니다. 무작정 아무거나 하려는 것보다는 낫지만 VLOG는 결코 쉬운 장르가 아닙니다. **어떤 주제라도 선택하기 전 예상되는 문제는 무엇인지, 성공하기 위해서는 어떤 방법이 있는지 조금은 알아보고 선택해야 한다는 의미입니다.** VLOG를 주제로 선택하지 말라는 것이 아닙니다. 무턱대고 시도하다 실패하면 유튜브는 어렵다는 선입견이 생길 수 있습니다.

일단 우리가 VLOG 채널을 즐겨보는 이유를 나름대로 분석해보겠습니다. 대다수 시청자들이 그냥 좋아서 본다고 생각할 수 있지만 제대로 분석한다면 여러 가지 이유를 발견할 수 있습니다. 대표적인 세 가지를 알아보겠습니다.

첫 번째로 **동기부여 및 롤모델형 유튜브**입니다. 쉽게 말해 열심히, 예쁘게, 멋지게 살고 있어서 나도 열심히 살아야겠다는 동기를 주는 채널입니다. 시청자로 하여금 멋진 집에서 예쁜 디저트를 만들고, 알찬 하루를 보내기 위해 조금 더 노력하게 만드는 것입니다.

두 번째로 **공감 및 위로형 유튜브**입니다. 20대를 보낸 사람의 소회, 퇴사 VLOG 등 사람들이 흔히 겪는 주제를 바탕으로 공감을 일으키고 감정적인 위로를 주는 채널입니다. 직장인이라면 퇴사를 꿈꾸거나 고민 중일 때 퇴사 관련 주제에 눈길이 갈 수밖에 없습니다.

세 번째로 **인플루언서형 유튜브**입니다. 사실 가장 흔히 보이는 유형입니다. 사람들로 하여금 인간적인 매력이 증명된 경우라고 할 수 있습니다. 연예인, 스트리머 등 대중과 이미 친숙한 사람들은 어떠한 콘텐츠를 만들더라도 기본 이상만 하면 시청자들이 따라옵니다. 이러한 인플루언서 채널은 유튜브로 성공하는 대표적인 유형 중 하나이므로 이후에 다시 다루겠습니다.

이 밖에도 다양한 이유가 있을 것입니다. 이렇게 다양한 유형을 통해 내가 채널을 만들 이유와 방향도 다시 생각해보아야 합니다. **VLOG도 겉으로는 단순히 일상을 담는 영상처럼 보이지만 결국에 시청자로 하여금 볼 이유를 만들어야 하는 콘텐츠라는 것은 똑같습니다.**

채널 주제를 정할 때 고려해야 할 요소들

재미로 유튜브 채널을 운영할 게 아니라면 어떤 주제가 승산이 있는지 알아야 합니다. 물론 내가 가진 장점과 재능을 바탕으로 생각하는 것이 가장 좋습니다. 평소 생각해오던 주제에 다음과 같은 조건에서 해답을 찾아 선택하는 것이 바람직합니다.

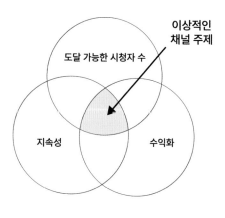

▲ 이상적인 채널 주제 선택 기준

첫 번째, 도달 가능한 시청자 수

게임, 먹방 유튜버가 많은 이유는 진입하기 쉽다는 점도 있지만, 잠재 시청자가 많다는 더 큰 이유가 있습니다. 노래나 춤 역시 누구나 볼 수 있는 콘텐츠이며 이 경우 언어의 장벽마저 없으니 도달 가능한 시청자는 전 세계인이 대상이 됩니다. 반대로 이야기하면 이런 주제는 레드오션이라고 할 수 있습니다만, 본인이 생각할 때 분명한 강점이 있다면 과감히 도전해보는 것도 좋습니다.

잠재 시청자가 적은 주제도 있습니다. 비됴클래스 채널처럼 '동영상 제작'을 전문적으로 다루는 유튜브 채널도 마찬가지입니다. 필자의 채널은 다행히 유튜브 붐, 여행 영상 붐을 타고 자리 잡은 케이스입니다. 넓게 생각해보면 동영상 제작이라는 주제는 카메라나 노트북과도 연관성이 있습니다. 필자는 전자제품을 좋아하기 때문에 이러한 리뷰도 같이 진행하고, 동영상 제작에 대한 관점을 담아 도달 가능성을 넓힐 수 있었습니다. **단순하게 생각하지 말고 본인 채널의 메인 주제와 연관되는 주제, 대중적인 관심사를 연계해 도달 가능한 시청자의 수를 최대한 넓히는 것이 양적 성장에 있어 중요합니다.** 유튜브가 범국민적 미디어가 되면서 마이너한 분야도 잘 만들면 충분히 유명 채널이 될 수 있습니다. 하지만 도달 가능한 시청자 수는 절대적으로 부족하기 때문에 이러한 점을 인지하고 채널을 운영해야 합니다.

두 번째, 지속성

해당 주제로 얼마나 지속할 수 있는지는 매우 중요합니다. 해당 분야에 대한 나의 전문성도 생각해야 합니다. '소재가 떨어지면 다른 주제로 바꾸면 되는 것 아닌가?'라고 생각할 수 있지만 갑작스러운 채널 주제 변경은 기존 구독자에게 등을 돌리는 것과 같습니다. 해당 주제가 좋아서 구독한 시청자들에게 뜬금없이 다른 주제의 영상을 제공하면 바로 구독을 취소할 것입니다. 따라서 한 가지 주제를 오래 다룰 자신이 있는지 먼저 고민하는 것이 중요합니다.

물론 앞서 설명한 것처럼 채널의 메인 주제를 좋아하는 시청자가 좋아할만한 다른 소재를 활용하는 것도 괜찮은 방법입니다. 이는 도달 가능한 시청자 넓히기와 일맥상통합니다. 동영상 제작이 궁금한 사람들은 노트북(컴퓨터), 카메라에도 관심이 많을 것이라는 상관관계처럼 주제를 넓히고, 기존 시청자의 반응이 괜찮다면 채널의 성장은 물론 다룰 주제도 많아집니다.

한 분야의 전문가, 특히 10년 이상 한 분야에 몸담았다면 자신의 분야를 살려 유튜브를 했을 때 이야기할 것이 정말 많을 겁니다. 하지만 초보자, 소소한 취미 정도의 실력이라면 같은 주제로 100개 이상의 영상을 만들기는 쉽지 않을 것입니다. **그래서 유튜브를 시작하기 전에 같은 주제로 최소 100개의 영상을 만든다고 가정하고 판단해야 합니다.** 참고로 한 주에 한 편의 영상을 올려도 1년에 53개의 영상을 만들어야 합니다. 비됴클래스가 지난 7년간 만든 영상 편집 튜토리얼은 대략 230편입니다.

세 번째, 수익화

내가 잘할 수 있는 주제에 조회수가 보장되어도 결국 돈이 안 되면 목적의식을 상실하고 포기하기 쉽습니다. 그래서 채널을 어떻게 수익화할 것인가 생각해보는 과정도 중요합니다. 정말 다양한 경우가 있지만 몇 가지 대표적인 수익화 사례에 대해 알아보겠습니다.

01 조회수 수익(구글 애드센스) | 유튜브 자체에서 발생하는 수익입니다. 조회수 1당 1원이라는 이야기가 있지만 실제로는 조회수 1당 1~10원 정도로 편차가 있습니다. 조회수가 많을수록 수익을 많이 창출할 수 있는 것은 사실이며, **개인적으로는 재능(인기)이 가장 필요한 영역이라고 생각합니다.**
참고로 비됴클래스 채널에서 유튜브 수익을 인증한 적이 있습니다. 당시 수익은 월평균 200만 원 정도로 최저임금 수준이라서 편집자를 고용할 수도 없을 정도였습니다. 공개 당시 측은한 위로를 보내주던 댓글들이 기억납니다. 하지만 그런 제가 편집자도 고용하고 성공적으로 채널을 운영할 수 있는 이유는 두 번째에 있습니다.

02 광고 수익(브랜디드 콘텐츠, PPL등 유료 광고) | 유튜버의 영향력(조회수나 이미지)을 이용해 제품이나 서비스를 대신 광고해주는 일로 수익을 내는 것입니다. 보통 광고 업계에서는 '브랜디드 콘텐츠'라고 불립니다. 장점으로는 조회수 수익 대비 높은 수익을 얻을 수 있다는 점입니다.
단점으로는 MCN처럼 소속사가 없다면 광고주(혹은 대행사)와 직접 협의하여 일을 진행해야 한다는 점입니다. 익숙하지 않다면 진행이 쉽지 않고, 투명하지 않은 광고 진행 비용 때문에 얼마를 받아야 적절한 것인지 고민될 수 있습니다. 하지만 조회수가 수익으로 바로 창출되는 애드센스에 비해서 **조회수에 상관없이 채널의 이미지만으로 큰 수익을 얻는 방법이기 때문에 가장 추천하는 수익화 방법입니다.**

03 사업화 | 유튜브로 얻은 영향력, 인기, 브랜드 이미지를 통해 제품이나 서비스를 직접 만드는 것을 의미합니다. 공동 구매나 굿즈 판매도 여기에 해당합니다. 거의 창업에 준하는 방식으로 가장 어려운 수익화 방법이지만 사실상 가장 높은 수익을 창출하는 방법입니다.

필자의 경우 광고 수익 다음으로 사업을 통해 여러 수익을 창출했습니다. 영상 편집용 템플릿, 온라인 클래스를 제작해 판매하여 광고 수익보다 더 큰 수익을 창출하였습니다. 하지만 누구나 하기 어렵다는 단점이 있고 **사업화로 제품을 판매하기 위해서는 그만큼 유튜브로 쌓아온 신뢰, 이미지, 영향력이 뒷받침되어야 합니다.**

유튜버의 수익화 케이스는 너무나 다양합니다. 트위치 스트리머나 아프리카 BJ처럼 시청자에게 후원을 받는 경우부터 직접 계좌번호를 공개해 후원받는 사람까지 존재합니다. 한 가지 방법으로만 활동하는 유튜버가 있기도 하고, 여러 방식으로 수익을 창출하는 유튜버도 있습니다. **수익을 창출하기 위한 기본 전제는 기업이 광고를 줄 만한 영향력과 전문성, 시청자와이 끈끈한 유대감이 있어야 한다는 것입니다.**

유캔트브 테크닉

초보 유튜버 가이드

프리미어 프로 기초

영상 편집 기본

프리미어 프로 효과

영상 특수 효과

LESSON 03

성공적인 유튜버가 되기 위한 방법

성공적인 유튜브 채널의 세 가지 케이스

채널 주제를 정할 때 같은 주제를 다루는 유튜버들의 성공 케이스를 분석해야 합니다. 정말 다양한 이유가 있겠지만 근본적인 채널 성장과 활동의 에너지원이 어디에서 나오는지 분석해보면 크게 세 가지로 분류할 수 있습니다.

Case 1 인기를 중심으로 활동
Case 2 정보 및 지식을 중심으로 활동
Case 3 자신의 재능과 끼를 중심으로 활동

최소 두 가지 이상의 케이스를 채널의 정체성으로 녹이자

대부분의 유튜브 채널을 분석하면 크게는 위 세 가지 케이스로 분류할 수 있습니다. 인기 있는 유튜브 채널일 수록 위 세 가지를 복합적으로 갖추고 있습니다. 세 가지를 케이스에 모두 해당한다면 더 큰 영향력을 가질 수 있습니다.

대표적 예시로 백종원의 요리비책 채널은 구독자 550만 명의 대형 채널이고 편당 조회수는 10~50만 회를 꾸준히 기록합니다. 이미 국민적인 스타라는 인기에 더해 많은 시청자의 관심사인 요리를 쉽고 재미있게 알려주는 채널이기 때문에 첫 번째와 두 번째 케이스에 모두 해당합니다. 그렇다고 지루하게 요리만 알려주지 않습니다. 특유의 재치와 캐릭터로 시청자와 친근하게 소통하기 때문에 세 번째에도 해당한다고 볼 수 있습니다.

다른 예시로 지식 채널인 지식한입이 있습니다. 구독자는 100만 명, 편당 조회수는 평균 50만 회를 넘는 인기 채널입니다. 다양한 분야의 지식을 다루지만 지식의 심도보다는 대중의 눈높이에 맞춰 재미있게 설명하는 것이 강점입니다.

마지막으로 비됴클래스 채널입니다. 국내 최초의 영상 제작 튜토리얼 채널로 알고 있는 분도 있지만, 사실 이전에도 많은 채널에서 영상 제작 튜토리얼을 업로드하고 있었습니다. 하지만 필자는 유튜브 시청자들이 원하는 가볍고 재미있는 콘텐츠를 지향하며 대중적인 눈높이에서 재미있게 만드는, 두 가지 정체성을 녹였습니다.

Case 1 : 인기를 중심으로 활동

대다수 대형 인기 유튜버가 이 케이스에 해당하므로 성공적인 유튜버의 필수 조건임은 분명합니다. 대표적으로는 연예인이 등장하는 유튜브 채널들이 있습니다. 이러한 채널의 특징은 메인 주제가 아닌 다른 주제의 영상이 올라와도 믿고 봐줄 시청자들이 많다는 것입니다. 이 사람이 너무 친근해서, 뭘 해도 재미있어서 보는 것입니다. 대다수의 유명 유튜버들은 시청자와 이러한 신뢰 관계를 구축한 경우가 많습니다. 물론 절대 쉬운 일이 아닙니다 **오래 기간 인간적인 매력을 꾸준히 쌓아야만 가능합니다.**

Case 2 : 정보 및 지식을 중심으로 활동

특정 주제를 중심으로 활동하는 경우입니다. 영화, 자동차, 테크, 과학, 게임, 요리, 헬스 등 정말 다양한 주제로 도전할 수 있습니다. 초보자에게는 정보 중심의 유튜브 채널 운영이 도전해볼 만합니다. 재능과 끼가 부족한 경우도 있고, 처음부터 인기 있기는 훨씬 더 힘듭니다. **무엇보다 정보나 지식은 이미 사람들의 큰 관심사일** 가능성이 높습니다.

재치가 조금 부족하고 얼굴을 드러내는 것에 자신이 없어도 정보를 알리거나, 외부의 자료를 수집/가공하는 것 만으로도 콘텐츠를 만들 수 있습니다. 물론 성공적인 유튜버가 되기 위해서는 전문성에 재미라는 요소도 생각해야 합니다. 유튜브는 직무교육 플랫폼이 아닙니다. 아무리 분야에 대한 권위와 전문성이 있더라도 칠판 앞에서 무뚝뚝하게 이야기만 해서는 유튜버로 성공하기 힘듭니다. 해당 분야에 열정이 있는 소수는 볼지 모릅니다. 하지만 대다수의 유튜브 이용자는 저녁을 먹을 때 심심하지 않을, 관심 있는 분야에 대해 재미있게 알려주는 영상을 선택합니다.

Case 3 : 자신의 재능과 끼를 중심으로 활동

개인적으로 가장 어렵다고 생각하는 케이스입니다. 댄스나 노래, 연기가 훌륭한 콘텐츠임은 부정할 수 없습니다. 그러나 재능이 있다 하더라도 콘텐츠로써 무조건 성공하는 것은 당연히 아닙니다. 요즘 유행하는 노래를 부르거나, 눈을 사로잡는 콘셉트로 춤을 추고, 정말 재미있는 대본을 기획해야 성공합니다. 매번 새롭고 조회수가 잘 나올 소재를 찾는 것도 쉽지 않기 때문에 조회수의 등락이 매우 큽니다. 그래서 성공한 재능 유튜버 대부분은 VLOG나 라이브 등을 통해 인간적인 인기를 얻거나, 정보 또는 교육 콘텐츠를 만들어 구축한 성공을 유지하려는 경우가 많습니다.

유캔튜브 테크닉

초보 유튜버 가이드

프리미어 프로 기초

영상 편집 기본

프리미어 프로 효과

영상 특수 효과

일관적인 주제가 갖는 중요성(브랜딩)

성공한 유튜브 채널은 일관된 주제, 톤을 가진 콘텐츠를 제공한다는 공통점이 있습니다. 정확히 이야기하면 해당 채널에서 보여줄 법한 콘텐츠를 지속해서 제공하는 것입니다. 물론 새로운 시도, 실험이 나쁜 것은 아닙니다. 하지만 유튜브 채널은 특정 관심사를 가진 사람들이 모인 커뮤니티와 같습니다. 관심사란 앞에서 이야기한 세 가지 케이스입니다. 유튜버 그 자체가 관심사가 될 수도, 자동차나 컴퓨터가 될 수도, 기타 연주나 춤을 보는 것이 될 수도 있습니다.

구독자가 원하는 관심사의 콘텐츠를 높은 빈도로 업로드해야 합니다. 만약 비됴클래스 채널에서 갑자기 '제주도 한 달 살기' 주제가 나오면 다소 뜬금없고 별로 기대되지도 않을 겁니다. 하지만 '제주도에서 멋진 영상 만들기'는 구독자들이 충분히 시청할만한 콘텐츠일 것입니다. 이렇듯 소재가 상이하더라도 최대한 관련된 주제로 만들어야 합니다.

내 채널을 특정 주제의 관심사로 묶는 과정도 '브랜딩'입니다. 다수의 시청자에게 내 채널에 대한 특정 이미지가 떠오르도록 만드는 과정이 어려운 일 같지만, 전혀 어렵지 않습니다. 다만 여러분이 채널에 애정을 가지고 운영하다 욕심이 과해질 무렵 갑자기 엉뚱한 주제에 도전하고 싶어질 수도 있습니다. 그럴 때마다 해당 **콘텐츠가 내 채널에 어울리는지 심사숙고해야 한다는 사실을 잊지 말아야 합니다.**

콘텐츠 하나가 뜬금없이 터진다면 어떤 일이 벌어질까

유튜브를 시작한 사람에게 '알고리즘의 간택'은 꿈같은 순간입니다. 지금은 평균 조회수 100~1,000에 머무르고 있지만 언젠가 콘텐츠 하나가 빵 터지지 않을까 바라는 것입니다. 하지만 이는 길을 걷다 돈을 줍길 기대하는 것과 비슷합니다. 길에서 돈을 주워도 주인에게 돌려주는 것이 원칙입니다. 기분이 좋다가 마는 것처럼 아무런 의미가 없다는 뜻입니다. 필자도 알고리즘의 간택을 받으면 처음에는 기분이 좋다가도 오히려 뜬금없는 대박 콘텐츠가 채널 성장에 건강한 것일까 염려합니다. 가장 좋은 케이스는 조회수가 천천히 오르면서 탄탄한 최소 수치를 유지하는 것입니다. 이때는 이를 뒷받침할 충성 구독자를 확보해야 합니다.

'내 유튜브는 언제 알고리즘의 간택을 받을까요?'는 쓸데없는 생각이다

낮은 구독자의 유튜브 채널에서 대박이 나는 케이스가 있습니다. 메인 주제에서 벗어나 일회성으로 유사하거나 다른 주제를 다뤘을 때 더욱 극명하게 일어납니다. VLOG를 업로드하던 채널이 신형 아이패드 언박싱을 올리거나, 자극적인 섬네일에 시청자가 유입되거나, 뜨거운 최신 이슈를 다루는 등 다소 인기 있을 주제가 시기와 맞아떨어졌을 때 조회수가 폭발합니다.

당장은 기쁠 수 있습니다. 평균 300회였던 조회수가 30만 회가 되고, 댓글은 몇 백 개가 달립니다. 하지만 의외로 구독자는 크게 늘지 않았을 것입니다. 왜냐하면 **시청자들도 해당 채널이 이러한 주제의 영상을 계속 업로드할 것이란 기대가 없기 때문입니다.** 유입된 사람들이 내 채널의 다른 영상도 봐주는 것이 이상적이지만 그런 일은 일어나기 힘듭니다. 이유는 간단합니다. 시청자가 관심 있는 것은 오직 일회성으로 올린 그 영상이었기 때문입니다.

이러한 일이 일어났을 때 여러분은 두 가지 선택지에 놓이게 됩니다. 첫 번째는 평소 하던 주제를 그대로 올리는 것이고, 두 번째는 잘 나왔던 영상을 바탕으로 비슷한 주제를 다루는 영상을 만드는 것입니다. 둘 중 무엇을 선택할 지는 온전히 여러분의 선택입니다. 하지만 **주제 선정의 세 요소인 '도달 가능성', '지속성', '수익화' 등**을 고려하지 않고 잘 나온 영상의 2탄을 만든다면 침체의 덫에 걸리기 쉽습니다. 물론 평소 만들던 영상보다 조회수가 잘 나오고 당장 채널은 성장하는 것처럼 보이겠지만 하고 싶은 주제와 채널 운영이 다르게 흘러가면 흥미가 떨어질 확률이 높습니다. 게다가 전문성이 있는 분야가 아니라면 지속성도 걱정해야 합니다. 갑자기 찾아온 기회이기 때문에 너무 고심해야 하는 것입니다. 그렇다고 다시 원래 하던 추세를 유지해도 이미 30만 조회수의 힘을 맛본 상태라 이전보다 창작의 고통이 몇 배로 높게 체감됩니다.

어떻게 해야 하는지 정답은 없습니다. 다만 본인이 스스로를 가장 잘 알고 있기 때문에 상황을 파악해 판단합니다. 이러한 일이 일어난 사람들 중에는 **갑자기 채널 주제를 바꿔 승승장구한 사람이 있는 반면, 덫에 빠져 채널을 포기하는 사람도 여럿 있습니다.**

한 가지 분명한 사실은 이러한 대박 콘텐츠가 채널에 좋은 영향만 주는 것이 아니라는 점입니다. 물론 실험과 탐색을 통해 새로운 주제에 도전하고, 제2의 대박 콘텐츠를 계속 만들 수 있다면 더없이 훌륭합니다. 하지만 애초에 대박을 노리는 것보다는 **나의 강점을 토대로 콘텐츠를 만들면서 '내 분야 안에서' 대박을 바라는 것이 중요합니다.** 비됴클래스 채널의 경우 비슷한 주제 내에서 '아이폰 광고 템플릿' 영상이 중간 정도의 대박으로 채널 성장에 도움이 되었고, '후쿠오카 여행 영상'에서도 많은 시청자가 유입되었습니다. 이렇듯 대박을 통해 유입된 신규 시청자가 기존 콘텐츠를 좋아해주고 그대로 채널 성장에 도움이 되는 채널 운영을 통해 탄탄하고 안정적으로 성장하는 것이 가장 이상적입니다.

유튜브는 장거리 마라톤이다

누군가는 첫 영상부터 높은 조회수로 순탄하게 시작하고, 누군가는 1년이 넘도록 몇백 명 구독자와 도란도란 채널을 만들어갑니다. 그러다가 잘 되는 경우도 있고 그렇지 않은 경우도 있습니다. 유튜브는 최소한 1년은 해보아야 포기를 고려할 수 있다고 생각합니다. 적어도 1년은 해봐야 자신도 영상 만드는 것에 적응되고, 해당 분야에서 시청자들이 어떤 것을 좋아하는지 파악할 수 있습니다. **그 전에 포기한다면 결국 미지의 가능성을 남겨두고 포기하는 셈입니다.**

1년 동안 했는데도 조회수가 늘지 않고 계속 비슷하거나 낮게 유지된다면, 혹은 아직도 채널 성장에 대해 긴

유튜브 테크닉

초보 유튜버 가이드

프리미어 프로 기초

영상 편집 기본

프리미어 프로 응용

영상 특수 효과

가민가하다면 포기하기 전 자신의 콘텐츠를 되돌아볼 필요가 있습니다. 콘텐츠 진행 방식에 문제가 있거나, 편집에 문제가 있거나, 섬네일에 문제가 있는 등 분명히 어딘가 눈에 띄는 문제가 있을 것입니다. **스스로 문제점을 발견하기 어렵다면 주위 사람들의 도움을 받아야 합니다.** 1년 동안 영상을 만들었다면 나만의 고집이 있을 수도 있고 자신만의 안 좋은 습관이 있을 수도 있습니다. 이때 **잘 되는 유튜버들의 특징을 관찰하고, 내 문제가 무엇인지 최대한 객관적으로 바라보고 개선해야 합니다.** 유튜브는 장거리 마라톤입니다. 하지만 이런 노력이 큰 보상으로 돌아오기 때문에 다들 유튜버를 하는 것입니다. 섣불리 포기하는 것보다는 잘 될 거라 생각하면서 끊임없이 개선하는 것이 중요합니다.

유캐릭터 테크닉

초보 유튜버 가이드

프리미어 프로 기초

영상 편집 기본

프리미어 프로 효과

영상 특수 효과

LESSON 04

콘텐츠를 만들 때 최소한 이것만은 챙기세요, 제발!

LESSON 01에서 유튜브 콘텐츠를 위해 동영상을 반드시 잘 만들어야 할 필요까지는 없다고 이야기했습니다. 동영상을 잘 만드는 것에 부담을 느끼지 말고, 또 퀄리티를 위해 금전과 시간을 과도하게 투자하는 것보다 콘텐츠 자체에 먼저 신경 쓰라는 의미입니다.

그렇다고 내용에만 신경 쓰고 동영상을 편한 대로 만들면 만사형통일까요? 그렇지 않습니다. **최소한 기본은 지켜야 시청자가 자리를 뜨지 않고 영상을 시청할 수 있습니다.** 아주 단순한 것이지만 막상 동영상을 만들 때 지키기 힘든 것들에 대해 알아보겠습니다.

콘텐츠의 기본은 보기 편하고 재미있는 것

먼저 유튜브의 시청 환경이 어떠한지 이해할 필요가 있습니다. 유튜브는 시청자가 원하는 영상을 선택할 수 있습니다. 원한다면 바로 끄고 다른 영상을 보러 갈 수도 있습니다. 따라서 여러분의 영상을 시청할 이유를 빠르게 제시해야 합니다. 초반 10초는 시청자의 이탈 가능성이 가장 큰 구간입니다. 그래서 대부분의 유튜버들은 초반 10초에 하이라이트를 만들어 시청자들이 나올 내용을 기대하며 이탈하지 않게 만들기도 합니다. 초반에 시청자가 이탈하지 않았더라도 방심은 이릅니다. 영상의 흐름이 매끄럽지 못하거나 시청하기 불편하다면 언제든 나갈 수 있습니다. 매정한 시청자를 탓할 게 아닙니다. 우리 모두 이러한 시청 습관을 가지고 있으니까요. 시청자의 습관에 맞게 유튜브를 만들어야 한다는 게 이번 LESSON의 핵심 내용입니다.

첫째, 오디오는 매우 중요하다

검은 화면이지만 또렷한 목소리에 자막이 나오는 영상

VS

화면이 또렷한 비디오지만 먹먹하고 잡음이 있는 목소리가 나오는 영상

여러분은 두 영상 중 무엇을 더 오래 보겠습니까? 아마 압도적으로 첫 번째 영상을 선택할 겁니다. '본다'라고 하기보다는 '듣는다'고 표현하는 게 맞을 겁니다. 대부분의 콘텐츠는 사람의 목소리로 내용을 전달합니

다. 그런데 오디오의 상태가 나쁘다면 시청자들은 무의식적으로 거부감을 느낍니다. 아마도 '이 유튜버는 별로 전문적이지 않네', '좋은 내용인 것 같은데 듣기가 불편하니 다른 영상을 봐야지' 같은 생각을 하면서 이탈할 것입니다. 이렇듯 청각은 무의식을 자극하기 때문에 생각보다 영향력이 강력합니다. 그래서 또렷하고 깨끗한 목소리를 영상에 담는 것이 정말 중요합니다.

요점 : 먹먹하거나, 울리거나, 노이즈가 있는 오디오는 금물입니다. 최대한 또렷하고 깨끗한 오디오를 만들어야 합니다.

해결 방법 : 상황에 맞는 적절한 마이크 선택이 필수입니다. 기본적으로 카메라에 내장된 기본 마이크는 대부분의 경우 만족할 만한 수준으로 녹음하기 어렵습니다. 마이크는 소리의 대상과 거리가 가까울수록 깨끗한 결과물을 얻을 수 있습니다. 숨소리가 들어가지 않을 정도로 마이크를 입과 가까이 두면 가장 깔끔한 소리를 얻을 수 있습니다. 하지만 카메라의 내장 마이크는 입과의 거리도 멀고, 마이크 자체의 성능도 낮습니다.

소리가 울리는 공간(특히 실내)인 경우에는 입과 마이크를 최대한 가까이 두어야 합니다. 후시 녹음(촬영 후 녹음을 별도로 진행)하거나 영상에서 커다란 마이크가 노출되어도 괜찮은 촬영이라면 콘덴서 마이크처럼 고음질 마이크를 이용하는 것이 좋습니다.

▲ 슈어 MV7 마이크(출처 : Shure, https://www.shure.com)

TIP 별도의 마이크를 구하기 어렵다면 스마트폰으로 동시 녹음하는 것도 좋은 방법입니다.

콘덴서 마이크는 PC와 USB로 연결해 사용합니다. 하지만 USB로 연결하는 마이크는 카메라와 직접 연결할 수 없고, 장비 자체가 조금 복잡하기 때문에 초반 구성에 어려움이 있을 수 있습니다.

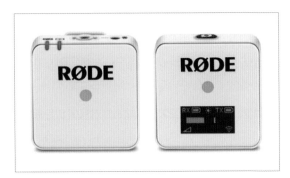

▲ 로데 Wireless GO 무선 외장 마이크
(출처 : 로데, https://www.rode.com)

무선 마이크는 송신기와 수신기가 한 세트인 카메라 장착용 마이크입니다. 야외에서 촬영하거나 실내에서 이동하면서 녹음할 때 사용하면 좋습니다. 가격은 조금 비싸지만 다양하게 활용할 수 있어 매우 유용합니다. 내장 배터리로 작동하며, 마이크 자체에 클립(집게)이 있기 때문에 옷깃에 꽂거나 손에 들고 이야기하면 시끄러운 곳이나 카메라와 먼 곳에서도 목소리만 깔끔하게 녹음할 수 있습니다. 물론 카메라와 너무 멀어지거나 주변에 강한 주파수가 발생하는 기기가 있다면 제대로 녹음이 안 될 수 있으니 반드시 테스트 녹화 후 들어보는 테스트를 거쳐야 합니다.

둘째, 오디오 다음이 비디오

직접 촬영해 영상을 제작한다면 반드시 기본이 지켜진 동영상을 만들어야 합니다. 원칙은 간단합니다. 영상이 지나치게 흔들리거나, 시청하기에 불편하지 않은 각도에서 촬영해야 합니다. 또한 출연자의 용모도 가급저 단정하게 하고 촬영합니다. 어지러운 촬영 장소도 마찬가지로 시청자로 하여금 좋지 않은 반응을 야기할 수 있으니 꼭 체크합니다.

요점 : 흔들리거나 어색한 구도, 정리되지 않은 촬영 환경 등 다양한 영상 요소가 시청의 불편함을 일으킵니다.

해결 방법 : 가능하다면 삼각대를 이용해 안정적인 촬영 환경을 확보합니다. 구도는 최대한 단순하게, 수평이 맞게 촬영합니다.

셋째, 요점 위주로 알차고 정확하고 빠르게 내용을 전개한다

목소리로 설명하는 영상 중 간혹 대사를 촘촘히 자르지 않은 채 편집되지 않은 음성을 그대로 업로드하는 경우가 있습니다. 이런 경우 웬만한 달변가가 아니라면 사람들은 지루함을 느낄 확률이 높습니다. 현실에서는 문장과 문장 사이를 촘촘히, 빠르게 이야기하는 사람을 찾기 힘듭니다. 하지만 유튜브 영상은 흡수력이 있는 빠른 이야기 전달이 중요하기 때문에 느릿하고 느긋한 영상은 특별한 매력이 없다면 뒤로 가기 1순위가 될 확률이 높습니다.

여러분도 문장과 문장 사이의 공백을 적절히 줄여야 합니다. 또한 정리되지 않고 비슷한 말을 반복하거나, 요점을 제대로 이야기하지 않는 등 전반적으로 시원하게 전개되지 않는다면 시청자들은 지루함을 느낍니다.

요점 : 말과 말 사이의 공백을 줄이고 요점 위주로 정확하고 빠르게 내용을 전개합니다.

해결 방법 : 무조건 빠른 템포의 영상을 만들라는 이야기가 아닙니다. 콘텐츠의 방향과 타깃 시청자를 생각하여 시청하기에 불편하지 않은 속도로 만들어야 합니다. 불필요한 NG, 호흡, 공백 부분을 삭제하는 것은 기본입니다. 감이 잘 오지 않는다면 내 영상과 인기 유튜버의 영상을 비교하면서 템포가 적절한지 관찰하면 답을 얻을 수 있습니다. 또한 미리 스크립트(대본)를 작성하여 비슷한 말을 반복하거나 논점을 벗어나는 등의 문제를 사전에 방지하는 것이 좋습니다.

유튜브 테크닉

초보 유튜버 가이드

프리미어 프로 기초

영상 편집 기본

프리미어 프로 효과

영상 특수 효과

LESSON 05 >>>

유튜브 브랜드 계정 생성하기

유튜브 브랜드 계정을 만들어야 하는 이유

유튜브 채널을 시작하려면 먼저 '브랜드 계정'을 새롭게 만드는 것이 좋습니다. 구글 계정을 만들면 자동으로 생성되는 유튜브 개인 계정도 채널로 활용하기에는 부족함이 없습니다. 하지만 구글 계정은 개인적인 용도로 사용하는 경우가 많고, 과거 활동 기록이 남을 수 있어 새롭게 시작하는 차원에서 브랜드 계정을 만든다고 이해하면 됩니다. 이미 개인 계정에 업로드한 영상이 있다면 해당 계정을 브랜드 계정으로 바꾸는 방법도 알아보겠습니다.

먼저 구글 계정을 만드는 과정부터 시작하겠습니다. 이미 구글 계정을 가지고 있다면 로그인한 후 STEP 07부터 따라 합니다.

⚡STEP 01 | 새 구글 계정 만들기

01 ❶ 구글(google.co.kr) 웹사이트로 접속합니다. 메인 화면에서 ❷ 오른쪽 위의 [로그인]을 클릭합니다.

02 현재 사용 중인 브라우저에서 기존에 로그인했던 구글 계정이 있다면 왼쪽과 같은 화면이 나올 수 있습니다. ❶ 아래의 [다른 계정 사용]을 클릭하고 ❷ 로그인 화면에서 [계정 만들기]를 클릭합니다.

03 ❶ [본인 계정]을 클릭합니다. ❷ 각각의 항목에 만들 계정의 정보를 입력하고 ❸ [다음]을 클릭합니다.

유튜브 트래픽

초보 유튜버 가이드

프리미어 프로 기초

영상 편집 기본

프리미어 프로 효과

영상 특수 효과

04 계정 정보를 잃어버렸을 때(아이디나 비밀번호를 잊었을 때) **❶** 사용 가능한 연락처를 입력하고 **❷** [다음]을 클릭합니다. **❸** 약관 동의란에 각각 체크한 후 **❹** [계정 만들기]를 클릭합니다.

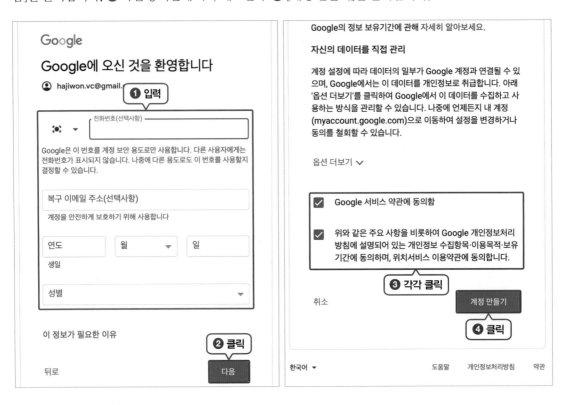

05 구글 메인 화면으로 이동하고 오른쪽 위의 **❶** 프로필 아이콘을 클릭하면 **❷** 새 계정이 생성된 것을 확인할 수 있습니다.

06 ❶ 유튜브(youtube.com) 웹사이트로 이동합니다. ❷ 오른쪽 상단의 [로그인]을 클릭합니다.

07 구글 계정에 로그인했다면 자동으로 로그인되고(혹은 로그인되어 있으며) 계정 정보가 나타납니다. 하위 메뉴에서 [채널 만들기]를 클릭합니다.

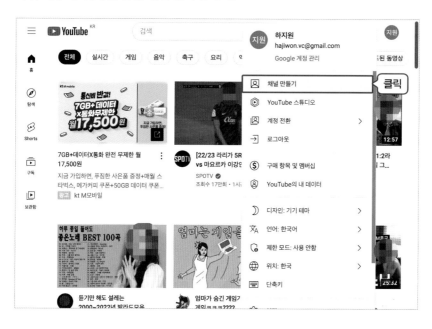

08 ❶ 내 프로필 화면에서 유튜브 채널명으로 사용할 이름을 입력합니다. 이때 유튜브 채널명을 직접 입력하지 말고 본명이나 가명을 입력하는 것을 추천합니다. 이 채널은 브랜드 계정이 아닌 개인 계정으로 남겨둘 예정입니다. 브랜드 계정을 만드는 방법은 이어서 알아보겠습니다. ❷ [채널 만들기]를 클릭합니다.

09 나의 개인 채널(개인 계정)이 생성된 것을 확인할 수 있습니다. 이 채널은 개인적인 용도로 사용하기로 하고 별도의 브랜드 계정을 만들어보겠습니다.

유튜브 썸네일

초보 유튜버 가이드

프리미어 프로 기초

영상 편집 기본

프리미어 프로 효과

영상 특수 효과

STEP 02   유튜브 브랜드 계정 생성하기

브랜드 계정과 개인 계정은 큰 차이가 없습니다. 노출 알고리즘의 영향이 있다는 이야기가 종종 떠돌지만 사실이 아닐 가능성이 높습니다. 공식적으로 유튜브가 공개하는 정보에서 개인 계정과 브랜드 계정의 차이는 아래 그림과 같습니다. 결론적으로 브랜드 계정의 장점은 첫 번째로 구글 개인 계정과 유튜브 계정을 분리하고, 두 번째로 다른 사용자에게 채널 관리 권한을 부여할 수 있다는 점입니다.

YouTube에서 브랜드 계정을 활용하는 방법

⚠ 이전에는 브랜드 계정에서 다양한 Google 서비스를 이용할 수 있었습니다. 2021년 8월 4일부터는 브랜드 계정을 YouTube 채널에만 연결할 수 있으며 '(YouTube로 제한)' 문구가 표시됩니다. 이번 업데이트는 기존 브랜드 계정에는 영향을 미치지 않으며 2021년 8월 4일 이후에 생성된 계정에만 적용됩니다.

브랜드 계정은 내 브랜드를 위한 계정으로 개인 Google 계정과 다릅니다. 채널이 브랜드 계정에 연결되면 여러 사용자가 자신의 Google 계정으로 채널을 관리할 수 있습니다. 브랜드 계정으로 YouTube 채널을 관리할 때는 별도의 사용자 이름이나 비밀번호가 필요하지 않습니다.

YouTube 채널을 브랜드 계정에 연결해야 하는 경우:

- Google 계정과 다른 이름을 YouTube에서 사용하고자 합니다. 자세히 알아보기
- 다른 사용자에게 내 YouTube 채널에 대한 액세스 권한을 부여하되, Google 계정에 대한 권한은 부여하고 싶지 않습니다.
- 시청자에게 내 이름이나 이메일 주소를 공개하고 싶지 않습니다. Google 계정과 브랜드 계정은 공식적인 연관이 없습니다.
- 한 계정으로 여러 채널을 관리하고자 합니다. YouTube 채널이 2개 이상인 경우에 특히 유용합니다. 자세히 알아보기

▲ 출처 : 유튜브 고객센터 공식 안내 페이지

01 유튜브에 로그인된 상태에서 ❶ 오른쪽 상단의 프로필 아이콘을 클릭하고 ❷ 하위 메뉴에서 [계정 전환]을 클릭합니다.

02 ❶ [모든 채널 보기]를 클릭합니다. 내 채널 화면에서 ❷ [채널 만들기]를 클릭합니다.

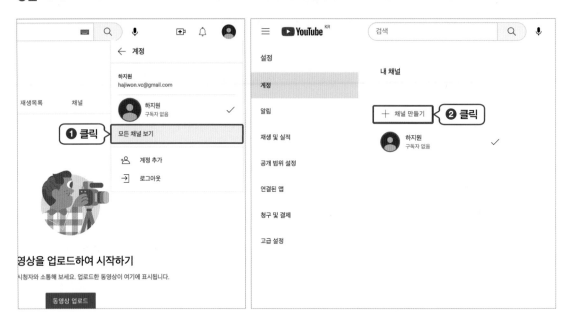

03 ❶ 공식 유튜브 브랜드 채널로 활용할 채널 이름을 입력합니다. ❷ 아래 동의 사항에 체크하고 ❸ [만들기]를 클릭합니다. 이후 새로운 브랜드 계정이 생성되며 [계정 전환] 기능을 통해 개인 계정과 브랜드 계정을 나누어서 관리할 수 있습니다. 앞으로 새로운 영상을 업로드할 때는 지금 만든 브랜드 계정을 이용하면 됩니다.

개인 계정에 업로드한 영상을 브랜드 채널로 이동하기

초보자라면 브랜드 계정이 존재한다는 사실을 모른 채 개인 계정을 사용하고 있을 수도 있습니다. 꼭 브랜드 계정을 써야 하는 것은 아니지만 원한다면 개인 계정을 브랜드 계정으로 바꿀 수도 있습니다. 방법은 간단합니다. 먼저 STEP 02에서 안내한 내용대로 새로운 브랜드 계정을 생성합니다. 참고로 현재 개인 계정의 채널 이름을 포함한 모든 정보가 그대로 이동하기 때문에 채널 이름은 임의로 입력해도 상관없습니다.

01 유튜브에 개인 계정(사용하던 유튜브 계정)으로 로그인하고 ❶ 오른쪽 상단의 프로필 아이콘을 클릭한 후 ❷ 하위 메뉴에서 [설정]을 클릭합니다.

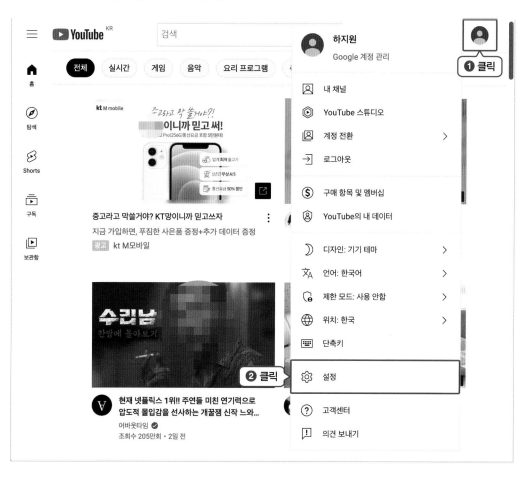

02 ❶ 왼쪽의 [고급 설정]을 클릭합니다. ❷ [브랜드 계정으로 채널 이전]을 클릭합니다. 경우에 따라 로그인을 요구하는 페이지로 이동할 수도 있습니다.

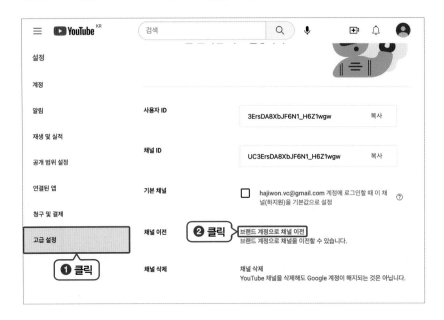

03 [채널을 이전할 계정 선택] 아래에 방금 만든 새 브랜드 계정이 나타납니다. [교체]를 클릭합니다.

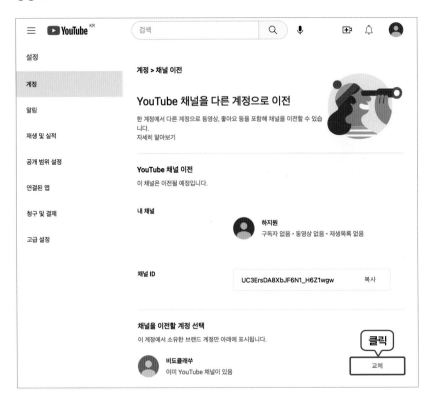

04 주의 사항을 묻는 페이지가 나타납니다. ❶ 동의란에 체크하고 ❷ [채널 삭제]를 클릭해 다음 페이지로 이동합니다.

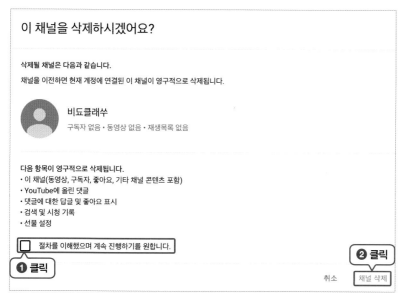

TIP 주의 사항은 새로 만든 브랜드 계정은 삭제되고 현재 개인 계정이 브랜드 계정으로 변한다는 내용입니다.

05 채널 이전 후 업데이트 여부를 묻는 페이지가 나타납니다. [채널 이전]을 클릭합니다.

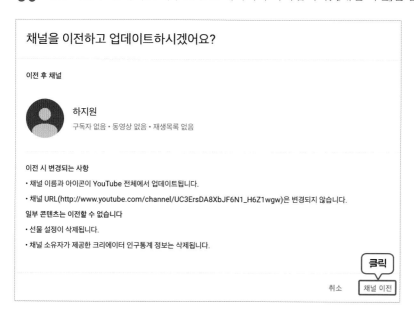

기존 개인 계정이 브랜드 계정으로 업데이트됩니다. 당연히 콘텐츠, 채널 정보, URL도 개인 계정에서 쓰던 것 그대로 이전됩니다. 새로 만든 브랜드 계정은 삭제되며 이제 해당 구글 계정으로 새로운 개인 계정을 만들 수도 있습니다.

유캔두브 테크닉

초보 유튜버 가이드

프리미어 프로 기초

영상 편집 기본

프리미어 프로 응과

영상특수효과

LESSON 06

동영상 제작을 시작하기 위한 마음가짐

동영상 편집은 생각보다 어렵고 까다롭게 느껴질 수 있습니다. 하지만 한 가지 작은 목표라도 명확하게 정하고 시작한다면 쉽게 포기하지 않고 지속할 수 있는 원동력이 됩니다. 이번 LESSON을 통해 여러분이 원하는 것을 정확히 파악하고 목표를 설정하여 동영상 제작을 위한 마음가짐을 다져보도록 합니다.

어떤 동영상을 만들지 구체적인 목표를 정하자

작은 목표라도 구체적으로 정한다

분명한 목표가 있어야 쉽게 지치지 않습니다. '여러분은 어떤 동영상을 만들고 싶은가요?'라는 물음에 적어도 한 가지는 명확하게 대답할 이유가 있어야 합니다. 동영상 제작 도구는 기능이 복잡하고 알아야 할 것도 많습니다. 무턱대고 배우기 시작하는 것은 결승점이 없는 달리기를 하는 것과 똑같습니다.

필자는 어떻게 동영상 제작을 시작할 수 있었을까요? 때는 2012년 고등학생이었을 때입니다. 당시 흥미로운 해외 유튜버를 발견했는데 바로 RocketJump와 Corridor Digital 등의 단편 액션 영화를 만드는 채널이었습니다. 그들은 분명 전문적인 영화 제작자는 아니었지만 능력 있는 친구들과 함께 DSLR과 컴퓨터만으로도 멋진 영상을 만들고 있었고, 무엇보다 정말 즐거워 보였습니다. 그 채널의 영상을 보며 나도 꼭 저런 영상을 만들고 싶다는 마음이 생겼습니다.

당시엔 유튜버라는 개념이 없었습니다. 또 국내에서 영상 제작을 배우려면 관련 대학을 다니거나 전문 교육기관에 가는 두 가지 방법밖에 없었습니다. 고등학생이라 두 방법 모두 어려웠던 관계로 그들이 어떻게 작품을 만드는지 Behind the scene(제작비화) 영상을 보며 배우는 방법을 선택했습니다. 채널에 업로드된 영상은 촬영 현장에서 무슨 일이 있는지 유쾌하게 보여주거나 CG는 어떻게 만들었는지, 어떤 기술을 사용했는지 소개하는 내용이었습니다. 영어를 전혀 못 했지만 들리는 단어 몇 개로 그들이 쓰는 장비는 무엇인지, 어떤 프로그램을 썼는지 최대한 파악하며 학습을 시작했습니다.

지금에 비해 배울 수 있는 환경이 열악했음에도 열정적으로 배울 수 있었던 이유는 '그들처럼 멋진 영상을 만들어보고 싶어서'라는 단순하고도 명확한 목표가 있었기 때문입니다.

▲ RocketJump(좌)와 Corridor(우) 유튜브 채널(출처 : https://www.youtube.com/@rocketjump, https://www.youtube.com/@Corridor)

동영상 제작은 연습이 가장 중요하다

동영상 제작을 잘한다는 것은 구체적으로 '자신만의 동영상을 만들 수 있어야 한다'로 요약할 수 있습니다. 동영상 제작은 튜토리얼만 시청하거나, 책만 읽어서는 실력이 늘지 않습니다. 자전거 타는 방법은 책으로 배우는 것보다 직접 타는 것이 효과적입니다. 동영상 제작도 똑같다고 생각합니다. 프리미어 프로 같은 전문적인 영상 편집 프로그램을 잘 다루려면 처음에는 당연히 어렵습니다. 아무리 훌륭한 사람이 가르치더라도 배운 것을 쉽게 잊어버리고, 실수로 엉뚱한 버튼을 누릅니다. 하지만 꾸준히 연습하고 직접 결과물을 만들어보면 어느새 능숙하게 다루고 있는 본인을 발견하게 될 겁니다.

추천하는 연습 방법 중 하나는 혼자 혹은 친구와 함께 어떠한 특정 주제를 가지고 작품을 만들어보는 것입니다. 처음에는 당연히 어설프고 제대로 된 결과물이 나올 리 없습니다. 일단 결과물의 퀄리티에 연연하지 말고 만들어본 후 지인과 같이 감상하면서 부족한 점을 찾은 다음 개선하면 됩니다. 이를 반복하면 자연스럽게 촬영, 편집 실력도 늘고 전반적인 감각 또한 탁월하게 발전합니다.

동영상을 잘 만들기 위해 알아야 할 것들

동영상을 잘 만들어야 하는 이유

동영상 제작자가 된 이상 다양한 시청자들에게 내가 의도한 바를 정확하게 전달하기 위해서는 표현 기법과 미적 감각 등 모든 기술을 동원하여 동영상을 만들어야 합니다. 사람들은 동영상을 보면서 알게 모르게 많은 감정을 느낍니다. 동영상은 '움직이는 영상'에 '음향'이 더해진 콘텐츠입니다. 시청자는 제작자가 만든 영상과 음향을 길잡이 삼아 내용을 파악합니다.

제작자는 마음만 먹으면 평범한 영상을 감동적으로 만들 수 있고, 빵빵 터지는 개그물로도 만들 수 있습니다. 반대로 멀쩡한 영상이 재미없고 지루하게 만들 수도 있습니다. 이것이 바로 제작자의 역량 차이입니다. 어떤 표현 기법을 쓰는가, 어떤 기술을 쓰는가, 어떤 장비를 쓰는가, 어떤 음악을 쓰는가 등 사소한 차이로 다양한 감정 및 시청 경험을 만들어낼 수 있다는 점을 명심해야 합니다. 대단한 기법을 이야기하는 것이 아닙니다. 자막의 글꼴, 인물을 찍는 구도 등 **정말 작은 차이로 시청 경험과 콘텐츠의 질이 좌우됩니다.**

간혹 영상을 제작하면서 '내용만 제대로 담으면 그만'이라는 태도와 '단 하나의 오점도 없이 완벽한 아름다움을 추구'라는 상반된 태도를 가진 분을 만나기로 합니다. 필자는 두 의견의 절충점으로 '적절히 타협해 아름다움을 추구하며 내용을 잘 담아야 한다'가 가장 이상적인 제작 태도라고 생각합니다.

유튜브에서는 미적으로 훌륭한 영상이나, 부족한 영상이나 다양한 영상이 사랑받고 있기 때문에 필자의 의견에 공감하지 못할 수도 있습니다. 하지만 좋은 내용을 가지고도 영상의 미적인 부분을 전혀 신경 쓰지 않고 영상을 만든다면 인정받을 수 있는 기회를 놓치는 것입니다.

기업이나 브랜드에서는 동영상 그 자체가 기업의 이미지를 구축하는 중요한 자료이기 때문에 미적인 부분에 더욱 투자합니다. 우리에게 익숙한 애플이나 삼성 등 유명 브랜드가 공식 홍보 영상을 어떻게 만들고 있는지 보면 알 수 있습니다. 또한 유튜버라도 동영상의 퀄리티에 따라 광고의 수준이 결정되기도 합니다. 기업 입장에서 같은 규모의 유튜버라도 자사의 제품을 더욱 아름답게 담아줄 수 있는 쪽에 광고를 수주하기 마련입니다. 따라서 영상미를 추구하는 행위는 결코 헛되지 않은 일입니다.

반대로 너무 완벽주의를 추구하는 영상 제작자도 다른 문제를 야기할 수 있습니다. 영상 제작에는 언제나 시간과 비용이 한정되어 있습니다. 때로는 더 아름다운 영상을 만들기 위해 시간을 투자하는 것보다 결과물을 빠르게 만드는 게 나은 상황일 때가 많습니다. 또 영상의 퀄리티를 지나치게 신경 쓰다 보면 자연스럽게 장비에 투자하기 마련입니다. 장비 투자는 한계가 없습니다. 카메라에 투자하면 컴퓨터가 보이고, 컴퓨터에 투자하면 렌즈가 보이는 등 필요 이상의 지출로 이어지는 문제도 있습니다.

멋진 동영상 제작을 위한 감각 기르기

아름답고 멋진 영상을 만드는 것은 거창한 일이 아닙니다. 본인이 참고한 영상에서 아름답다고 생각한 것을 원하는 대로 표현하는 것이 핵심입니다. 하지만 창작 경험이 없을 때는 어디서부터 어떻게 해야 좋아 보이는 것인지 감을 잡기 힘듭니다. 아래의 두 가지 가이드를 기억하고 실천한다면 여러분도 멋진 동영상 제작을 위한 감각을 기를 수 있을 것입니다.

첫째, 많이 접해야 의식적으로 느낀다

아무것도 접하지 않고는 절대 새로운 것을 만들 수 없습니다. 하지만 막연히 많이 본다고 감각이 뛰어나지는 것도 아닙니다. 중요한 것은 시청자의 시각이 아닌 제작자의 시각으로 관찰해야 합니다. 참고하는 동영상을 볼 때 제작자가 되었다고 생각하고 왜 이렇게 만들었을지 의식하면 평소보다 더욱 많은 것을 발견하고 느낄 수 있습니다. TV 방송, 영화, 드라마, 유명 유튜버의 영상은 숙련된 제작자들의 고민을 통해 나온 결과물입니다. 평소에는 그냥 흘러가는 영상도 새로운 시각을 갖고 바라보면 작은 부분에서 다양한 지식과 경험을 얻을 수 있습니다.

둘째, 내 것으로 만들기 위해서는 적당한 모방도 필요하다

관찰 뒤에는 타인의 결과물을 비슷하게 만드는 훈련이 필요합니다. 영상 제작 실력은 직접 따라 해보는 과정 없이 성장할 수 없습니다. 관찰보다 실제로 따라 해보는 것이 수십 배는 더 중요합니다. 필자의 경우 다른 사람들에 비하면 영화도 잘 안 보고, 유명하다는 넷플릭스의 드라마도 잘 챙겨보는 타입이 아닙니다. 하지만 가끔 보는 광고, 영화, 뮤직비디오에서 감명을 받고, 직접 만들며 적용하는 타입입니다. 물론 더 많이 본다면 성장의 가능성은 더욱 커지겠지만 그만큼 따라 해보는 것이 중요하다는 의미입니다.

여기서 모방의 정도를 오해하는 사람들이 있습니다. 남이 만든 콘텐츠의 구성, 장면 하나하나까지 그대로 베끼는 것은 영감이나 오마주로 이야기할 수 없습니다. 이는 명백한 표절입니다. 건전하지 못한 표절은 시청자로 하여금 불쾌감을 주고 결국 본인에게 안 좋은 영향을 미칠 수 있는 중대한 문제입니다.

따라 하는 것은 특정 장면의 샷 구성, 배경음악의 활용법, 표현 방식 등 매우 작은 부분을 의미합니다. 건축으로 따지면 건물을 그대로 베껴 짓는 것은 표절이고, 건물의 분위기나 양식만 가져와서 건설한 후 나머지는 다른 곳에서 받은 영감으로 채우는 것은 창작이라고 할 수 있습니다.

간혹 표절에 죄의식을 못 느끼는 사람도 존재하기 마련입니다. 이들이 나쁜 사람이라서 그렇다고 생각하지 않습니다. 다만 나쁜 행동인 줄 모르고 들키지 않은 표절로 몇 번 박수를 받은 게 창작의 고통에 비해 더욱 달콤하기 때문에 그렇다고 생각합니다. 누구든 이러한 표절의 늪에 빠질 수 있기 때문에 표절과 오마주를 의식적으로 구분해 독립적인 아름다움을 추구하려 노력해야 합니다.

셋째, 아름다울 자신이 없다면 가독성 있게 만들자

가독성이란 '얼마나 쉽게 읽히는가'를 의미합니다. 동영상에서의 가독성은 본래의 의미에 더해 내용의 간결함, 비디오/오디오가 얼마나 명료하고 분명한지를 의미합니다. 이러한 동영상의 가독성은 동영상 제작에 있어 기본적으로 고려해야 하는 1순위 요소입니다. 보기에 불편하고 시청 이탈을 가져올 수 있는 군더더기를 제거하는 것이 동영상을 더욱 가독성 있게 만드는 방법입니다. 비디오 측면의 가독성이라면 내용에 부합하는 화면이 제대로 나오는지, 자막이 눈에 잘 보이는지, 자막의 길이와 속도는 적절한지 등 다양한 요소가 있습니다. 이러한 기본을 지켜야 영상의 가독성을 더욱 향상할 수 있습니다.

TIP 처음에는 다른 영상을 보고 따라 하려고 해도 무엇을 따라 할지 모를 수 있습니다. 그런 분들을 위해 '영상에서 어색해 보이는 느낌을 없애는 몇 가지 간단한 방법'을 다음 영상에서 확인할 수 있습니다.
접속 주소 https://youtu.be/G-6hEKqcbC0

동영상 제작의 작업 흐름 알아보기

본격적인 동영상 제작에 앞서 전문가의 제작 과정 순서를 참고한다면 큰 도움이 됩니다. 동영상 작업 순서를 워크플로(Workflow)라고 합니다. 작업 흐름은 제작 규모가 클수록 복잡해지고 전문 분야에 따라 분업도 이루어집니다. 이 책에서는 1인 제작 또는 소규모 창작자의 입장에서 실질적으로 도움이 될 수 있는 작업 흐름을 소개하겠습니다.

우선 영화에서 가장 많이 쓰이는 제작 과정 3단계를 알아보겠습니다. 영화의 제작 과정은 동영상을 창작하는 작업에 동일하게 해당하기 때문에 알아두면 좋습니다. 프리 프로덕션(Pre-Production)은 촬영 이전의 준비 단계, 프로덕션(Production)은 촬영 단계, 포스트 프로덕션(Post-Production)은 촬영 후 편집 등 후반 작업 단계(후작업, 후처리)입니다. 만약 촬영이 필요 없는 작업이더라도 전반적으로 '준비-편집'이라는 큰 틀에서 벗어나지 않습니다.

첫째, 프리 프로덕션(Pre-Production)-촬영 준비 단계

01 촬영 이전 준비 과정 | 각본을 준비하고, 콘티(스토리보드, Storyboard)나 촬영 스케줄, 인원 점검, 촬영 장소 점검, 날씨, 심지어 당일 점심 메뉴 등 마치 행사를 기획하는 것처럼 세부적으로 촬영을 준비하는 단계입니다. 촬영의 규모가 클 때 이 단계는 매우 중요합니다. 제대로 준비하지 않으면 큰 비용이 드는 촬영 단계에서 막대한 비용 손실이 일어날 수 있기 때문입니다. 촬영 규모가 작거나 혼자 유튜브 VLOG를 만든다고 해서 이러한 과정의 중요성이 줄어드는 것은 아닙니다. 잘못된 계획으로 하루 촬영 일정이 날아갈 수도 있습니다.

▲ 비됴클래스가 작업했던 뮤직비디오 스케줄 표

02 소규모 유튜버가 준비해야 하는 것 | 영상에는 내가 담고 싶은 내용이 존재합니다. 이런 내용을 머릿속으로만 생각한 채 카메라 앞에 서면 웬만한 달변가가 아닌 이상 제대로 된 영상을 만들기 어렵습니다. 최소한 영상의 시작, 중간, 끝을 어떻게 할 것인지 간단한 메모라도 준비합니다.

개인마다 차이는 있지만 영상을 더욱 완성도 있게 만들기 위해서는 자세한 스크립트(대본, 촬영에 필요한 메모)가 필요합니다. 비됴클래스의 경우 대부분 대본을 준비합니다. 대본을 작성하는 것도 시간이 소모됩니다. 시간이 촉박하다면 조금이라도 시간을 줄여야 합니다. 한 가지 팁이라면 필자의 경우 대본을 반말로, 더 나아가서 키워드로만 작성하는 경우도 있습니다. 어차피 세부적인 내용은 머릿속에 있습니다. 촬영 때 고려할 것은 이야기를 맺고 끊는 것이기 때문에 필수적인 것만 메모하고 촬영에 임하는 것입니다.

스크립트를 정리할 때 유용하게 쓰이는 도구로는 무료 웹 앱인 구글 문서(docs.google.com)가 있습니다. 장점으로는 별도의 설치가 필요 없고 인터넷만 연결되면 언제 어디서나 접속해 수정할 수 있으며 자동으로 저장되어 파일 유 실의 걱정이 없습니다. 더 강력한 기능을 원한다면 노션(notion.so)과 같은 도구를 사용하는 것도 추천합니다. 노션은 회사 및 팀 단위의 협업 도구로 더 유명한 앱입니다. 당연히 구글 문서와 비교되지 않는 다양한 기능을 지원합니다. 물론 기본도 훌륭한 도구이니 한 번 사용해보고 취향에 맞는 도구를 활용하면 충분합니다.

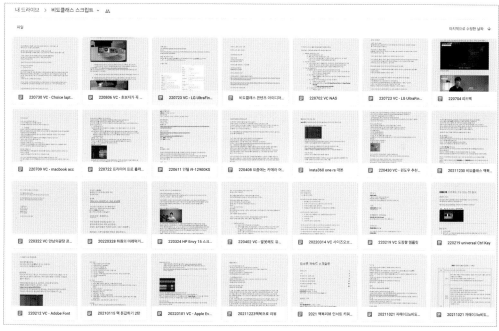

▲ 비됴클래스의 대본이 정리된 스크립트 문서들

둘째, 프로덕션(Production)–촬영 단계

이 단계는 촬영을 시작하고 촬영이 종료될 때까지를 의미합니다. 우리가 준비 단계에서 계획하고 구상한 내용을 최대한 구현하기 위해서는 다양한 수단을 동원해 꼼꼼하게 촬영해야 합니다. 촬영 시 가장 중요한 점은 여건이 되는 한 최대한 다양하고 많은 촬영본을 남기는 것입니다. 편집을 하다 보면 계획대로 찍었지만 왠지

유캐릭터 테크닉

초보 유튜버 가이드

프리미어 프로 기초

영상 편집 기본

프리미어 프로 응용

영상 특수 효과

안 어울리거나, 아쉬운 부분이 종종 있기 마련입니다. 이때 추가 촬영분이 의외로 더 잘 어울릴 때도 있습니다. **편집 때 사용할 만큼만 촬영하는 것보다 조금 넉넉히 촬영본을 확보한다면 추후에 큰 도움이 됩니다.**

하지만 무엇보다 계획된 만큼 제대로 촬영해야 합니다. 계획에 문제가 있어 제대로 촬영하지 못 하면 편집 때 부족한 점이 보일 것이고 다시 촬영해야 하는 불상사가 생길 수 있습니다. 의외로 자주 일어나는 일이니 프리 프로덕션 단계에서 세운 계획을 더욱 꼼꼼하게 체크하여 준비한 만큼 제대로 촬영해야 합니다.

셋째, 포스트 프로덕션(Post-Production)–후반 작업/편집 단계

이 단계는 촬영 이후 편집을 포함한 동영상 제작 완료까지 진행되는 후반 작업을 모두 포함합니다. 그리고 이 책에서 본격적으로 다루게 될 편집 과정이 바로 포스트 프로덕션입니다. 편집은 누구나 겪어야 할 복잡한 단계인 만큼 조금 더 세부적으로 알아보겠습니다.

01 파일 옮기기 | 촬영을 끝내고 카메라의 메모리 카드에서 촬영본을 복사해 컴퓨터의 드라이브나 외장하드의 디스크에 저장합니다. 이 작업에서 SD 카드의 원본 파일을 그대로 잘라내고(Ctrl + X) 붙여 넣는 경우가 종종 있습니다. 하지만 오류로 인해 복사가 중단되거나 디스크에 문제가 발생한 경우 파일이 유실될 수 있습니다. 이때는 꼭 복사 기능(Ctrl + C)을 이용합니다. 또한 필

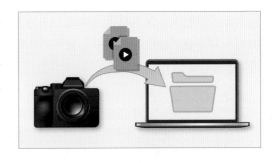

요한 영상 파일만 골라서 복사하면 실수로 중요한 파일을 복사하지 않는 사고가 일어날 수 있습니다. 그럴 경우를 대비해 **SD 카드의 최상단 경로에서 모든 파일을 전체 선택한 후 복사해 파일이 유실될 위험을 없애야 합니다.** 파일을 옮길 때는 날짜와 카메라의 번호로 폴더명을 만들면 쉽게 분류할 수 있습니다.

02 컷 편집 | 컷 편집은 촬영본을 하나씩 확인하면서 불필요한 장면, NG 컷 등을 분류하고 필요한 장면만 배치해 의도에 맞도록 자르고 붙이는 작업입니다. 음악과 함께 편집해야 하는 동영상의 경우 배경음악을 준비하고 리듬을 맞추는 컷 편집을 진행할 수도 있습니다. 기본적으로 이 단계에서는 시간대를 자르는 편집만 진행하고 디테일한 자막, 그래픽 요소 추가 등은 이후에 작

업합니다. 기초 영상을 제대로 만들어야 이후의 작업이 수월합니다.

컷 편집 작업의 핵심은 불필요한 것을 버리는 것을 넘어 자연스러운 호흡을 만드는 것입니다. 예를 들어 비됴클래스처럼 설명하는 음성이 주된 영상이라면 문장과 문장 사이의 틈이 존재합니다. 이것을 얼마나 남겨 놓느냐가 동영상의 몰입도를 좌우합니다. 또한 극 형식의 영화, 드라마 등을 만드는 경우에는 컷 편집의 미묘한 차이가 영상의 분위기에 큰 영향을 주므로 섬세한 작업이 필요합니다.

03 자막, 효과, 색 보정 | 이 단계에서는 컷 편집 이후의 나머지 편집 작업을 진행합니다. 자막을 입히거나 영상에 효과 또는 그래픽을 추가하거나 색감을 변경하는 색 보정 작업을 진행합니다. 프리미어 프로 외의 다른 그래픽 프로그램을 이용하여 더 다양한 작업을 진행하기도 합니다.

04 오디오 편집 | 배경음악, 효과음을 넣고 목소리의 볼륨을 조절하는 작업을 진행합니다. 오디오를 가장 나중에 작업하는 이유는 복잡한 작업이 이루어지는 자막, 효과 작업에서 실수로 오디오를 잘못 조절할 수 있기 때문입니다. 또 오디오 작업은 여러 오디오를 묶어서 한번에 효과를 주기도 하고, 그래픽에 따라 오디오가 달라져야 하는 등 마무리하는 작업에 가깝습니다.

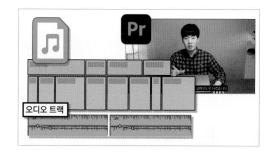

05 동영상 출력 | 마지막으로 작업이 완료된 프로젝트를 동영상 파일로 출력합니다. 출력 때 재생할 기기나 업로드할 매체의 조건에 따라 적절한 용량과 화질을 결정해 출력합니다. 이렇게 동영상 출력까지 완료하면 한 편의 작품이 완성됩니다.

유캔트브 테크닉

초보 유튜버 가이드

프리미어 프로 기초

영상 편집 기본

프리미어 프로 효과

영상 특수 효과

LESSON 07 ▶▶▶

영상을 배우기 전 꼭 알아야 할 필수 지식

동영상을 만들기 전에 동영상에는 어떤 속성이 있는지 간단하게 알고 시작할 필요가 있습니다. 기본적인 것들을 알아야 나중에 발생하는 사소한 문제를 직접 처리할 수 있습니다. 이번 LESSON의 내용은 가볍게 읽되 용어의 의미 정도는 이해하고 넘어가는 것이 좋습니다.

프레임

동영상은 여러 장의 사진이 한 장씩 차례대로 재생되면서 화면 속의 사물이 움직이는 것처럼 보이는 착시 현상에 의해 구현됩니다. 여기서 동영상을 이루는 사진 한 장을 프레임(Frame)이라고 부릅니다. 즉, 여러 장의 프레임이 일정한 속도로 재생되면서 동영상으로 표현되는 것입니다. 유튜브 동영상에서 가장 많이 사용하는 초당 프레임 개수는 30장입

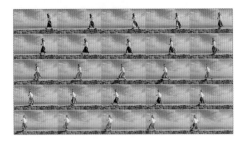

니다. 이렇게 초당 프레임 수를 프레임레이트(Frame Rate, Frame per second, fps)라고 부릅니다. 프레임레이트가 30장이면 '30fps' 혹은 '30프레임', '프레임레이트가 30이다'라고 읽을 수 있습니다.

프레임레이트(Frame Rate)

1초에 30장의 사진이 지나가는 것보다 60장이 지나가는 동영상이 훨씬 부드럽게 느껴집니다. **초당 프레임 수가 많다고 더 뛰어난 영상은 아닙니다.** 동영상의 종류, 목적, 장르에 따라 프레임레이트를 구분합니다. 프레임레이트는 영상의 감성을 담는 하나의 표현 방식, 기법으로 쓰입니다. 영상의 장르에 따라 어울리는 프레임을 적용해야 표현하고자 하는 내용이 더욱 잘 드러나고 훨씬 멋진 영상이 되는 것입니다. 어떤 프레임레이트가 어느 장르에 쓰이는지 알아보겠습니다.

> TIP 프레임레이트는 과거 TV 방송이 시작된 시점부터 국가마다 정해진 송출 규격대로 사용되었습니다. 하지만 모바일 미디어 콘텐츠가 대중화되며 프레임레이트는 전통적 규격이 아닌 목적에 맞는 이유로 사용되기 시작했습니다. 따라서 프레임레이트 설명은 최신 미디어 동향에 따른 쓰임새를 중심으로 설명합니다.

24fps(23.976fps)

#영화 #드라마 #뮤직비디오 #광고 #심미적인 #예술적인

영화에서 가장 흔하게 사용되는 프레임레이트입니다. 예술적이고 영화적인(Cinematic) 연출에 자주 쓰이고 뮤직비디오에서 영화적인 표현을 위해 쓰이는 경우가 많습니다. 만약 뮤직비디오나 단편 영화를 30fps나 60fps로 만들면 다른 뮤직비디오에 비해 어딘가 어색하게 보일 수 있습니다. 모델의 동작이나 카메라의 움직임이 지나치게 과하게 느껴져 몰입을 저해하는 요소로 작용할 수도 있습니다. 물론 이런 동영상을 무조건 24fps로 만들어야 하는 것은 아닙니다. 항상 예외가 존재하듯 애플은 예전부터 영화와 같은 표현을 위해 24fps로 광고를 제작해왔지만, 자사 기기의 영상 촬영 성능을 표현하기 위해 60fps로 광고를 만들기도 했습니다.

30fps(29.97fps)

#사실적인 #대중적인 #TV처럼

가장 많이 쓰이는 대중적인 규격입니다. TV에서 볼 수 있는 뉴스, 교양 프로그램, 예능 프로그램 등이 30fps로 만들어집니다. 유튜브에서 볼 수 있는 예술적 장르를 제외한 대부분의 콘텐츠도 이 규격으로 만들어집니다. 그만큼 매우 널리 쓰이는 프레임레이트라 할 수 있습니다. 영상 제작에서 30fps와 24fps 둘 중 어떤 프레임레이트로 제작할지 고민된다면 진지한 느낌, 예술적인 느낌을 원하면 24fps, 그렇지 않다면 30fps를 선택하면 편합니다.

60fps(59.94fps)

#현장감 #게임 #생생함 #적나라한

60fps는 과거에 30fps를 두 배로 늘려 슬로우 모션 효과를 표현할 때 필요한 편집 작업용 규격이었습니다. 2014년 하반기부터 유튜브가 60fps 영상 재생을 지원하기 시작하면서 지금은 시청용 규격으로도 사용이 늘어나고 있습니다. 우리에게는 익숙한 프레임보다 두 배나 부드럽게 재생되는 프레임으로 주로 현장감을 극대화하여 표현할 때 쓰입니다. 게임 영상을 30fps로 제작할 경우 실제 화면을 완벽히 담아내지 못하지만 60fps로 제작하면 실제 게임을 하는 듯한 느낌을 주어서 몰입감을 높일 수 있습니다.

장점이자 단점은 피사체의 움직임이 너무 적나라하게 표현되어 예술적, 영화적인 느낌을 표현할 때는 걸림돌이 된다는 점입니다. 더불어 카메라의 흔들림도 가장 심하게 표현됩니다. 초당 프레임 수가 적은 24fps로 끊기는 단점과 동시에 카메라의 흔들림이 적게 보이는 상점과 대비됩니다. 우리가 사용하는 대부분의 스마트폰 화면과 모니터는 60Hz로, 60fps와 같은 느낌의 화면을 보고 있습니다. 주사율을 나타내는 헤르츠(Hz)와는 미묘하게 다르지만 PC 화면을 시청자에게 그대로 전달해야 하는 게임 플레이 영상이라면 보통 60fps로 갭치하면 됩니다.

유캔브 태크닉

초보 유튜버 가이드

프리미어 프로 기초

영상 편집 기본

프리미어 프로 효과

영상 특수 효과

해상도(Resolution)

해상도는 영상의 크기(프레임 사이즈, Frame size)라고 할 수 있습니다. 여기서 크기란 영상의 프레임(한 장)을 구성하는 작은 점인 픽셀(Pixel)의 개수를 뜻합니다. 스마트폰이나 디지털 카메라 등으로 촬영한 사진을 크게 확대해보면 사진이 모자이크처럼 변하거나 화질이 나쁘게 보이는 현상을 경험한 일이 있을 것입니다. 디지털 이미지는 픽셀이라는 한계가 있기 때문에 일정 비율부터는 확대한다고 더 자세히 보이지 않습니다. 이렇게 단일 색을 가진 정사각형의 픽셀 여러 개가 모여 하나의 이미지를 구성합니다. 여기서 이미지 하나를 이루고 있는 픽셀의 개수가 바로 해상도입니다.

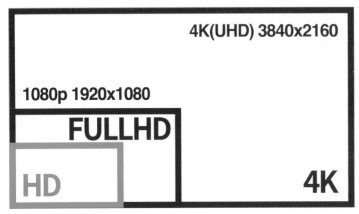

▲ 각 해상도 규격 크기 비교

픽셀의 개수를 뜻하는 '해상도'가 화질과 선명도에 결정적인 영향을 미칩니다. 해상도라는 개념은 이미 우리 생활에서 익숙하게 사용되고 있습니다. 대표적으로 가장 많이 쓰이는 해상도인 1080p는 1920×1080px 규격입니다. 1080p는 약 200만 개의 픽셀(화소)로 이루어진 해상도입니다. 읽는 방법은 '가로 픽셀 수×세로 픽셀 수'입니다.

해상도도 프레임레이트처럼 자주 쓰이고 규격화된 사이즈가 있습니다. 가장 많이 쓰이는 몇 가지 해상도에 대해 간단히 알아보겠습니다.

1280×720(720p, HD)

HD(High Definition)라고 불리는 해상도로 HD 이름을 쓰는 규격 중에서 가장 작은 규격입니다. 2000년대 초반 방송사 사이에 고화질 방송 바람이 불면서 사용한 첫 번째 HD 규격입니다. 2014년부터 Full HD 규격이 빠르게 상용화되었기 때문에 현재는 영상 결과물로 HD를 채택하는 일은 거의 없습니다. 시청자의 입장에서는 모바일에서 낮은 데이터 사용량을 위해 선택하는 옵션 정도로 사용됩니다.

1920×1080(1080p, Full HD, FHD)

현재 유튜브 시청용으로 가장 많이 사용하는 해상도입니다. 현재 많은 카메라에서 FHD 해상도 촬영을 기본으로 지원하고 좋은 화질과 부담 없는 용량으로 가장 사랑받고 있는 규격입니다. FHD의 4배 해상도인 4K 해상도가 훌륭한 화질을 보여줌에도 불구하고 2023년 현재까지 FHD 콘텐츠가 압도적으로 많습니다. HD에서 FHD로의 변화는 누구든지 큰 차이를 실감할 수 있을 만큼 분명한 변화가 있고, 4K 해상도와 비교해봐도 FHD가 모바일 환경에서 충분히 훌륭한 화질을 보여주기 때문입니다.

3840×2160(2160p, 4K, Ultra HD, UHD)

4K는 FHD 해상도의 4배에 해당하는, 현재 기준으로 아주 높은 해상도입니다. 비됴클래스처럼 고화질을 추구하는 유튜브 채널에서도 사용하고 최근 제작된 뮤직비디오들도 4K로 나오는 것이 트렌드일 정도로 4K를 많이 사용하고 있습니다. 하지만 아직도 FHD 콘텐츠가 압도적으로 많은 것이 사실입니다. 4K는 해상도가 높은 만큼 제작할 때에 여러 제한 사항이 있습니다. 4K가 지원되는 카메라가 필요한 것은 물론, 날카로운 신명도 탓분에 출연자의 피부 상태도 너욱 도드라져 보입니다. 거기에 초점도 징확하게 맞추어야 하니, 편집에도 고사양의 컴퓨터가 필요합니다.

특히 파일의 용량이 매우 크기 때문에 여러 카메라를 동시에 장시간 촬영해야 하는 예능 프로그램 등에서도 4K 해상도 이상을 촬영할 수 있더라도 FHD로 기록합니다. 이 외에도 여러 이유로 아직은 FHD가 더욱 효율적이며, 가장 많이 사용됩니다. 하지만 기기의 성능이 계속해서 발전하고 비용 문제 또한 해결된다면 지금의 FHD처럼 널리 쓰이게 될 것입니다.

화면 비율(Aspect ratio)

화면 비율은 동영상의 가로세로 비율을 의미합니다. 화면 비율 역시 자주 쓰이는 것이 있고 용도에 따라, 표현하고 싶은 느낌에 따라 다르게 맞추기도 합니다. 영상의 감성에 영향을 미친다는 점에서 프레임레이트와 비슷한 면이 있습니다.

세로 영상처럼 애초에 길쭉한 영상은 카메라를 세워서 촬영합니다. 하지만 화면 비율을 다르게 하고 싶은 경우에는 카메라의 기본 세팅이자 모든 콘텐츠의 기본인 16:9를 잘라서 사용합니다. 즉, **촬영 당시에 카메라에서 비율을 설정하는 것이 아닌 편집 작업에서 잘라낸다는 점을 기억하기를 바랍니다.**

1:1(정사각형), 9:16(세로 영상)

이 화면 비율은 인스타그램이나 틱톡, 유튜브 쇼츠 등에 사용되는 규격입니다. 특히 세로 영상은 스마트폰을 평소처럼 들고 촬영하면 쉽게 찍을 수 있기 때문에 접근성이 좋습니다. 인물을 촬영할 때 세로로 길쭉하고 더욱 실감나는 느낌으로 담기기 때문에 모바일 시청자에게 최적화된 비율이기도 합니다. 하지만 아직은 짧은 영싱인 숏 폼(Short-form) 등에서민 활용되고 비교적 긴(1분 이상) 콘텐츠에서는 잘 사용하지 않습니다.

16:9(Widescreen)

HD 해상도가 등장하면서 사용하는 화면 비율입니다. 대부분의 모니터와 TV가 이 비율로 만들어지고 카메라의 기본 세팅도 16:9를 사용하기 때문에 제작자들이 가장 많이 사용하는 규격이기도 합니다. 이 비율은 극장 상영용 영화 등 일부를 제외하면 거의 모든 영상에서 쓰입니다.

21:9(Cinemascope)

영화에서 주로 사용하는 비율입니다. 또는 영화가 아니더라도 비슷한 느낌의 광활한 룩(Look)이나 감성을 얻고 싶을 때 사용합니다. 가로로 긴 만큼 넓은 풍경을 담을 수 있어서 거대하고 웅장한 이미지를 표현할 수 있습니다.

4:3 또는 3:2(SD)

정사각형에 가까운 브라운관 TV 화면에 해당하는 비율입니다. SD는 대부분 4:3이나 3:2 등의 비율을 사용합니다. 현재 이 비율을 주력으로 사용하는 콘텐츠는 거의 없지만 레트로한 영상 느낌을 재현할 때 사용합니다.

화면 비율은 동영상을 만들 때 꼭 하나만 선택하는 것은 아닙니다. 영화나 애니메이션에서 갑자기 분위기를 전환할 때 화면 비율을 바꾸기도 합니다. 16:9 영상에서 1980년대를 회상하는 느낌을 주고 싶다면 화면 비율을 4:3으로 바꿔 표현할 수도 있습니다. 16:9 영상에서 영화 느낌, 웅장한 느낌을 주고 싶을 때 세로로 좁은 21:9 비율로 바꾸기도 합니다. 16:9 원본 영상 상하, 좌우에 검은색 박스를 채워 영상의 분위기를 바꾸는 방법으로 응용할 수 있습니다.

비트레이트(Bitrate)

비트레이트는 초당 비트 전송률이라고 하여 1초에 처리하는 데이터의 수(Bit)를 뜻합니다. 모든 컴퓨터 파일은 용량이 있고, 동영상 파일도 당연히 용량이 존재합니다. 조금 어려운 이야기일 수 있지만 간단하게 알아보겠습니다.

예를 들어 어떠한 동영상 파일의 재생 길이가 10초일 때 용량이 50MB라면 초당 5MB의 동영상이라고 할 수 있습니다. 비트레이트는 바이트(Byte, 단위로는 B)가 아니라 비트(Bit, 단위로는 b) 단위를 사용합니다. 1MB는 8Mb입니다. 따라서 5MB에 8Mb를 곱하면 초당 40Mbps(Megabit Per Second)의 영상이 되는 것입니다.

물론 40Mbps로 10초짜리 동영상을 만든다고 해서 정확히 50MB가 나오는 것은 아닙니다. 동영상의 용량은 영상과 오디오 상태에 따라 결정되며 비트레이트는 용량과 화질에 직접적인 관련이 있다는 점만 알아도 좋습니다.

재미있는 것은 동영상의 해상도와 용량이 직접적인 관계가 있다고 생각할 수 있지만, 사실이 아니라는 점입니다. 동영상의 해상도와 용량은 거의 관계가 없습니다. 다만 해상도가 올라간 만큼 더욱 높은 비트레이트를 할당해야 해상도를 올린 만큼 화질을 보충할 수 있습니다. 따라서 해상도를 올리면 비트레이트도 같이 올리기 때문에 용량이 커지는 것입니다. 이러한 수치는 프리미어 프로의 출력 단계에서 자유롭게 조정할 수 있습니다.

> **TIP** **주사 방식(Scanning)** 꼭 알 필요는 없지만 동영상 파일의 정보나 프리미어 프로의 출력 설정을 보면 주사 방식에 관한 항목이 존재합니다. 이는 TV 화면이나 모니터에 이미지를 출력하는 방식을 뜻합니다. 많이 쓰는 방식은 비월 주사(Interlaced Scan)와 순차 주사(Progressive Scan) 방식이 있습니다. 다만 TV 방송국을 운영하지 않는 이상 순차 주사만 사용해야 합니다. 해당 내용은 매우 어려우므로 유튜버는 간단히 순차 주사 (Progressive Scan)만 사용하면 된다는 것만 알면 됩니다. 가끔 실수로 비월 주사(Interlaced Scan)로 설정하고 영상을 출력하는 경우 영상에 아래 사진과 같은 현상이 나타납니다.

LESSON 08

멋진 동영상을 촬영하기 위한 카메라 준비하기

스마트폰 VS 카메라 : 어떤 카메라를 준비하면 될까

멋진 동영상을 촬영하기 위해 무턱대고 비싼 카메라를 살 필요는 없습니다. 좋은 영상이 꼭 좋은 장비로만 만들어지는 것은 아닙니다. 하지만 본인이 원하는 느낌을 더 잘 표현하기 위해서는 특정 장비가 필요할 수도 있습니다. 먼저 본인이 어떤 느낌의 영상을 원하는지 파악해보겠습니다.

스마트폰 정도의 성능이라도 충분히 좋은 카메라입니다. 생각보다 많은 인기 유튜브 콘텐츠가 스마트폰 한 대와 노트북의 간단한 장비로 제작됩니다. 만일 아래 사항 중 하나라도 해당하지 않는다면 꼭 디지털카메라를 구매하지 않아도 됩니다.

01 시청자에게 감동을 줄 정도로 영상미가 중요하다 | 스마트폰 카메라가 아무리 좋다고 해도 렌즈 교환이 가능한 디지털 카메라가 표현할 수 있는 범위와 품질은 따라올 수 없습니다. 영상미를 중시한다면 DSLR, 미러리스 등 렌즈 교환식 디지털 카메라는 필수입니다.

02 넓은 화각과 망원 촬영이 항상 필요하다 | 간단하게 줌(zoom) 촬영이 필요한 경우입니다. 요즘 스마트폰은 여러 개의 렌즈를 탑재하여 두세 가지 화각을 선택할 수도 있습니다. 다만 렌즈 교환식 카메라 정도의 품질, 줌을 따라가긴 역부족입니다. 렌즈 선택으로 표현의 범위가 넓어지는 것이 렌즈 교환식 카메라의 큰 장점입니다.

03 고품질의 오디오 녹음이 필요하다 | 스마트폰의 자체 마이크 품질은 꽤 준수합니다. 하지만 두 명 이상이 출연하는 영상, 스마트폰과 출연자의 거리가 먼 야외 촬영인 경우에는 별도의 외장 마이크가 필수입니다. 다만 이러한 외장 마이크들이 스마트폰을 지원하지 않는 경우가 많습니다. 또한 마이크를 연결하면 스마트폰의 유일한 케이블 단자를 차지하기 때문에 충전하면서 촬영이 어려운 점도 고려해야 합니다.

유튜브 테크닉

초보 유튜버 가이드

프리미어 프로 기초

영상 편집 기본

프리미어 프로 효과

영상 특수 효과

비됴클래스 작업 꿀팁 　스마트폰으로도 잘 촬영하는 방법

전면 카메라 vs 후면 카메라

▲ 아이폰(출처 : Apple, https://www.apple.com/)

일반적인 스마트폰 카메라는 셀프 촬영할 때 사용하는 전면 카메라와 뒷면에 달린 후면 카메라가 있습니다. 여기서 화질이 좋은 카메라는 대부분 후면 카메라입니다. **후면 카메라는 전면 카메라에 비해 어두운 곳에서도 화질도 좋고, 해상도가 높아 훨씬 선명한 편입니다.** 다만 후면 카메라는 직접 보면서 촬영할 수 없기 때문에 촬영 시 어색하고 불편하다는 단점이 있습니다. 이러한 단점만 극복한다면 스마트폰의 성능을 100% 활용해 영상을 만들 수 있습니다.

촬영 전에는 반드시 렌즈를 닦자

스마트폰은 일상에서 자주 사용하는 물건이라 카메라 렌즈가 지저분할 확률이 큽니다. 렌즈가 기름이나 지문 자국으로 얼룩진 상태에서 촬영하면 뿌옇고 채도가 낮은 영상이 되기 때문에 화질이 낮은 것처럼 보입니다. 만약 테스트 촬영의 화질이 나쁘다면 안경닦이 같은 건조하고 깨끗한 천으로 닦아낸 후 촬영합니다. 이전보다 훨씬 나아 보일 것입니다.

영상은 카카오톡으로 이동 금지

많은 분들이 스마트폰 사진이나 영상을 PC에 옮기는 용도로 카카오톡을 사용합니다. 하지만 카카오톡의 사진, 동영상 이동은 '손실 압축'이라는 과정을 거치기 때문에 **기존 화질보다 매우 낮은 화질로 전송됩니다.** 고품질로 영상을 제작하고자 한다면 절대 추천하지 않는 방법입니다. 가장 좋은 방법은 PC와 스마트폰을 USB로 연결해 파일을 직접 옮기는 것입니다. 아이폰과 맥북을 사용하고 있다면 에어드롭(AirDrop) 기능을 사용해 무선으로 간편하게 파일을 이동할 수 있습니다.

내게 어떤 기능이 필요한지 먼저 확인한다

디지털 카메라를 선택했다면 수많은 카메라 중 무엇을 골라야 할지 고민될 것입니다. 가장 좋은 카메라는 바로 내 쓰임새에 맞는 카메라입니다. 무턱대고 비싼 카메라를 구매한다면 너무 무겁고 어려운 조작 때문에 저렴한 카메라의 자동 촬영(Auto)보다 못한 결과물이 나올 수도 있습니다. 카메라 구매 전 내가 필요한 기능과 특징이 무엇인지 알아보고 선택하는 것이 중요합니다. 카메라 구매 전 확인할 대표적인 주요 기능에 대해 알아보겠습니다.

01 좋은 품질의 오디오 녹음을 위해서 외장 마이크가 필요하다 | 외장 마이크 연결을 지원하는 대부분의 카메라는 50만 원 이상입니다. 그리고 작은 카메라(콤팩트 카메라)는 대부분 마이크 연결이 불가능합니다. 외장 마이크를 이용하고자 한다면 50만 원 이상의 DSLR, 미러리스를 선택할 수밖에 없습니다. 또 예산 내에서 성능이 보장되는 외장 마이크의 가격도 고려해야 합니다.

02 셀카를 찍을 때 화면이 보여야 한다(회전 모니터 유무) | 혼자 촬영하기 때문에 자기 모습을 직접 확인하며 촬영한다면 모니터가 회전되는 모델을 선택합니다. 외장 모니터를 따로 구매해 카메라에 부착할 수도 있지만 이 방법이 불가능한 모델도 있습니다. 또 외장 모니터는 가격이 굉장히 비싸고 무겁기 때문에 자신의 촬영 방식에 맞는지 충분히 고민해야 합니다.

03 험악한 환경에서 자유롭게 촬영해야 한다(방수 기능이 꼭 필요) | 험악한 환경, 특히 익스트림한 상황에서 직접 촬영한다면 렌즈 교환식 카메라보다 액션캠을 추천합니다. 다만 액션캠은 렌즈를 교환할 수 없는 고정 렌즈이기 때문에 항상 넓은 화각과 고정 초점으로 촬영해야 합니다. 액션캠은 보통 넓게 촬영되기 때문에 가까이서 셀프 촬영 시 얼굴이 왜곡되어 싫어하는 사람도 꽤 많습니다. 그리고 제품에 따라 고품질 오디오 녹음이 어려우며 결정적으로 어두운 환경에서 촬영이 매우 취약하다는 단점이 있습니다. 물속에 들어가거나 먼지가 많은 환경에서 촬영하는 극한 상황이 아니라면 생활 방수(방진/방적)가 지원되는 가벼운 콤팩트 카메라 또는 렌즈 교환식 카메라를 고려해보는 것도 좋습니다.

04 고해상도, 고선명 등 영상의 품질이 매우 중요하다 | 동영상의 품질은 렌즈와 이미지 센서의 크기가 결정합니다. 렌즈 교환식 카메라를 추천하는 이유는 다양한 화각으로 촬영하면서 비교적 큰 이미지 센서로 높은 품질의 영상을 얻을 수 있기 때문입니다. 그리고 대체로 렌즈 교환식 카메라는 비디오 촬영도 고려해 개발되므로 동영상 품질도 훌륭하고 관련 기능도 많습니다.

05 감성적인 영상 표현을 위해서 슬로우 모션이 필요하다(60fps) | 슬로우 모션 촬영은 어디까지나 부가 기능이지 모든 카메라가 지원하는 기능이 아닙니다. 슬로우 모션을 촬영하기 위해서는 60fps 이상의 프레임레이트로 촬영할 수 있어야 합니다. 화질과 슬로우 모션을 둘 다 잡으려면 최소 1080p에 60fps 이상 녹화가 가능한 카메라를 추천합니다.

06 장시간 녹화 및 30분 이상의 연속 녹화가 꼭 필요하다 | 대부분의 디지털 카메라는 녹화 시간 30분을 채우기 직전에 자동으로 촬영이 종료됩니다. 몇몇 상위 기종은 30분 이상 녹화를 지원하지만 30분 제한이 걸린 카메라가 압도적으로 많습니다. 특히나 발열이나 배터리 문제로 인해 스펙상 30분 이상 촬영이 가능한 카메라도 실제로는 불가능한 경우가 많습니다. 이 점은 제품 설명에서 알 수 없는 경우가 많으므로 검색과 리뷰를 통해 정보를 얻어야 합니다.

비됴클래스 작업 꿀팁 ｜ 다나와에서 나에게 알맞은 디지털 카메라 검색하기

쇼핑 서비스인 다나와(danawa.com)는 각종 전자제품의 최저가를 모아놓은 것뿐만 아니라 모든 전자제품의 특징을 분류하여 체계적으로 검색할 수 있는 기능을 제공하고 있습니다. 그래서 확인해야 할 스펙이 많은 디지털 카메라 제품의 특성을 비교하며 구매하기에 아주 적합합니다. 먼저 다나와에 접속한 후 메인 페이지의 최상단 카테고리에서 카메라를 종류별로 볼 수 있습니다.

◀ 다나와 사이트의 메인 페이지(출처 : 다나와, https://danawa.com/)

카메라 카테고리에서 세부적으로 필터링하여 검색할 수 있는 상세 검색 기능이 있습니다. [옵션 전체보기]를 클릭하면 더 많은 기능과 스펙으로 필터링할 수 있는 목록이 나타납니다.

▲ 다나와 사이트의 상세 검색 옵션(출처 : 다나와, https://danawa.com/)

각각의 디지털 카메라 페이지에서는 해당 카메라가 가진 스펙을 요약해서 보여주며, 스펙을 클릭하면 해당 스펙의 의미까지 알 수 있습니다.

▲ 다나와 사이트의 제품 개별 페이지(출처 : 다나와, https://danawa.com/)

대표적인 디지털 카메라의 종류

카메라의 여러 기능 중 내게 필요한 기능에 대해 알았으니 이번에는 카메라의 종류와 조건에 맞는 카메라는 어떠한 것이 있는지 알아보겠습니다.

최신 카메라는 무조건 좋은 것으로 골라야 할까

먼저 카메라를 선택하기 전 참고해야 할 사항이 있습니다. 카메라의 경우 기술의 발전이 의외로 빠르지 않은 편입니다. 혁신에 가까운 큰 변화가 있는 최신 제품도 있지만 간혹 결과물에 딱히 영향이 없는 업데이트를 거친 신제품도 있습니다. 흔히 업그레이드가 아닌 '옆그레이드'라고 불리는 제품이 그렇습니다. 예를 들어 캐논 EOS M50 mark2의 경우 전작인 EOS M50 mark1과 결과물의 차이는 거의 없고, AF(오토 포커스)나 부가 기능의 업그레이드만 있었음에도 가격은 소폭 인상되었습니다. 고프로도 1년 단위로 신제품이 출시되지만 일반인 입장에서 큰 의미가 없는 부가 기능 추가, 최대 해상도 개선 등의 업데이트인 경우가 있습니다. 쓸만한 업데이트는 4년 주기로 이루어지고 해당 제품 발매 후 2년 이내 제품은 비슷비슷한 경향을 가지고 있다고 생각하면 편합니다.

카메라 렌즈는 이러한 경향이 더욱 강한 편이라 본격적인 제품 업그레이드가 길면 10년 이상인 제품도 있습니다. 아무래도 반도체의 발전보다는 광학 기술의 발전이 느리기도 하고, 렌즈의 변화는 전문가가 아닌 일반인이 느끼기에 큰 메리트를 갖기 힘든 게 그 이유입니다. 따라서 카메라를 고를 때에는 꼭 실사용 리뷰를 참고해 장단점을 비교한 후 가격 대비 메리트가 있는 제품을 선택하기를 바랍니다.

콤팩트 디지털 카메라(똑딱이)

#가벼움 #작은크기 #작은배터리, 가격 : 10~100만 원대

콤팩트 카메라의 가장 큰 특징은 휴대성입니다. 하지만 콤팩트라는 이름에 걸맞게 휴대성에 초점이 맞춰져 있어 미러리스나 DSLR보다는 기능이 적고 결과물의 퀄리티가 낮으며 다른 액세서리를 쓸 수 없다는 단점이 있습니다. 10~30만 원대 아주 저렴하고 오래된 제품이 있지만 본격적인 영상 촬영을 고려했을 때 적어도 50만 원 이상의 고성능 콤팩트 카메라를 권장합니다. 50만 원 이상의 콤팩트 카메라는 활용도 높은 줌렌즈가 내장되어 있고 촬영 품질 또한 전문가용 카메라 못지않아 야외에서 가볍게 고품질의 동영상을 촬영하고 싶을 때 유용합니다. 물론 작은 크기와 성능으로 인해 배터리 소모가 빠르고, 어디까지나 스마트폰에 비해 화질이 좋은 것이지 렌즈 교환식 카메라에 비하면 결과물이 많이 아쉬운 것도 사실입니다. 최근에는 스마트폰의 촬영 품질도 많이 좋아졌기 때문에 최신 스마트폰을 사용한다면 콤팩트 카메라의 결과물이 의외로 맘에 들지 않을 수 있습니다. 많은 유튜버들은 메인 카메라로 렌즈 교환식 카메라를 주로 쓰고 1인 야외 촬영의 휴대성을 위해 보조 카메라로 콤팩트 카메라를 활용하는 편입니다.

▲ 캐논 G7X mark3, 출시일 : 2019.08
(출처 : 캐논 코리아, https://kr.canon/)

▲ 소니 ZV-1, 출시일 : 2020.06
(출처 : 소니 코리아, https://www.sony.co.kr/)

렌즈 교환식 카메라(미러리스, DSLR)

#렌즈필요 #사진기 #고성능, 가격 : 30~500만 원대

렌즈 교환식 카메라는 대표적으로 DSLR과 미러리스 카메라가 있습니다. 한때 두 카메라 간의 특색이 뚜렷해 별개로 사용하는 경우도 있었습니다. 지금은 미러리스 카메라가 대세이며, DSLR의 장점을 미러리스가 모두 흡수하면서 분류에 큰 의미가 없어졌습니다.

렌즈 교환식 카메라는 말 그대로 렌즈를 교환해 사용하는 카메라이며, 대부분의 유튜버가 메인 카메라로 사용하고 있을 만큼 고성능 제품들이 많습니다. 휴대성을 강조한 작은 카메라가 있는 반면, 성능을 최대한 끌어내기 위한 무거운 카메라도 있을 정도로 선택의 폭이 넓습니다. 또한 결과물의 품질을 좌우하는 이미지 센서(Image sensor, CMOS)의 크기별로 카메라의 등급을 나눌 정도로 이미지 센서의 중요성이 큽니다. 렌즈 교환식 카메라의 이미지 센서 크기 순서로 알아보겠습니다.

유튜브 테크닉

초보 유튜버 가이드

프리미어 프로 기초

영상 편집 기본

프리미어 프로 효과

영상 특수 효과

01 풀 프레임(Full Frame) | 센서의 크기는 36×24mm(1:1이라고 표현)입니다. 렌즈 교환식 카메라에서 볼 수 있는 센서 규격 중 가장 큰 사이즈로, 이후 소개할 센서 크기는 모두 풀 프레임보다 작은 규격입니다. 이미지 센서가 크기 때문에 대체로 카메라의 크기가 큰 편이며, 큰 센서가 가진 장점으로 어두운 곳에서의 이미지 퀄리티가 상대적으로 뛰어납니다. 또한 같은 조리갯값의 렌즈라도 아웃포커싱(뒤 배경 흐림)의 정도도 크게 나타나 심미적인 장점이 있습니다. 센서 크기의 성능을 최대한 끌어내기 위한 고성능 제품이 많아 가격 또한 비싼 편입니다.

▲ 소니 A7M4, 출시일 : 2021.11
(출처 : 소니 코리아, https://www.sony.co.kr/)

▲ 파나소닉 Lumix S5, 출시일 : 2020.09
(출처 : 파나소닉 코리아, https://www.panasonic.co.kr/)

02 APS-C | 센서의 크기는 1:1.6 또는 1:1.5 (풀프레임 대비 비율)이며 흔히 크롭바디라고 부르는 크기입니다. 과거에는 풀프레임 대비 크기나 무게 이외에는 이렇다 할 장점이 없었기 때문에 카메라를 오래전에 접한 사용자들에게 가격 대비 성능이 별로라는 선입견이 강하게 남아있습니다. 하지만 그동안 가벼운 카메라에 대한 수요가 늘어나고 반도체 기술 또한 발전하면서 이제 크롭바디로도 상당한 퀄리티의 영상을 촬영할 수 있습니다.

▲ 캐논 EOS R7, 출시일 : 2022.06
(출처 : 캐논 코리아, https://kr.canon/)

▲ 소니 ZV-E10, 출시일 : 2021.08
(출처 : 소니 코리아, https://www.sony.co.kr/)

03 마이크로포서드(Micro Four Thirds) | 센서의 크기는 1:2(17.3×13.0mm)로 마이크로포서드는 단순 센서 크기 명칭이 아니라 해당 센서 크기 및 카메라 시스템, 렌즈 시스템 규격의 총칭입니다. 작은 센서 덕분에 카메라나 렌즈가 작아질 수 있고, 같은 가격 대비 풍부한 기능이 있다는 것이 특징입니다. 하지만 점점 시간

이 지나며 마이크로포서드가 풀프레임, APS-C에 비해 큰 장점이 없고 마이크로포서드 제품 제조사였던 파나소닉(Panasonic)이나 올림푸스(Olympus)가 고성능 제품 출시를 중시하는 경향으로 선회하는 상태라는 점을 고려해야 합니다.

▲ 파나소닉 Lumix GH6, 출시일 : 2022.03
  (출처 : 파나소닉 코리아, https://www.panasonic.co.kr/)

▲ 올림푸스 OM System OM-1, 출시일 : 2022.02
  (출처 : Olympus, https://www.getolympus.com/)

캠코더

#장시간촬영 #방송국느낌 #렌즈일체형, 가격 : 30~300만 원대

캠코더는 동영상 촬영만을 목적으로 한 카메라입니다. 렌즈 교환이 가능한 일부 고성능 캠코더도 있지만 여기서 이야기하는 것은 렌즈 일체형 캠코더입니다. 렌즈 교환식 카메라나 콤팩트 카메라가 원래 사진기에서 출발한 만큼 심미적인 표현을 위한 기능 및 설계가 우선된 반면, 캠코더는 현장을 문제없이 기록하는 설계에 초점을 두었습니다. 따라서 흔들림 보정이나 어두운 곳에서의 화질, 자동 초점, 낮은 발열, 오래가는 배터리 등 안정적인 기록을 위한 기능이 주를 이룹니다. 하지만 이러한 기능을 구현하기 위해 아주 작은 이미지 센서와 범용적인 렌즈를 사용했기 때문에 심미적인 표현력이 부족한 편입니다. 이러한 특징 때문에 방송국처럼 장시간 녹화하는 콘텐츠 촬영 시 많이 사용됩니다. 차이가 잘 이해되지 않는다면 렌즈 교환식 카메라는 영화의 색감과 표현을, 캠코더는 예능, 시사 프로그램의 거친 느낌을 떠올려보면 됩니다.

▲ 소니 AX43, 출시일 : 2020.03
  (출처 : 소니 코리아, https://www.sony.co.kr/)

▲ 소니 AX700, 출시일 : 2017.10
  (출처 : 소니 코리아, https://www.sony.co.kr/)

유캠브 테크닉

초보 유튜버 가이드

프리미어 프로 기초

영상 편집 기본

프리미어 프로 효과

영상 특수 효과

액션캠

#여행필수품 #방수 #작은크기 #초광각, 가격 : 10~80만 원대

액션캠은 고프로처럼 작은 크기에 매우 넓은 화각을 가지고 방수/방진 기능을 가진 카메라를 말합니다. 오토바이나 자전거, 드론에도 장착하여 사용하는 만큼 작고 가벼우면서도 안정적으로 촬영할 수 있습니다. 액션캠이 가진 특징을 잘 활용하면 일반 카메라로는 얻기 힘든 특수한 영상을 촬영할 수 있습니다. 다만 액션캠의 초광각 렌즈로 인한 왜곡이 심해 피사체가 예쁘게 촬영되지 않는다는 단점이 있고, 작은 배터리 크기와 발열로 인해 장시간 촬영이 어려운 모델도 있습니다.

기타 특수한 카메라들

▲ Insta360 X3(출처 : Insta360, https://www.insta360.com/)

▲ DJI OSMO Pocket 2(출처 : DJI, https://www.dji.com/)

대중적인 카메라 외에 조금 특이한 유형의 카메라도 있습니다. '360도 카메라'는 말 그대로 360도를 촬영할 수 있는 카메라입니다. 360도를 촬영한다고 해서 꼭 360도의 3D 콘텐츠를 만드는 게 아니라 일반적인 16:9 영상을 다채롭게 만들기 위해 360도 카메라를 쓰기도 합니다.

'짐벌 일체형 카메라' 혹은 '짐벌캠'이라는 유형도 있습니다. 카메라를 안정적으로 움직일 수 있게 하는 모터 장치인 짐벌(Gimbal)과 카메라가 일체형으로 부착된 유형입니다. DJI Osmo Action 시리즈가 가장 유명합니다. 일반적인 액션캠은 전자식 흔들림 방지로 카메라 내의 자이로 센서 데이터를 이용해 촬영된 영상을 오려내는(크롭, Crop) 방식을 이용합니다. 이 때문에 결과물이 부자연스럽고 영상의 품질이 살짝 나빠지는 단점이 있습니다. 하지만 짐벌 일체형 카메라는 물리적인 모터를 이용해 흔들림을 잡기 때문에 이러한 문제가 훨씬 적고 자연스러운 영상을 만들 수 있습니다. 물론 만능이 아니기 때문에 흔들림이 완벽히 사라지지 않고 짐벌 모터의 움직임으로 인해 카메라 조작에 방해가 되기도 합니다.

렌즈 교환식 카메라에서 가장 중요한 렌즈

렌즈 교환식 카메라를 구입한다면 반드시 렌즈도 구매해야 합니다. 구매 옵션으로 본체만(렌즈 미포함) 있는 옵션, 번들 렌즈(Kit Lens)가 포함된 옵션이 따로 있습니다. 간혹 같은 제품인데 저렴하다고 확인 없이 구매했다가는 렌즈 없이 본체만 배송되는 경우가 있으니 번들 렌즈 포함 여부를 반드시 확인해야 합니다.

▲ 네이버에서 소니 ZV-E10 카메라를 검색한 결과, 렌즈 미포함 제품과 번들 렌즈인 16-50mm 렌즈 포함 제품의 가격이 다릅니다. 고급 렌즈인 16-70mm F4 ZA가 포함된 패키지도 있지만 가격이 비쌉니다.(출처 : 네이버 쇼핑)

카메라 렌즈는 종류도 많고, 가격도 카메라 본체만큼 비싼 것들이 많아 구입할 때 고민이 됩니다. 이때에는 첫 렌즈로 본체와 함께 구입할 수 있는 번들 렌즈 중 기본인 '표준 줌렌즈'가 제격입니다. 표준 줌렌즈로 광각부터 적당한 망원까지 촬영할 수 있기 때문입니다. 만약 '50mm F1.8 단렌즈'와 같은 고정화각 렌즈를 구매하면 특유의 심도로 아름다운 영상을 표현할 수 있지만 표준 줌렌즈에 비해서 다양한 용도로 활용하기는 힘듭니다.

번들 렌즈는 성능이 다소 떨어지지만 저렴하면서 활용도는 높은 효율적인 기본 렌즈입니다. 이 렌즈를 쓰면서 부족한 점이 생긴다면 그때 추가로 고급 렌즈 구매를 고려하면 됩니다. 번들 렌즈의 단점으로는 보통 '가변 조리개'라고 하여 렌즈의 줌을 조정할 때 밝기가 변하는 문제가 있지만 큰 문제는 아닙니다. 고급 렌즈일수록 가변 조리개가 아닌 고정 조리개(최소 조리갯값이 고정)인 제품이 많습니다.

렌즈 모델 이름 보는 방법

아래의 렌즈 모델명은 소니의 한 표준 줌렌즈의 모델명입니다. 렌즈 모델명은 보통 이런 식으로 구성되어 있지만 제조사마다 조금씩 다를 수 있습니다. 렌즈의 상세 스펙을 보면 대부분 비슷한 사항이 공통적으로 표기되어 있는 것을 알 수 있습니다.

모델명 : SONY E 16-50mm F3.5-5.6 PZ, OSS

해당 모델명은 SONY, E, 16-50mm, F3.5-5.6, PZ, OSS 순서로 끊어서 읽을 수 있고 각 의미는 제조사 이름, 마운트, 초점거리(화각), 최소 조리갯값, 부가 기능(흔들림 방지 등)입니다. 자세한 설명은 아래를 참고합니다.

◀ (출처 : 소니 코리아, https://www.sony.co.kr/)

01 제조사 이름 | 제조사는 렌즈 제조사의 이름입니다. 캐논 카메라라고 해서 캐논에서 만든 렌즈만 장착할 수 있는 것이 아닙니다. 카메라 업체 외에도 다양한 렌즈 제조사가 있으며 '마운트'만 같다면 호환해서 사용할 수 있습니다.

02 마운트 | 카메라 본체(바디)와 렌즈가 결합하는 부분인 마운트의 이름입니다. 카메라와 렌즈의 마운트가 같을 경우에만 결합 및 정상적인 사용이 가능합니다. 마운트가 서로 다를 경우에는 변환 어댑터를 사용할수도 있지만, 렌즈의 성능을 100% 사용할 수 있는 것이 아니므로 가급적 카메라와 호환되는 마운트의 렌즈를 구매하는 것이 좋습니다. 또한 제조사가 같다고 마운트 또한 같은 것이 아니므로 주의합니다.

03 초점거리(화각) | 초점거리는 렌즈의 화각을 결정하는 요소로 숫자가 낮을수록 더욱 넓은 각도의 풍경을 담을 수 있습니다. 또 화각의 숫자가 높을수록 망원렌즈에 가까워지며 망원경처럼 멀리 있는 물체를 크게 확대해 촬영할 수 있습니다. 여기서 16-50mm는 최소 화각인 16mm에서 줌을 돌리면 50mm까지 확대되는 범위를 가진 렌즈라는 의미입니다. 16mm 정도면 꽤 넓은 화각을 가지고 있고 50mm면 멀리 있는 물체도 적당한 크기로 담을 수 있습니다. 하지만 초점거리는 절댓값이 아닙니다. 크롭바디인 E마운트의 16mm와 풀프레임 전용인 FE마운트의 16mm는 실질적으로 다른 화각을 가집니다. 따라서 같은 초점거리라도 마운트에 따라 결과물이 다를 수 있다는 점을 기억해야 합니다.

04 최소 조리갯값 | 조리개는 F라는 단위를 앞에 붙여서 표기하며 렌즈에 들어가는 빛을 조절하는 구멍의 크기를 좁히거나 넓히면서 빛을 얼마나 담을 것인지 조절합니다. 간단하게 이야기하면 **최소 조리개 수치가 낮**

으면 낮을수록 어두운 환경에서도 노이즈가 적게 촬영할 수 있고, 뒤 배경 흐림(아웃포커싱)이 더욱 많이 일어난다는 의미입니다. 앞서 소개한 렌즈의 경우 조리갯값이 두 개 표기되어 있다면 줌의 정도에 따라 최소 조리개가 변동되는 가변 조리개라는 의미입니다. 가변 조리개의 경우 야간 촬영 시 자동 모드에서 줌을 당기면 어두워지는 문제가 발생합니다. 그래서 보통 최소 조리갯값이 하나만 있는 고정 조리개 렌즈가 선호되지만 가격이 비싼 편입니다. 참고로 조리갯값 역시 초점거리처럼 마운트에 따라 상대적으로 표현됩니다.

▲ 조리개 F2.8로 촬영,
　 뒤 배경 흐림이 많이 일어납니다.

▲ 조리개 F22로 촬영,
　 뒤 배경 흐림이 적게 일어납니다.

05 부가 기능 | 부가 기능으로는 손떨림(흔들림) 방지, 특수 초점 모터, 전동 줌 등의 기능이 있을 때 해당 명칭이 붙습니다. 같은 기능도 제조사마다 다른 이름을 쓰고 기술별로 특징이 달라서 모두 외우기는 힘듭니다. 대표적인 부가 기능 중 손떨림 방지는 캐논의 경우 IS, 소니는 OSS, 니콘은 VR 등으로 표기합니다.

메모리 카드 아무거나 사면 안 된다

카메라와 렌즈만 있다고 동영상을 촬영할 수 있는 것이 아닙니다. 결과물을 저장할 메모리 카드가 반드시 있어야 합니다. 대부분 카메라는 저장 장치로 SD 카드를 사용합니다. 보통 카메라는 풀 사이즈 SD 카드를, 액션캠처럼 아주 작은 카메라의 경우 MicroSD 카드를 사용합니다. 동영상을 촬영하면 카메라는 메모리 카드에 실시간으로 파일을 기록합니다. 이때 메모리 카드를 잘못 선택하면 데이터 저장이 원활하지 않을 수 있습니다. 메모리 카드의 용량도 중요하지만 더욱 중요한 것은 기록 속도입니다. 기록 속도는 카메라가 권장하는 규격의 SD 카드를 구매하는 것이 좋습니다.

디지털 카메라의 제품 사용 설명서를 보면 권장하는 메모리 카드가 무엇인지 알 수 있습니다.

사용할 수 있는 메모리 카드

본 카메라에 microSD 메모리 카드 또는 Memory Stick Micro 매체를 사용할 때는 반드시 적절한 어댑터를 사용하여 주십시오.

SD 메모리 카드

기록 형식	지원되는 메모리 카드
정지 이미지	SD/SDHC/SDXC 카드
XAVC S 4K 60Mbps* XAVC S HD 50Mbps 이하* XAVC S HD 60Mbps	SDHC/SDXC 카드 (Class 10 또는 U1 이상)
XAVC S 4K 100Mbps* XAVC S HD 100Mbps	SDHC/SDXC 카드 (U3)

▲ 소니 ZV-E10 제품 설명서

정지 이미지(사진)의 경우 SD/SDHC/SDXC 등으로 표기되어 있는데 이는 시중에서 구할 수 있는 대부분의 메모리 카드를 사용할 수 있다는 의미입니다. 하지만 그 아래 비디오의 경우 해상도와 비트레이트에 따라 Class 10 또는 U1 이상, 고급 옵션에는 U3를 권장하고 있습니다. 카메라의 최대 품질로 동영상을 기록하려면 권장되는 가장 좋은 옵션의 SD 카드를 선택해야 합니다.

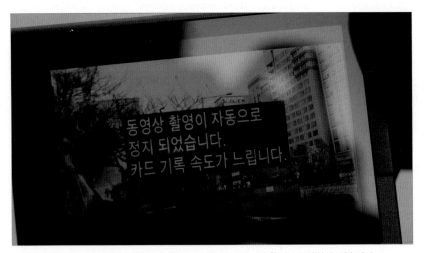

▲ 권장 사양보다 낮은 메모리 카드를 사용하면 메시지가 나타나며 촬영이 중단될 수 있습니다.

SD 카드의 규격(Form factor, 폼팩터)

SD 카드의 규격은 여러 개가 존재하지만 현재 압도적으로 많이 사용하고 있는 두 가지는 Standard SD와 MicroSD(마이크로SD) 카드입니다. 이 두 개는 규격만 다를 뿐 스펙을 보는 방법은 동일하므로 카메라에 맞는 SD 카드만 이용하면 됩니다. 그리고 MicroSD를 구매하면 보통 Standard SD 규격으로도 사용할 수 있도록 어댑터를 함께 증정하기도 합니다. 이것을 사용해도 좋습니다.

▲ SD 카드의 규격 차이(Standard SD, MicroSD)

▲ MicroSD를 Standard SD 규격으로 사용할 수 있게 해주는 카드 어댑터

01 SD/SDHC/SDXC | 현재 시중에서 구할 수 있는 SD 카드의 대부분이 SDXC이고, 소수의 SDHC 카드가 있습니다. 일반 SD 카드는 컴퓨터 박물관에서 볼 수 있을 정도로 오래되었습니다. SD는 최대 2GB까지 지원하고 SDHC는 최대 32GB, SDXC는 최대 2TB까지 저장할 수 있습니다. 최근 대부분의 사용자는 32GB 혹은 64GB 이상의 SD 카드를 사용하니 SDXC 외의 규격은 무시해도 좋습니다. 단, 2010년 이전에 출시된 디지털 카메라를 사용할 일이 있다면 SDXC 규격을 사용할 수 없을 수도 있다는 점만 참고합니다.

▲ 순서대로 SD/SDHC/SDXC 규격의 카드, 로고의 차이가 눈에 띕니다.

02 스피드 클래스 | 대부분의 SD 카드에는 C라는 알파벳 속에 쓰기 최저 속도(데이터를 기록하는 속도)를 의미하는 숫자가 쓰여 있습니다. 동영상 촬영이 목적이라면 무조건 클래스 10인 것을 기본으로 선택해야 합니다. 하지만 현재 기준에서도 클래스 10이 결코 빠른 속도는 아닙니다. 스피드 클래스 규격 자체가 SD 카드의 탄생과 함께 만들어진 규격이라 2020년 이후로 발매된 고성능 카메라가 요구하는 스펙에 부족한 경우가 많습니다.

▲ 클래스에 따라 SD 카드에서 이와 같은 표시를 볼 수 있습니다.

03 UHS 스피드 클래스 | 스피드 클래스의 클래스 10보다 빠른 속도를 요구하는 기기가 많아진 시대의 요구에 따라 더욱 빠른 최저 쓰기 속도를 표기하기 위해 생긴 분류입니다. UHS의 의미는 Ultra High Speed 입니다. 특이하게도 U1와 U3 두 가지로만 나누어져 있으며 U1보다 U3가 빠르고 대부분의 최신 카메라들은 UHS 급의 속도를 요구합니다.

▲ 최저 10MB/s ~ 30MB/s   ▲ 최저 30MB/s 이상

04 비디오 스피드 클래스 | 동영상 촬영 기기의 쓰기 속도가 나날이 빨라짐에 따라 매우 높은 속도까지 표기하는 Video Speed Class 규격이 등장했습니다. SD 카드 소비자들이 이 등급만 보고 구매해도 좋을 정도로 명확한 기준을 만드는 목적으로 탄생한 만큼, 다른 것 다 필요 없이 카메라가 요구하는 비디오 스피드 클래스 사양의 SD 카드를 선택하면 문제가 없습니다.

하지만 새로운 규격이라 SD 카드에 이 규격 자체가 쓰여 있지 않은 경우도 있고 카메라 제조사가 별도의 권장 비디오 스피드 클래스를 표기하지 않은 경우도 있습니다. 이때 속도에 해당하는 UHS 스피드 클래스 규격의 SD 카드를 고르면 됩니다. SD 카드를 고르기 힘들 때 어떤 규격을 선택해야 하는지 한눈에 쉽게 알 수 있도록 표로 정리했습니다.

최저 쓰기 속도	스피드 클래스	UHS 스피드 클래스	비디오 스피드 클래스
6MB/s (48Mb/s)	⑥	해당 없음	**V**6
10MB/s (80Mb/s)	⑩ 10MB/s 이상은 동일하게 표기	U1	**V**10
30MB/s (240Mb/s)			**V**30
60MB/s (480Mb/s)		U3	**V**60
90MB/s (720Mb/s)			**V**90

TIP 최저 쓰기 속도에 딱 맞는 비트레이트의 동영상을 기록할 경우 녹화 멈춤 현상이 일어날 수 있습니다. 이때 한 단계 높은 SD 카드를 선택합니다.

05 UHS 인터페이스 버전 | UHS 스피드 클래스와는 전혀 다른 UHS-I 또는 UHS-II 등 UHS의 인터페이스 버전도 존재합니다. 이는 절대적인 속도와 관련은 없지만 UHS-II가 더욱 빠른 속도인 제품이 많습니다. 간혹 빠른 속도를 사용하고자 UHS-II를 구매했는데 카메라가 UHS-II를 지원하지 않아서 제 속도를 못 내는 경우도 있으니 꼭 체크해야 합니다. UHS 스피드 클래스는 U 모양에 숫자로 표기했지만 UHS 버전은 아래처럼 로마 숫자 모양으로 표기되어 있습니다. 또한 UHS-II는 카드 뒷면의 금속 단자가 두 줄인 점도 UHS-I과 다릅니다.

▲ UHS-I　　　　▲ UHS-II　　　　▲ UHS-III

▲ 왼쪽부터 UHS-I과 UHS-II. 앞면에 정말 작게 I와 II 표시를 볼 수 있습니다. 뒷면의 단자로 쉽게 구분이 가능합니다.

유튜브 테크닉

초보 유튜버 가이드

프리미어 프로 기초

영상 편집 기본

프리미어 프로 효과

영상 특수 효과

촬영에 필요한 액세서리 알아보기

촬영 장비에는 카메라 외에도 마이크, 삼각대, 조명처럼 다양한 장비가 존재합니다. 이번 LESSON에서는 촬영용 액세서리에는 무엇이 있는지, 어떤 용도로 사용하는지 알아보겠습니다. 동영상 촬영을 진행하며 필요한 액세서리를 구매하기 전 참고합니다.

삼각대(Tripod)

카메라를 고정해 촬영하기 위한 장비입니다. 삼각대는 동영상 촬영하면 떠오르는 대표적인 장비로 의외로 종류가 다양합니다. 우선 삼각대의 기본적인 모양과 각 부품의 명칭을 알아보겠습니다.

▲ 맨프로토 비프리 라이브 삼각대(출처 : Manfrotto, https://www.manfrotto.com/)

01 플레이트(Plate) | 삼각대 헤드와 카메라를 결합하기 위해 1/4인치 나사(카메라의 표준 나사 구멍 크기)가 달린 장비입니다. 헤드의 형태에 따라 플레이트를 사용해야 하는 삼각대가 있고, 그렇지 않은 경우도 있습니다.

◀ 동영상용 삼각대에서 보편적으로 사용하는 맨프로토 500PLONG 플레이트
(출처 : Manfrotto, https://www.manfrotto.com/)

02 헤드(Head) | 삼각대의 머리 부분으로 카메라의 각도를 조절하기 위한 장치입니다. 볼 헤드라고 불리는 종류는 아래 오른쪽 사진처럼 볼을 이용한 각도 조절 장치가 있습니다. 볼 헤드 삼각대의 특징은 각도 조절 및 세로 촬영 세팅이 빠르게 가능하지만 부드러운 이동이 불가능하므로 고정 촬영에 유리합니다. 그래서 부드러운 각도 움직임을 이용하는 비디오 촬영 시에는 유압식 헤드를 주로 사용합니다.

▲ 부드러운 팬 및 틸트가 가능한 유압식 맨프로토 비디오 헤드　　▲ 플레이트가 없는 형태의 맨프로토 볼 헤드
(출처 : Manfrotto, https://www.manfrotto.com/)　　　　　　　(출처 : Manfrotto, https://www.manfrotto.com/)

유압식 헤드는 좌우(팬, Pan) 이동과 상하(틸트, Tilt) 이동을 더욱 매끄럽고 일정하게 촬영할 수 있는 비디오용 장비입니다. 팬 바를 잡고 팬과 틸트를 조작하면 됩니다. 전문가용 비디오 헤드일수록 더욱 다양한 기능이 있어서 가격이 높습니다. 다만 팬 및 틸트 기능을 자주 사용하지 않는다면 굳이 비싼 삼각대를 선택할 필요가 없습니다. 대부분의 비디오 헤드와 플레이트는 삼각대 패키지 안에 포함되어 있으므로 삼각대의 스펙을 확인할 때 헤드의 유형을 잘 살펴보기를 바랍니다.

삼각대의 유형

삼각대도 크기와 용도별로 제품군이 다양합니다. 여기에서는 자주 사용하는 대표적인 세 가지를 소개하겠지만 인터넷 검색을 통해 더욱 다양한 삼각대를 확인할 수 있습니다. 자신의 용도에 맞는 제품을 찾을 수 있을 것입니다.

01 미니 삼각대 | 들고 다니기에 용이하며 일부는 셀프 카메라 막대로도 활용이 가능해 VLOG 유튜버라면 꼭 필요한 삼각대입니다. 유명한 제품으로는 맨프로토의 픽시(가벼운 카메라용), 픽시 에보(미러리스용) 등이 있습니다.

◀ 맨프로토 픽시 에보
　(출처 : Manfrotto, https://www.manfrotto.com/)

02 고릴라포드 | 고릴라가 나무에 매달린 모습 같다고 하여 붙여진 이름입니다. 나무나 적당한 굵기의 봉만 있다면 어디든 매달 수 있고 울퉁불퉁한 바닥에도 놓을 수 있는 특별한 삼각대입니다.

◀ JOBY 고릴라포드 3K
　(출처 : JOBY, https://joby.com/)

03 경량 삼각대 | 삼각대는 대부분 무거운 편이어서 휴대하기 힘들지만 여행을 위해 가볍게 만들어진 제품도 있습니다. 얇고 가벼워서 바람이나 흔들림에 약하기 때문에 가방이나 무거운 물건을 매달아 안정감을 주는 장치도 있습니다.

◀ 시루이 Traveler 5, 약 0.9kg
　(출처 : 시루이 Korea, http://sirui.co.kr/)

마이크

마이크는 기본적으로 마이크의 위치와 소리를 내는 대상의 거리가 가까울수록 선명하게 녹음됩니다. 그러므로 일반적인 녹음은 마이크를 입과 가까이할수록 주위의 소음보다 목소리를 더욱 크고 선명하게 녹음할 수 있습니다. 하지만 여건상 마이크가 영상에 나와서는 안 될 수도 있으므로 적절한 마이크 선택이 중요합니다. 녹음에 대한 특성을 이해해야 마이크를 선택하는 기준을 세울 수 있습니다.

01 마이크 단자 | 대부분의 카메라에 쓰이는 마이크의 연결 단자는 3.5mm TRS(3.5파이)라고 불리는 단자입니다. 카메라용 마이크로 판매되는 것은 대부분 3.5파이를 사용하지만, 간혹 고성능 마이크는 커다란 단자인 XLR을 사용하는 경우가 있으므로 구매하기 전 확인이 필요합니다.

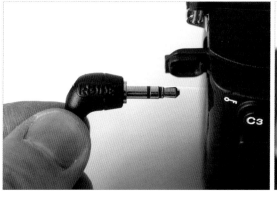 

02 카메라 내장 마이크 | 카메라의 내장 마이크는 성능이 좋지 않은 편입니다. 하지만 최소한의 장비만 사용해야 하는 환경, VLOG 촬영에는 의외로 유용하게 쓰일 수 있습니다. 카메라 자체에 달려있기 때문에 카메라 가까이에서 크게 말해야 목소리가 잘 녹음되며, 소음이 큰 환경에서는 제대로 녹음하기 어렵습니다.

03 샷건 마이크(Shotgun mic) | 카메라 위에 장착하는 마이크입니다. 대부분 앞쪽을 지향하는 특성을 가진 마이크이기 때문에 카메라 앞의 인물 목소리를 담는 데에 적합합니다. 하지만 카메라에 장착하는 특성 때문에 카메라와 인물의 거리가 멀수록 음질이 저하되는 점은 어쩔 수 없습니다. 그럼에도 언제 어디에서나 잘 작동하는 신뢰성을 가진 마이크이기 때문에 많이 쓰이는 편입니다.

유캔두 테크닉

초보 유튜버 가이드

프리미어 프로 기초

영상 편집 기본

프리미어 프로 효과

영상 특수 효과

04 무선 마이크(Wireless mic) | 무선 마이크는 보통 카메라의 녹음용 단자에 연결하는 수신기(Receiver) 와 마이크에 해당하는 송신기(Transmitter)로 이루어져 있습니다. 그래서 송신기를 직접 들고 녹음하거나 라발리에 마이크를 연결해 사용합니다. 다른 마이크를 함께 연결할 수도 있으므로 자유롭게 세팅하여 사용 할 수 있고 녹음 품질이 가장 좋은 편입니다. 하지만 무선이기 때문에 현장의 주파수 간섭 상태, 배터리 부 족, 원인 모를 노이즈 같은 요소로 녹음에 문제가 생길 수 있습니다. 셀프로 촬영하면 녹음 상태를 파악하지 못하여 사고가 발생할 위험이 크니 특히 조심해야 합니다. 촬영자가 따로 있을 경우 이어폰이나 헤드폰을 사 용해 모니터링하면서 촬영하는 것이 가장 이상적입니다.

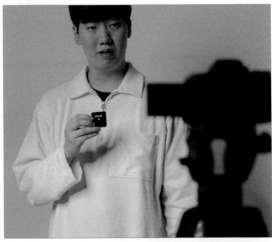

05 라발리에 마이크(Lavalier mic, 핀 마이크) | 인물의 옷깃에 착용하는 마이크입니다. 핀 마이크라는 이름 처럼 핀이나 클립으로 꽂아서 사용하도록 나온 제품이기 때문에 옷깃에 장착하기 쉽습니다. 단독으로 카메 라에 연결해도 되지만 대부분 줄이 짧기 때문에 무선 마이크와 함께 사용하는 것이 일반적입니다. 라발리에 마이크는 녹음 성능이 우수한 편은 아니지만 가까이 착용할 수 있어 목소리를 또렷하게 담을 수 있습니다. 옷깃에 다는 만큼 옷깃 스치는 소리, 콧바람 소리가 녹음될 수 있으니 주의합니다. 마이크를 입과 최대한 가 까우면서도 기타 잡음이 들어가지 않는 곳에 다는 것이 포인트입니다.

06 휴대용 마이크(녹음기) | 휴대용 마이크는 카메라에 연결하는 것이 아닌 그 자체로 녹음되는 형태의 녹음기를 의미합니다. 이런 마이크는 무선 마이크의 단점인 주파수 간섭 등의 문제를 피하면서 인물과 최대한 가깝게 할 수 있으니 특수한 환경에서 쓰이는 편입니다. 다만 녹음기는 녹음 파일을 따로 생성해 카메라의 촬영본과 싱크를 맞추는 작업이 필요하므로 작업이 번거롭습니다.

소니 초소형 무선 마이크 ▶
(출처 : 소니 코리아, https://www.sony.co.kr/)

07 스튜디오용 마이크(콘덴서 마이크) | 스트리머들이 흔히 사용하는 마이크입니다. 대부분 XLR 단자나 USB를 사용하므로 카메라에 직접 연결하려면 부가 장비가 필요합니다. 그러므로 녹음은 PC로 함께 진행하거나, 별도의 레코더를 사용합니다. 전문적인 팟캐스트 환경이나 스튜디오에서 고음질로 녹음하고 싶을 때 적합합니다. 마이크의 품질은 노래를 녹음할 수 있을 정도로 좋은 편입니다.

◀ 슈어 MV7 마이크
(출처 : Shure, https://www.shure.com/)

촬영용 조명(LED 조명)

시중에서 판매하는 별도의 촬영용 조명은 보통 LED 광원을 쓰는 제품입니다. 이러한 제품들은 가격이 비싸지만 촬영에 적합하게 만들어진 것으로 발열로 인해 꺼지는 문제나 플리커(번쩍임) 문제에서 자유롭습니다. 촬영용 조명은 종류가 많으므로 대표적인 형태 몇 가지를 알아보겠습니다.

대표적인 촬영용 조명 종류

01 면 형태의 LED 조명 | 국내에서는 룩스패드라는 이름으로 유명한 조명입니다. LED 소자를 기판 위에 여러 개 배치하고 그 위에 빛이 고르게 퍼지도록 하는 확산 패널을 얹은 형태의 제품입니다. LED 소자 자체로는 광원이 너무 작고 강하기 때문에 잘못 사용하면 얼굴에 이상한 그림자가 생기거나 피부 질감이 너무 선명하게 표현됩니다. 하지만 이렇게 면 형태로 확산되는 LED를 사용하면 빛이 넓게 퍼지므로 인물 촬영에 흔히 쓰입니다. 모델에 따라 크기, 휴대성, 밝기/색감 조절 기능 유무까지 다양하게 선택할 수 있습니다.

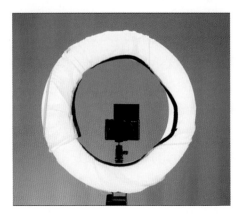

02 링 라이트 | LED가 원형으로 배치된 조명으로 뷰티 유튜버가 주로 사용합니다. 카메라를 얼굴 가까이에 두고 촬영할 때 고른 광원을 제공하고 피부를 부드럽게 표현해주는 특성이 있습니다. 또한 눈에 동그란 빛망울 모양의 '아이라이트'를 만들어내므로 생명력 있는 눈 표현에 사용합니다.

03 대광량 조명(전문가용 조명) | 이러한 제품은 모양과 용도에 따라 지칭하는 용어가 다양하므로 대광량 조명이라고 부르겠습니다. 말 그대로 광량이 매우 풍부하고 전문적으로 사용할 수 있도록 여러 기능 및 호환성을 갖추고 있습니다. 다만 그에 따라 가격 또한 높습니다. 아무것도 장착하지 않고 사용하면 태양처럼 광원이 세기 때문에 짙은 그림자와 날카로운 질감을 연출할 수 있습니다. 조명 앞에 여러 장치를 연결할 수 있으며 디퓨저를 연결하면 면 형태의 LED처럼 고르게 퍼지는 조명으로 활용할 수도 있습니다.

▲ Aputure 사의 120d 조명

▲ 조명에 디퓨저(소프트박스)를 씌운 모습

조명 액세서리

조명은 크고 무거우면서 여러 장치와 함께 사용하는 경우가 많으므로 관련 액세서리에는 어떤 것이 있는지 알아야 합니다.

01 조명 스탠드(A스탠드와 C스탠드) ┃ 조명을 일반적인 삼각대에 연결할 수도 있지만 대부분은 A스탠드를 이용합니다. 무거운 조명을 사용한다면 C스탠드라는 훨씬 크고 무거운 스탠드를 사용해야 합니다. 집에서 촬영하는 경우에는 대부분 A스탠드를 이용하지만 종종 공중에 카메라를 연결하거나 스탠드에 여러 장비를 연결할 때는 C스탠드를 활용하기도 합니다.

▲ Kupo사의 A스탠드 (Kupo Universal Stand)
  (출처 : Kupo Grip, https://kupogrip.com/)

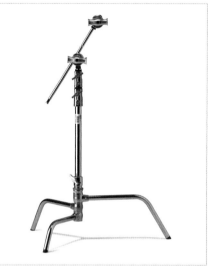
▲ Kupo사의 C스탠드 (Kupo 20" Master C-Stand)
  (출처 : Kupo Grip, https://kupogrip.com/)

02 스피곳 ┃ 스탠드와 조명을 연결하는 부속품으로 카메라로 따지면 플레이트의 역할을 하는 물건입니다. 보통 한 쪽은 카메라와 호환되는 나사 규격인 1/4인치이고 일부 장비에 쓰이는 더 큰 규격인 3/8인치 나사가 있습니다. A스탠드 자체에 스피곳이 달려있어 필요 없는 경우도 있지만, 조명 장비가 많아질수록 여분의 스피곳이 필요해지는 상황이 발생합니다.

▲ Kupo사의 스피곳 (Kupo Universal 5/8" Stud)
  (출처 : Kupo Grip, https://kupogrip.com/)

▲ 스피곳은 조명과 스탠드 또는 액세서리를 결합하는 역할을 합니다.

03 반도어 | 조명에 달아 빛을 차단하는 도구입니다. 대부분의 조명은 면 앞쪽의 180도에 모두 빛이 닿지만, 반도어를 사용해 특정 방향을 차단하여 원하는 만큼 광원을 없앨 수 있습니다. 일부는 조명에 기본으로 달린 경우도 있습니다.

04 클램프 | 촬영 현장에서 쓰이는 커다란 집게입니다. 조명에 종이를 붙이거나 배경천을 고정하는 등 다양하게 쓰입니다. 조명 외에 여러 곳에 쓰이기도 합니다.

◀ 테더툴스 A클램프(출처 : Tether Tools, https://tethertools.com/)

05 배터리 | 어떤 조명은 배터리를 사용해 전원선이 없는 환경에서도 사용할 수 있습니다. 특히 조명을 사용할 때 전원선의 길이 때문에 위치의 제한이 생기는 경우 배터리를 사용하면 편리합니다. 보통은 소니가 만든 규격인 F마운트 배터리를 사용하지만 정품 F마운트 배터리는 가격이 매우 비싸므로 호환품을 사용하는 경우가 많습니다. 큰 조명은 훨씬 더 큰 V마운트 배터리를 사용하기도 합니다.

◀ 일반적으로 사용하는 소니의 NP-F마운트 배터리, 용량이 큰 순서대로 F970, F770, F550 등 종류가 많으므로 용도별로 다르게 사용할 수 있습니다.(출처 : 소니 코리아, https://www.sony.co.kr/)

기타 액세서리

짐벌(Gimbal)

모터의 힘으로 카메라의 흔들림을 잡아주는 장비입니다. 흔들림을 잡게 되면 안정적인 장면과 시네마틱한 느낌, 전문적인 느낌을 낼 수 있기 때문에 스테디캠, 짐벌, 지미집과 같은 장비를 사용합니다. 이 중에서 가장 쉽고 저렴하게 사용할 수 있는 게 짐벌입니다. 스마트폰이나 액션캠 등 가벼운 카메라를 장착하는 가벼운 짐벌도 있고, 적당한 무게의 미러리스 카메라를 달 수 있는 한 손 짐벌, 그리고 프로를 위한 짐벌처럼 다양한 제품이 있습니다.

짐벌 제품도 종류가 다양해지면서 가벼운 마음으로 구매하는 경우가 있지만 사용은 단순하지 않습니다. 짐벌과 카메라를 연결하는 작업부터 매뉴얼을 숙지해야 할 정도로 어렵고 시간도 오래 걸립니다. 짐벌을 들고 촬영하는 것은 무게를 견디는 것도 힘들고 제대로 사용하기 위해서는 연습도 필요합니다. 따라서 **짐벌 사용법을 공부할 시간적 여유를 가지고 구매**하는 것을 추천합니다.

그린 스크린

그린 스크린은 크로마키라는 기법을 사용하기 위한 장비입니다. 배우들이 초록색 스크린을 배경으로 촬영하는 모습을 본 적이 있을 것입니다. 보통 초록색과 파란색을 이용하지만 최근에는 대부분 초록색을 이용합니다. 집에서도 쉽게 사용할 수 있는 그린 스크린 제품이 많이 있습니다. 그린 스크린도 아무런 지식 없이 촬영하면 제대로 된 결과물을 얻을 수 없습니다. 깔끔한 크로마키 작업을 위해서는 그린 스크린 공간에 적절한 조명과 카메라 세팅이 필요합니다. 우선 그린 스크린에 그림자가 최대한 드리우지 않고, 조명으로 균일한 색상/밝기를 유지해야 합니다. 또 카메라의 세팅은 수동 노출 및 수동 화이트밸런스로 설정합니다. 카메라 노출과 화이트밸런스가 자동이라면 색감이 시시때때로 바뀌므로 크로마키가 제대로 처리되지 않습니다.

외장 모니터

카메라에 HDMI 출력 포트가 있는 경우 외장 모니터를 사용할 수 있습니다. 촬영용으로 나온 외장 모니터는 야외에서 잘 보일 수 있도록 밝기(루멘)가 매우 높으며, 배터리를 사용할 수 있는 형태가 많습니다. 물론 일반 모니터나 TV를 활용할 수도 있습니다. 휴대용 외장 모니터는 카메라의 플래시를 장착하는 슈마운트에 꽂아 사용하므로 마이크 등 다른 장비를 착용해야 할 경우 확장 액세서리가 필요합니다. 또 배터리도 지원하는 제품이 다르므로 미리 확인하고 구매합니다.

유튜브 테크닉

초보 유튜버 가이드

프리미어 프로 기초

영상 편집 기본

프리미어 프로 효과

영상 특수 효과

케이지, 리그(Cage, Rig)

카메라에 마이크도 달고 외장 모니터도 달고 싶을 때 카메라의 슈 마운트는 하나라 위에 꽂을 수 있는 액세서리가 제한됩니다. 그래서 나온 것이 바로 케이지입니다. 케이지는 카메라 주위를 보호하듯 두르는 금속 재질의 액세서리입니다. 케이지 외부에는 1/4 나사 구멍이 많고 그곳에 추가적인 액세서리를 부착할 수 있도록 도와주는 제품도 많습니다. 다양한 액세서리를 사용하는 것 외에도 카메라 그립의 안정감 및 카메라 보호를 위해서 케이지를 사용합니다.

프롬프터(Prompter)

▲ Glide Gear 프롬프터(출처 : Glide Gear, https://glidegear.net/)

카메라 앞에서 긴 대본을 외우고 이야기하는 것은 어려운 일입니다. 그렇다고 옆에 대본을 두고 흘깃흘깃 본다면 시선 처리에도 문제가 생깁니다. 이때 사용하는 것이 바로 프롬프터입니다. 프롬프터는 카메라 렌즈 앞에 유리판을 비스듬히 장착한 형태입니다. 그 아래에 아이패드나 모니터를 놓고 대본을 띄워 유리판에 반사된 화면을 볼 수 있습니다.

프롬프터를 활용하면 장문의 대사를 훨씬 자연스럽고 빠르게 말할 수 있어 촬영 시간을 대폭 단축할 수 있습니다. 물론 장점만 있는 것은 아닙니다. 프롬프터 특성상 액세서리의 부피가 매우 커집니다. 또 세팅이 번거로우며, 대본을 제대로 컨트롤하기 위한 연습도 필요합니다. 무엇보다 프롬프터에 비친 글자를 눈이 따라가면 부자연스럽게 보이므로 약간의 요령도 필요합니다.

유캐드르 테크닉

초보 유튜버 가이드

프리미어 프로 기초

영상 편집 기본

프리미어 프로 응용

영상 특수 효과

LESSON 10 »»»

동영상 촬영 제대로 시작하기

멋진 영상으로 편집하기 위해서는 먼저 멋진 촬영 결과물이 있어야 합니다. 동영상 촬영은 누구나 할 수 있지만, 누구나 처음부터 잘하는 것은 아닙니다. 촬영을 잘하기 위해서 알아야 할 것은 무엇인지, 카메라 설정과 조명은 어떻게 배치해야 하는지 알아보겠습니다.

촬영 전 준비물 체크하기

먼저 무엇을 촬영할지 구상하고 그에 맞는 적절한 준비가 필요합니다. 실외에서 진행하는 촬영, 특히 멀리 나가서 촬영하는 경우라면 필요한 준비물을 두고 오는 일이 없도록 꼼꼼하게 챙겨야 합니다. 또한 촬영 현장에서는 미리 계획한 것보다 더욱 많은 장비가 필요할 수 있기 때문에 렌즈나 배터리, 메모리 카드는 기본적으로 사용할 것 외에도 여유분을 준비하는 게 좋습니다.

어떤 구도로 담을지 생각하기

동영상 촬영의 기본은 구도를 잡는 것부터 시작합니다. 아무리 비싼 카메라로 촬영해도 구도가 엉망이라면 금방 티가 나기 마련입니다. 좋은 구도란 무엇인지 알아보겠습니다.

첫째, 무엇을 주목해야 하는지 명확하게 알려주는 구도

모든 동영상 장면(컷)에는 그 장면이 무엇을 이야기하는지 명확하게 표현되어야 합니다. 또한 대다수의 시청자가 같은 메시지를 느낄 수 있도록 보편적으로 통하는 구도노 필요합니다. 초보자도 자연스럽게 지키고 있는 기초지만 급하게 촬영하면 구도를 놓치는 경우도 있습니다. 특히 무엇이 중요한 피사체인지 인지하지 못한 상태에서 이러한 실수를 할 가능성이 높습니다. 촬영하기 전에는 반드시 시청자가 무엇에 주목해야 하는지 정하고 촬영에 임하기를 바랍니다.

둘째, 움직임이 안정적인 구도

아무리 좋은 구도라도 카메라가 지나치게 흔들리면 당연히 좋지 않은 결과물이 나옵니다. 필요하다면 삼각대를 이용하고, 핸드헬드로 촬영해야 한다면 짐벌이나 리그를 사용해서 촬영합니다.

셋째, 레이아웃이 정돈된 구도

구도를 이야기할 때 보통 떠올리는 것이 바로 레이아웃입니다. 인물을 어떻게 배치하는지, 인물이 아닌 건물이나 풍경, 사물을 어디에 배치하는지에 따라 안정감의 차이가 생깁니다. 이는 시청자로 하여금 다양한 감정을 불러일으킬 수 있습니다. 우선은 안정감을 만드는 것이 가장 기초입니다. 안정적인 구도를 만드는 기본적인 방법을 알아보겠습니다.

01 헤드룸(Headroom)을 지킨다 ㅣ 스마트폰으로 사진 찍는 것을 좋아한다면 자연스레 지키고 있을 개념입니다. 화면의 위쪽 프레임과 피사체 머리 사이의 공간을 헤드룸이라고 합니다. 이 공간이 어느 정도가 적당한지 잘 판단해야 합니다. 단, 헤드룸은 절대적으로 지켜야 하는 것이 아니며 피사체의 크기와 분위기에 따라 바뀌기도 합니다.

02 수평 및 수직을 지킨다 ㅣ 안정감이 있는 느낌을 위해서는 화면이 기울어졌거나 불안정한 선이 그려지는 구도는 가급적 피하는 것이 좋습니다. 삼각대를 사용할 때 수평을 잘 맞춘다면 이런 상황을 피할 수 있지만, 수평을 아무리 잘 맞춰도 카메라와 피사체의 위치, 작은 각도 차이로 불안정한 샷이 만들어질 수도 있습니다. 그러므로 장소의 기울어짐, 배경 건물의 모양에 따라 실제와 다르게 수평이 불안정하게 나올 수 있습니다. 따라서 촬영 전 화면의 레이아웃을 고려해 전반적인 수평을 바로잡아야 합니다.

훌륭한 구도는 창작자의 의도가 시청자에게 잘 전달되는 구도

가장 좋은 구도는 창작자의 의도가 시청자에게 잘 전달되는 구도입니다. 좋은 구도는 시청자가 보기에 불편함이 없고 정돈된 느낌을 전달하는 기본적인 요소이고, 훌륭한 구도는 구도 자체로 메시지에 힘을 실어주는 역할을 합니다.

조명 배치하기

처음 영상을 촬영하는 사람에게 조명은 익숙하지 않은 분야입니다. 하지만 조명은 영상 퀄리티를 판가름하는 매우 중요한 부분입니다. 조명만 다루는 전문가도 있지만 다행히 몇 가지 원리만 알면 유튜브 촬영에 활용하는 것은 크게 어렵지 않습니다. 우선 주변에서 활용할 수 있는 조명이 무엇이 있는지, 어떻게 세팅하는지 간단히 알아보겠습니다.

조명의 종류

01 태양 빛 | 실외 촬영에서 태양도 잘 쓰면 좋은 조명이 됩니다. 우선 우리가 일상에서 쉽게 볼 수 있기 때문에 시청자로 하여금 자연스럽고 따스한 느낌을 줄 수 있습니다. 하지만 구름에 가려지거나 시간의 흐름에 따라 느낌이 달라지는 등 우리가 조작할 수 없다는 것이 가장 큰 문제입니다. 그래서 영화나 드라마의 경우 한낮에 촬영하더라도 태양 빛(혹은 반사광)을 차단하고 인공조명을 쓸 정도로 일관성은 너무나 중요한 문제입니다. 태양 빛은 너무 세기 때문에 단독으로 사용하면 그림자(음영)가 짙게 나오므로 음영에 광량을 보충하기 위한 리플렉터(반사판)나 디퓨저(확산판) 등을 사용하면 좋습니다.

▲ 태양 빛을 등지고 촬영하여 얼굴이 어둡게 촬영되었습니다.

▲ 반사판을 사용하여 얼굴의 음영을 밝게 만들었습니다.

02 실내에 설치된 조명 | 집에 설치된 조명이란 보통 천장 위에 달린 천장 등을 의미합니다. 이러한 빛은 일상생활을 위한 빛이기 때문에 촬영하기에 여러 가지로 좋지 않습니다. 우선 달린 위치 자체가 아름다운 장면을 만들 수 있는 위치가 아닌 경우가 많습니다. 보통은 머리 위에 있으므로 조명 아래의 인물을 촬영하면 태양 빛과 마찬가지로 음영이 생깁니다. 또 천장 등으로 사용하는 형광등

이나 LED 등을 카메라로 촬영하면 깜빠이는 플리커 현상이 발생할 수 있습니다. 플리커 현상은 우리 눈에는 보이지 않지만 카메라로 촬영했을 때 화면 전체에 검은색 줄 패턴이 생기는 굉장히 거슬리는 현상입니다. 그래서 집에서 촬영하는 유튜버는 보통 천장 등을 끄고 촬영용 조명을 쓰거나 플리커가 없는 플리커프리 LED 제품으로 천장 등을 바꾸기도 합니다.

03 인테리어용 조명 또는 스탠드 조명, 전구 | 플리커가 없는 인테리어 조명을 촬영용으로 사용할 수도 있습니다. 꼭 영상용 조명이 아니라도 조명의 기본 원리만 파악하고 있다면 빛을 내는 것은 무엇이든 활용이 가능합니다. 그리고 인테리어용 조명은 실제 피사체를 비추는 용도는 물론 배경 그 자체로도 활용할 수 있기 때문에 적절히 배치해서 감각적인 그림을 만들 수도 있습니다.

04 촬영용 조명 | 지난 LESSON에서 알아본 촬영용 조명들을 갖고 있는 경우라면 좀 더 편하게 조명을 세팅할 수 있습니다.

조명을 쓰는 이유는 무엇일까

조명을 다루기 전에 반드시 조명을 쓰는 이유를 이해해야 합니다. 현장을 밝게 만들기 위해서일 수도 있지만 카메라로 촬영하기에 충분한 광량이면 추가로 밝게 만들 필요가 없을 수 있습니다. 하지만 현장이 충분히 밝다고 조명을 쓰지 않아도 되는 것은 아닙니다. 조명을 쓰는 대표적인 이유 중에는 빛을 이용해 피사체에 밝은 부분과 어두운 부분을 인위적으로 만들기 위함도 있습니다.

그래서 조명을 그저 밝히는 용도로 사용하는 것이 아니라 빛을 물감처럼 피사체 위에 펴서 바른다고 생각하면 조금 더 다루기 쉬워집니다. 밝아지는 것은 어디까지나 부차적인 용도이며 조명을 쓰는 근본적인 이유가 아닙니다.

조명 배치의 잘못된 예 : 특별한 경우가 아니라면 아래와 같은 조명 배치는 매우 인위적으로 조명을 사용한 듯한 부자연스러운 인상을 줄 수 있습니다. 자동차 헤드라이트가 얼굴을 비출 때나 머리 위 형광등처럼 낯선 빛이 만든 피사체는 시청자들이 낯설게 느낍니다. 부자연스럽게 배치한 조명은 다음과 같습니다.

▲ 얼굴과 같은 높이로 조명을 배치한 경우 빛이 얼굴 전체에 퍼져 조명 상태가 부자연스럽게 나타납니다.

▲ 머리 위에만 조명을 배치한 경우 얼굴 전체에 그림자가 드리워 부자연스럽게 나타납니다.

자연스러운 조명이란

그렇다면 자연스러운 조명은 무엇일까요? 일상생활에서 쉽게 볼 수 있거나 우리가 아름답다고 느끼는 순간을 떠올려보면 알 수 있습니다. 이른 오전 따스한 태양이 비추는 낮이나 창가에 앉아서 밖을 볼 때처럼 은은한 빛이 인물을 비출 때 자연스러움을 느낍니다. 그러한 느낌을 조명으로 만드는 아주 간단한 두 가지 방법을 알아보겠습니다.

01 대각선으로 자연스럽게 내리듯 비춘다 | 인물을 촬영할 때는 인물보다 높은 곳에서 조명을 사선으로 내려 보도록 배치해야 자연스러운 그림을 만들 수 있습니다.

▲ 얼굴 높이보다 조금 위에서 비춘 조명은 적당한 그림자와 함께 얼굴의 윤곽과 입체감을 살려서 자연스럽게 느껴집니다.

02 디퓨저(확산 장치)를 이용하여 부드러운 조명을 연출한다 | 디퓨저는 조명을 확산하는 도구를 총칭하는 용어입니다. 보관에 용이하도록 철제 테두리에 하얀색 천으로 된 판을 쓰기도 하고, 반투명 스티로폼을 이용하기도 합니다. 빛은 반사되는 성질을 갖고 있어, 하얀색 물체에 맞았을 때 빛의 강도나 색이 그대로 반사되기 때문에 이러한 도구를 이용합니다. 조명 앞에 하얀 반투명 비닐봉지를 씌우거나 얇은 종이를 걸치는 것만으로도 확산 효과가 일어납니다. 이렇게 조명을 부드럽게 하고 광원의 크기를 크게 만들면 날카로웠던 그림자가 부드러워지고 피부톤이 더욱 좋아 보이는 효과를 얻을 수 있습니다.

▲ 디퓨저가 없는 경우 얼굴을 가린 손의 그림자가 짙고 피부 질감이 선명하게 표현됩니다.

▲ 디퓨저가 있는 경우 그림자가 부드럽게 퍼져있으며 피부 질감이 부드럽게 표현됩니다

유캔두잇 테크닉

초보 유튜버 가이드

프리미어 프로 기초

영상 편집 기본

프리미어 프로 효과

영상 특수 효과

03 눈에 빛 망울(아이라이트)을 만들자 | 우리 눈은 매끈한 표면에 주변 빛을 구형으로 반사합니다. 그래서 보통 하늘이나 조명이 눈동자에 비치곤 합니다. 만약 이러한 반사 없이 눈동자 그 자체의 색으로만 보인다면 마치 생명력을 잃은 것처럼 보입니다. 흔히 애니메이션에서 눈을 초롱초롱하게 그려내는 이유도 생명력을 표현하기 위함이고, 갑자기 상태가 안 좋아지거나 화난 캐릭터를 표현할 때 눈의 빛 망울을 없애는 것도 이러한 이유라고 보면 됩니다.

촬영을 위해 조명을 세팅하다 깜빡하고 이러한 빛 망울을 놓치는 경우가 있습니다. 그러면 인물의 생생함이 부족해 보여서 아쉬운 장면이 됩니다. 이때 미리 결과물을 확인해본 후 빛 망울이 없다면 조명을 측면이 아닌 곳 위쪽에 배치하거나 하얀색 밝은 물체를 배치해 빛 망울을 만듭니다.

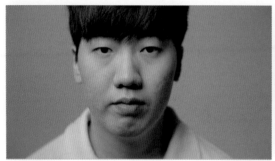

▲ 아이라이트가 없는 모습

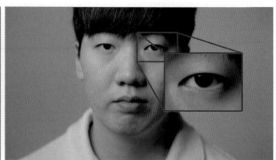

▲ 아이라이트가 있는 모습

카메라 설정하기

구도에 맞게 조명을 잘 배치했다면 이제 카메라의 설정을 조정합니다. 물론 카메라마다 지원되는 기능, 메뉴가 전부 다르기 때문에 일관된 방법으로 적용할 수는 없습니다. 하지만 아래 항목은 어떤 카메라도 전부 지원하는 기초적인 기능이므로 가장 유사한 설정을 동영상 촬영 모드에서 적용하면 됩니다. 메뉴의 위치, 기능 설정 방법 등 자세한 내용은 카메라(또는 스마트폰)의 매뉴얼을 참고합니다.

01 해상도 및 프레임레이트 | 촬영하기 전, 해상도와 프레임레이트를 설정합니다. 이전 LESSON 07에서 해상도와 프레임레이트에 대해 배운 적이 있으므로 참고하여 자신에게 적합한 값으로 설정합니다.

02 촬영 모드 | 카메라의 촬영 모드에는 여러 종류가 있는 것을 알 수 있습니다. 자동 모드(Auto, 오토), P 모드(프로그램 자동), A 모드(조리개 우선, Av 모드), S 모드(셔터 우선, Tv 모드), M 모드 등입니다. 카메라의 노출 3요소를 알고 있다면 이러한 모드를 상황에 맞게 사용할 수 있지만 간단히 **P 모드**나 **A 모드(또는 Av)**를 사용해 초보자도 쉽게 설정할 수 있습니다.

▲ 카메라 상단의 다이얼로 모드를 바꿀 수 있는 기종　　　　　▲ 설정 메뉴에서 모드를 바꿀 수 있는 기종

유, 캐릭터 유튜버 테크닉

초보 유튜버 가이드

프리미어 프로 기초

영상 편집 기본

프리미어 프로 효과

영상 특수 효과

🔊 비됴클래스 작업 꿀팁 〉 P 모드와 A 모드(Av 모드)의 차이

두 모드는 밝기(노출)를 자동으로 적절히 맞춰주는 공통점이 있지만, 쓰임새에 있어 약간의 차이가 있습니다. 이 책에서는 어디까지나 초심자를 기준으로 빠르게 촬영해볼 수 있도록 가이드를 제시하는 것이며 절대적인 모드의 사용 방법은 아니라는 점을 명심합니다.

P 모드(프로그램 자동) : 완전한 자동 모드와 비슷합니다. 스마트폰처럼 촬영할 수 있는 모드로 신경 쓸 것은 노출계를 조절해 원하는 노출(밝기)을 맞추는 것입니다. P 모드에서는 아무 조작을 하지 않아도 알아서 적정 밝기의 영상을 만들지만, 검정 옷이나 검은색 배경, 밤 풍경처럼 영상이 어두워야 자연스러운 경우도 있습니다. 하지만 이런 경우에도 카메라는 그저 적정 밝기로 올리려는 특성이 있어서 부자연스러운 밝기가 만들어질 수 있습니다.

카메라마다 비슷하게 생긴 노출계가 있고, 노출을 조절하는 기능이 있습니다. 기본은 0으로 설정되고 숫자를 높일

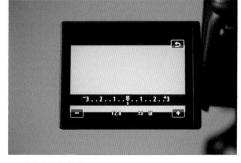

▲ 카메라의 노출계

수록 밝게, 숫자를 낮출수록 어둡게 만들 수 있습니다. 화면을 잘 보면서 너무 밝거나 너무 어둡지 않게 조절합니다. **특히 사람들의 시선이 주목되는 피사체의 밝기가 정상 상태**여야 합니다.

A 모드 또는 Av 모드(조리개 우선) : 조리개 우선은 카메라의 노출 3요소 중 조리갯값을 먼저 설정하고 나머지 두 요소는 자동으로 설정하는 기능입니다. 렌즈 설명에서 언급했듯이 조리개가 사진에 미치는 영향은 밝기와 뒤 배경 흐림 정도(아웃포커싱), 선명도입니다. 예를 들어 대낮 야외 촬영을 할 때 인물에 초점을 맞춘다면 아마 인물과 뒤 배경 모두 매우 선명하게 나올 것입니다. 뒤 배경을 흐리게 만들고 싶을 때 바로 A 모드를 이용하여 조리갯값을 낮춘 상태로 고정하고 촬영하면 되는 것입니다.

03 화이트 밸런스(White Balance, WB)

| 화이트 밸런스는 영상의 색감, 톤을 결정하는 요소로 촬영 전 반드시 확인해야 할 요소입니다. 화이트 밸런스 메뉴를 찾아보면 태양광, 그늘, 흐림, 텅스텐 등의 명칭을 확인할 수 있습니다. 이것을 설정해보면 영상이 파랗거나, 노랗거나, 적정한 색감으로 보이는 등 색감 변화가 이루어지는 것을 알 수 있습니다.

대부분의 카메라에는 화이트 밸런스 값을 직접 맞추는 기능이 있으며, K(캘빈, kelvin)값으로 조절합니다. K값이 낮을수록 파란색이, 높을수록 주황색이 됩니다. 세상에는 다양한 빛이 존재하고 우리의 눈은 언제나 빛의 상태가 균일하게 보이도록 적응합니다. 카메라에도 이처럼 빛의 상태가 균일하게 보이도록 설정해야 합니다. 이때 AWB(자동 화이트 밸런스) 기능을 사용하면 자동으로 균일하게 맞추지만, 카메라가 인간의 눈보다 똑똑하지 않기 때문에 파란색이나 주황색 피사체가 가득한 화면이 되어 지나치게 왜곡되어 보이는 색감이 되기도 합니다. 따라서 현장 상황과 최대한 맞는 화이트 밸런스를 직접 수동으로 맞추는 것이 좋습니다. 다양한 장소를 이동하면서 촬영하는 게 아니라면 AWB 기능을 사용할 이유는 없습니다.

간혹 화이트 밸런스를 필터 용도로 오해하는 경우가 있습니다. 디지털 카메라는 스마트폰의 필터 촬영처럼 화이트 밸런스를 조절해 원하는 색감을 만드는 기능이 아닙니다. 영상을 노랗게 만들고 싶다고 애초에 노랗게 찍으면 안 된다는 의미입니다. 화이트 밸런스 설정은 어디까지나 피사체들이 최대한 제 색깔로 담기도록 설정하고 이후에 색 보정을 통해 원하는 색감으로 만드는 것이 퀄리티 유지 측면에서 훨씬 유리합니다.

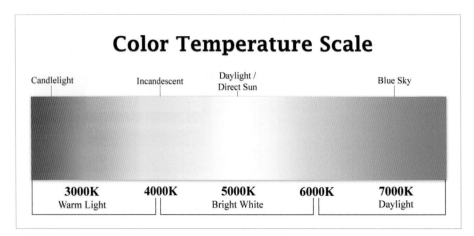

▲ 색 온도 스케일, 값이 낮을수록 주황빛이, 높을수록 파란빛을 띕니다.

▲ 화이트 밸런스를 잘못 맞춘 예시, 지나치게 푸르게 표현되었습니다.

▲ 화이트 밸런스를 적절히 맞춘 예시, 실제 눈으로 보는 것과 가깝게 촬영되었습니다.

04 포커스(초점) | 자동으로 초점을 맞추는 AF 기능이 제대로 작동하는지 촬영 전 10초 정도는 다양한 상황을 재연하면서 테스트해보는 것이 좋습니다. 초점이 제대로 맞았다고 생각했는데 나중에 확인해보면 초점이 애매한 곳에 맞는 상황이 발생하기도 합니다. AF 모드도 얼굴 인식인지, 중앙 인식인지, 영역 인식인지, 지금 촬영 환경에서는 어느 것이 적합한지 테스트해보아야 합니다. 카메라마다 AF 기능과 성능이 모두 다르기 때문에 내 카메라의 AF 기능과 성능의 스펙을 알고 있어야 합니다.

▲ 카메라의 자동 포커스 기능 테스트

05 오디오 레벨(마이크 볼륨/입력 레벨) | 카메라의 마이크를 이용해 어느 정도의 볼륨으로 녹음할지 설정하는 항목입니다. 잘 들려야 하니까 무조건 높게 설정하면 입력 범위를 벗어나서 찢어지는 듯한 소리만 녹음될 수도 있습니다. 오디오도 나중에 후보정이나 간단한 조절을 통해 볼륨을 높일 수 있으니 중간값의 적당한 볼륨으로 설정해야 합니다. 그렇다고 지나치게 낮게 설정하면 나중에 볼륨을 올렸을 때 노이즈도 함께 올라가니 이 부분을 조심합니다.

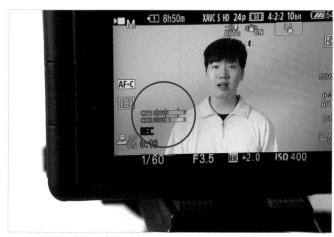

▲ 카메라의 오디오 레벨 확인 표시

DSLR이나 미러리스에는 보통 오디오 레벨을 설정하는 항목이 있습니다. 하지만 직접 촬영하고 확인해보기 전까지는 결과를 제대로 확인하기 힘드니 테스트 촬영으로 실제 녹화하듯 목소리를 내보고 녹화된 영상 파일을 확인하며 조절하는 것이 좋습니다. 녹음 상태를 실시간으로 확인하려면 녹화 화면에 오디오 레벨을 표시해주는 기능으로 피크(소리가 너무 커서 찢어지는 상태)를 체크하거나 이어폰 혹은 헤드폰을 카메라에 연결해 정확하게 확인합니다.

촬영 중에도 명심해야 할 것

방심하지 말고 수시로 체크한다

모든 세팅이 완벽하더라도 촬영하는 동안 방심해서는 안 됩니다. 특히 모니터링하는 사람 없이 직접 촬영하는 경우에는 촬영 상태를 수시로 체크합니다. 중간에 오류로 인해 녹화가 종료되지는 않았는지, 녹음 상태는 양호한지, 무선 마이크 배터리의 전원은 제대로 공급되는지 확인합니다. 심지어 카메라 온도가 높으면 카메라가 꺼지기도 하고, 카메라 종류에 따라 30분 넘게 촬영하면 자동 종료되기도 하니 이런 점들을 꼼꼼하게 확인하면서 촬영합니다.

영상의 앞뒤에는 꼭 3초 이상의 여백을 준다

영상 촬영의 앞뒤 여백을 넉넉하게 3초 정도는 잡습니다. 카메라는 녹화 버튼을 누른다고 바로 녹화되는 것이 아닙니다. 약간의 지연이 있을 수 있기 때문에 중요한 첫 마디를 놓칠 수도 있습니다. 영상 시작이나 끝에 여백이 없다면 화면 전환 효과를 자연스럽게 삽입하기 힘들고, 영상 사이가 너무 바쁘게 흘러가는 것 같아 어색한 영상이 될 수 있습니다.

카메라의 자동 기능을 너무 믿지 않는다

카메라의 자동 모드는 어디까지나 빠른 촬영을 위한 편의 기능이지 자신이 의도하는 최상의 결과물을 카메라가 알아서 선택해주는 기능이 아닙니다. 무엇이든 자동 모드로 촬영하면 마냥 잘 찍히는 것 같지만, 실제로 영상 편집의 소스로 활용하기 위해 컴퓨터에서 확인하면 결과물이 들쭉날쭉해 손봐야 할 부분이 너무 많습니다. 따라서 콘텐츠의 영상미나 의도한 바를 표현하고 싶다면 카메라 설정에 더욱 신경 쓰고 촬영 상태를 수시로 체크합니다.

유캔듀브 테크닉

초보 유튜버 가이드

프리미어 프로 기초

영상 편집 기본

프리미어 프로 효과

영상 특수 효과

프리미어 프로
기초 기능 익히기

CHAPTER

01

처음 만나는 프리미어 프로

▶ 영상 편집 전 프리미어 프로 인터페이스 알아보기

프리미어 프로를 다루기 위해서는 프로그램을 실행하고 기본적인 모양이 어떻게 생겼는지 확인해야 합니다. 처음이니 너무 자세한 내용 대신 필수 사항 위주로 알아보겠습니다. 프리미어 프로의 기능과 내용은 다음 LESSON을 진행하며 차근차근 배울 수 있습니다. 이번 LESSON에서는 프리미어 프로의 기본 조작 방법과 생김새, 프로젝트를 만들고 저장하는 방법을 간단히 익혀보겠습니다.

PREVIEW   예제 파일 **없음** | 완성 파일 **없음**

◀ 프리미어 프로 [홈(Home)] 화면

프리미어 프로 기본 편집 화면 ▶

한눈에 확인하는 작업 순서	새 프로젝트 만들기	>	화면 구성 알아보기	>	작업 영역 재설정하기	>	저장하기

유캔튜브 테크닉

초보 유튜버 가이드

프리미어 프로 기초

영상 편집 기본

프리미어 프로 효과

영상 특수 효과

⚡ STEP 01 ｜ 프리미어 프로 실행하고 새 프로젝트 시작하기

01 프리미어 프로를 실행해보겠습니다. 윈도우 10 버전 기준 화면 왼쪽 하단의 ❶ [시작📶]을 클릭하고 [A] 항목에서 ❷ [Adobe Premiere Pro 2022]를 찾아 클릭합니다. 새로 설치한 경우 프리미어 프로 이름 아래에 '새로 설치됨'이라는 텍스트가 추가됩니다.

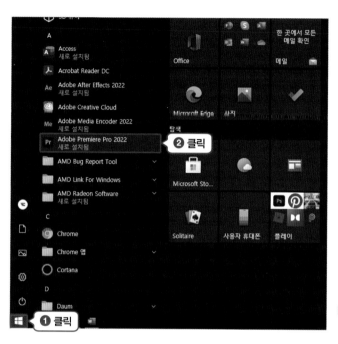

TIP 윈도우에 설치된 가장 최신 버전의 프리미어 프로를 실행하는 것을 권장합니다.

🔔 비됴클래스 작업 꿀팁 ｜ 윈도우 11, 애플 MacOS에서 프리미어 프로 실행과 최신 버전 확인하기

▲ MacOS 실행 화면

윈도우 11 버전 기준으로는 화면 가운데 하단의 [시작📶]을 클릭하고 [모든 앱]을 클릭하면 나타나는 앱 메뉴 목록에서 [A] 항목의 [Adobe Premiere Pro 2022]를 찾아 클릭합니다. Adobe Premiere Pro 뒤의 숫자는 현재 프리미어의 버전을 의미합니다.

MacOS에서는 [Finder]의 왼쪽 메뉴에서 [응용 프로그램]을 클릭하고 프로그램 목록에서 [Adobe Premiere Pro 2022]를 찾아 더블클릭합니다.

또는 네 손가락을 아래 그림처럼 오므리면 나오는 [Launchpad](설치된 앱을 보여주는 기능)에서 Mac에 설치된 [Adobe Premiere Pro 2022]를 찾아 클릭하면 됩니다.

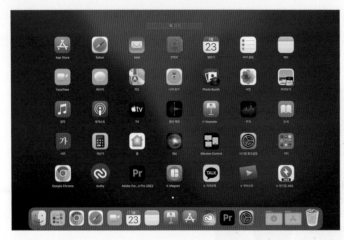

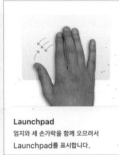

Launchpad
엄지와 세 손가락을 함께 오므려서
Launchpad를 표시합니다.

MacOS 버전의 경우 탐색기 창 등 일부 인터페이스가 윈도우 버전과 다를 수 있으나 프리미어 프로 자체의 조작 방법은 동일하므로 실습 진행에는 문제가 없습니다.

최신 버전의 프리미어 프로를 사용하기 위해서는 어도비 크리에이티브 클라우드 앱에서 업데이트를 진행합니다. 업데이트 방법은 도서 앞부분의 프리미어 프로 업데이트 방법을 참고합니다. 프리미어 프로에서 [도움말(Help)]−[업데이트(Updates)] 메뉴를 클릭하면 나타나는 어도비 크리에이티브 클라우드 앱에서 업데이트를 진행할 수도 있습니다. 별도의 업데이트 표시가 나타나지 않을 경우 현재 프리미어 프로가 최신 버전인 상태입니다.

02 프리미어 프로를 설치(혹은 최신 버전으로 업데이트)한 후 최초로 실행하면 '새 기능 소개' 화면이 나타납니다. 여기서 새로 추가된 기능과 주요 업데이트 내용을 확인할 수 있습니다. 프리미어 프로는 업데이트가 잦은 프로그램으로 꼭 필요한 기능과 변경된 내용은 반드시 확인합니다. 내용을 확인한 후 ⊠을 클릭해 닫습니다.

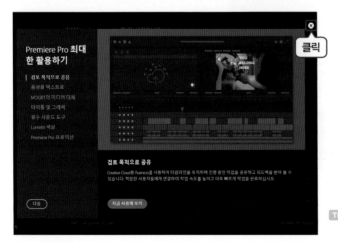

TIP 프리미어 프로 버전에 따라 '새 기능 소개' 화면 모양이 조금씩 다를 수 있습니다.

03 프리미어 프로를 실행하면 나타나는 첫 화면입니다. 이 화면을 [홈(Home)] 화면이라고 합니다. 여기서 이전에 작업한 목록을 찾아 열거나 새 작업을 시작할 수 있습니다. 새 작업은 '새 프로젝트 파일을 만드는 것'부터 시작합니다. [새 프로젝트(New Project)]를 클릭하여 새로운 작업을 시작합니다.

TIP [홈(Home)] 화면은 탐색기에서 이미 생성된 프로젝트 파일을 바로 열어 실행했을 때는 나타나지 않습니다.

04 [가져오기(Import)] 화면이 나타납니다. 복잡해 보이지만 딱 두 가지만 설정하면 됩니다. ❶ [프로젝트 이름(Project Name)]에는 **first**를 입력하고 ❷ [프로젝트 위치(Project Location)]를 클릭한 후 ❸ [위치 선택(Choose Location)]을 클릭합니다.

유튜브 테크닉

초보 유튜버 가이드

프리미어 프로 기초

영상 편집 기본

프리미어 프로 응용

영상 특수 효과

TIP 프리미어 프로 2022년 4월 이전 버전의 경우 [홈(Home)] 화면에서 [새 프로젝트(New project)]를 클릭하면 아래 그림과 같은 [새 프로젝트 (New Project)] 대화상자가 나타납니다. 이때는 프리미어 프로를 최신 버전으로 업데이트한 후 실습을 진행합니다.

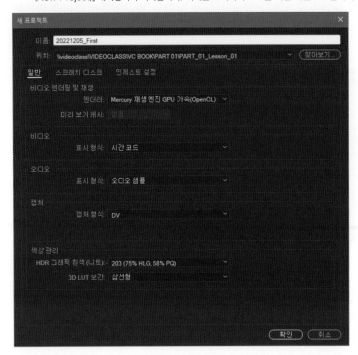

TIP [프로젝트 이름(Project Name)]은 파일 이름이므로 프로젝트를 구분할 수 있는 적절한 이름을 입력합니다. 추천하는 방식은 '날짜+작업 제 목' 형식입니다. 지금은 새 프로젝트를 만드는 실습이므로 제목이 크게 중요하지 않습니다. 필요에 따라 **연습**, **Test**를 입력해도 됩니다.

05 [프로젝트 위치(Project Location)] 대화상자가 나타나면 ❶ 프로젝트 파일을 저장할 위치(폴더)를 지 정한 후 ❷ [폴더 선택]을 클릭합니다.

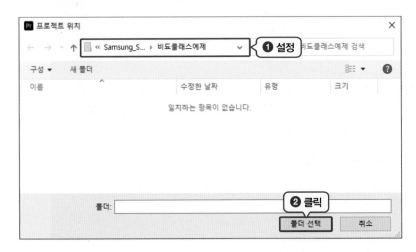

06 ❶ 프로젝트 이름과 위치가 올바른지 확인한 후 ❷ [만들기(Create)]를 클릭합니다. [가져오기 (Import)] 화면에서 동영상, 음악, 사진 등 다양한 미디어 파일을 불러온 후 프로젝트를 만들 수 있지만 보통은 프로젝트 파일을 만든 후에 미디어 파일을 삽입합니다.

유캔튜브 테크닉

초보 유튜버 가이드

프리미어 프로 기초

영상 편집 기본

프리미어 프로 활용

영상 특수 효과

🎬 **비됴클래스 작업 꿀팁**   **프로젝트 파일, 그것이 궁금하다!**

20221205_First.prproj

프로젝트 파일을 생성한 후 [프로젝트 위치(Project Location)]로 지정한 폴더를 확인해보면 왼쪽 그림과 같은 아이콘을 가진 파일이 하나 생성됩니다. 이렇게 생성된 파일을 '프리미어 프로 프로젝트 파일'이라고 합니다.

프리미어 프로의 프로젝트 파일의 특징은 다음과 같습니다.

- **확장자** | prproj
- **파일 용량** | 대부분 5MB 이하
- **동영상이나 오디오 등 소스 파일 포함 여부** | 아니오
- **하위 버전과 호환 여부** | 아니오. 상위 버전에서 하위 버전 프로젝트 파일을 열 수 있으나, 하위 버전에서 상위 버전 프로젝트 파일을 열 수 없음
- **윈도우와 Mac OS 간 호환 여부** | 예

• **한글/영문 버전 간 호환 여부** | 예

프로젝트 파일은 내 드라이브(하드디스크, SSD 등)에 위치하는 특정 미디어 파일(동영상, 음악, 이미지 등)을 어떻게 편집했는지, 어떤 효과를 삽입했는지 등의 정보 데이터만 포함합니다. 프리미어 프로에서 영상을 직접 자르고 붙이는 것처럼 보이지만 실제로는 특정 영상의 어느 구간이 위치한다는 '정보'만 존재하는 것입니다. 이러한 특성 때문에 프로젝트 파일만 다른 사람에게 건네거나 다른 드라이브(외장 하드, USB 메모리 등)로 옮긴다면 원본 미디어 파일이 없으므로 정상적인 작업이 어렵습니다.

외부 플러그인을 사용한다면 다른 컴퓨터에도 동일한 플러그인이 설치되어야 합니다. 또한 프로젝트 파일은 같은 버전의 프리미어 프로와 완벽하게 호환되며, 상위 버전에서만 하위 버전을 열 수 있고 반대는 불가능합니다. 이런 작업 환경 때문에 다루기 까다로워 보이지만 '프로젝트 매니저(Project Manager)' 기능으로 파일을 수집하면 쉽게 옮길 수 있습니다.

하지만 이 기능을 사용하는 것보다 처음부터 작업할 폴더를 미리 생성하고 해당 폴더에 소스 파일을 모두 옮긴 후 프로젝트를 생성할 때 동일한 위치에 생성하는 것이 가장 간단하고 빠릅니다. 따라서 프로젝트 위치를 설정할 때는 이러한 점을 고려하여 작업을 준비합니다.

07 첫 프로젝트 파일을 생성하면 [편집(Edit)] 화면이 나타납니다. 지금 화면 구성은 [학습(Learning)]으로 왼쪽에 [학습(Learn)]이라는 영역이 있습니다. 이러한 작은 창 형태를 프리미어 프로에서는 '패널(Panel)'이라고 합니다. [학습(Learn)] 패널에서는 프리미어 프로에서 제공하는 튜토리얼을 보여줍니다. 이 상태로는 편집이 어려우므로 화면 구성을 바꾸어보겠습니다.

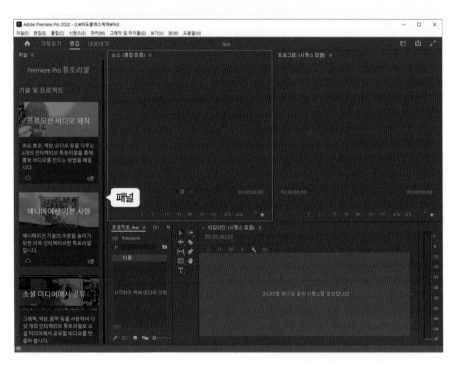

08 화면 우측 상단의 ❶ 작업 영역(Workspaces)▦을 클릭하고 ❷ [편집(Editing)]을 클릭합니다. 화면 구성이 아래 그림과 같이 편집 작업에 적절한 구성으로 바뀝니다. 이러한 화면 구성을 프리미어 프로에서는 작업 영역(Workspaces)이라고 합니다.

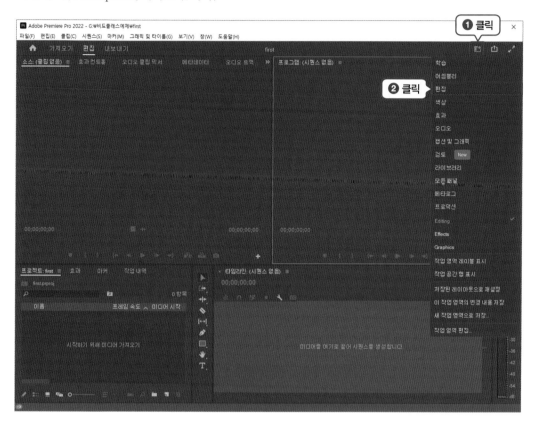

유캣튜브 태그닉

초보 유튜버 가이드

프리미어 프로 기초

영상 편집 기본

프리미어 프로 효과

영상 특수 효과

✦STEP 02 **프리미어 프로 생김새 살펴보기**

프리미어 프로는 각각 다른 기능을 가진 패널(Panel)로 이루어져 있습니다. 프리미어 프로의 패널은 버전에 따라 다르지만 대략 30가지나 됩니다. 다행히 일반적인 편집 과정에서 모든 패널을 사용하지는 않습니다. 특히 유튜브 영상 편집에 사용하는 패널은 그 용도와 개수가 한정되어 있으니 처음부터 너무 어렵게 생각할 필요는 없습니다. 이 책에서 자주 사용하게 될 패널은 일곱 가지입니다. 여기에서는 각 주요 패널이 어떤 역할을 하는지 간단하게 알아보겠습니다. 실습을 진행하면서 나머지 패널의 사용 방법은 자연스럽게 알 수 있을 것입니다.

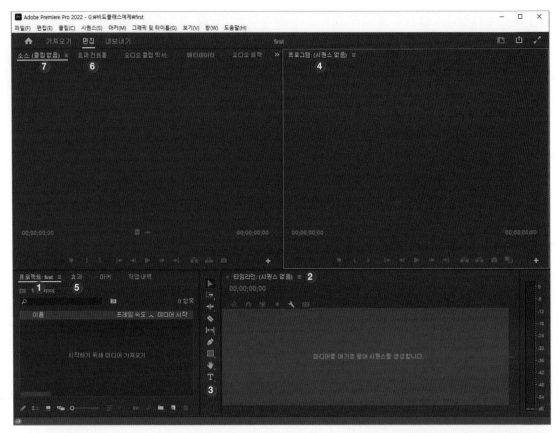

① **프로젝트(Project) 패널** | 영상을 편집하기 위한 재료인 소스 파일(Source)을 모으는 곳입니다. 내 드라이브에서 프로젝트로 불러온 미디어 파일(동영상, 음악, 이미지) 등을 등록해 사용합니다.

② **타임라인(Timeline) 패널** | 편집 작업을 진행하며 가장 많이 다루게 될 패널입니다. 동영상을 삽입한 후 자르고 붙이는 작업, 이미지와 자막을 배치하는 등 주요한 작업이 이 패널에서 이루어집니다.

③ **도구(Tools) 패널** | [타임라인(Timeline)] 패널과 [프로그램(Program)] 패널에서 어떤 작업을 할 것인지 아이콘을 클릭해 선택할 수 있는 패널입니다. [도구(Tools)] 패널의 기능을 활용하면 타임라인에 삽입된 영상을 자르고 시간을 조절하거나, [프로그램(Program)] 패널에서 도형이나 텍스트를 삽입하는 도구를 선택할 수 있습니다.

④ **프로그램(Program) 패널** | 미리 보기 창으로 이해하면 쉽습니다. 현재 작업 중인 영상을 보여주는 패널이며 텍스트를 직접 입력하거나 도형을 삽입하는 작업도 할 수 있습니다.

⑤ **효과(Effects) 패널** | 비디오 또는 오디오에 적용할 수 있는 다양한 효과를 목록으로 보여주는 패널입니다. 기본적으로 여섯 개의 큰 카테고리로 나누어집니다.

ⓐ **Lumetri 사전 설정(Lumetri Preset)** | 색 보정 효과인 루메트리(Lumetri)의 사전 설정으로 사용 빈도는 가장 낮습니다.

ⓑ **오디오 효과(Audio Effects)** | 오디오에 적용할 수 있는 효과입니다.

ⓒ **오디오 전환(Audio Transitions)** | 오디오의 앞, 뒤 또는 오디오 사이에 적용하는 전환 효과(Transition) 목록입니다.

ⓓ **비디오 효과(Video Effects)** | 비디오에 적용할 수 있는 효과입니다.

ⓔ **비디오 전환(Video Transitions)** | 비디오의 앞, 뒤 또는 비디오 사이에 적용하는 전환 효과(Transition) 목록입니다.

ⓕ **사전 설정(Preset)** | 미리 설정한 각 효과의 세팅 목록입니다. 자주 쓰는 효과의 옵션을 미리 조절하여 사전 설정(Preset)으로 저장하면 이 목록에 나타납니다.

TIP 프리미어 프로 한글 버전 오류로 [Presets]와 [사전 설정]은 동일한 항목입니다.

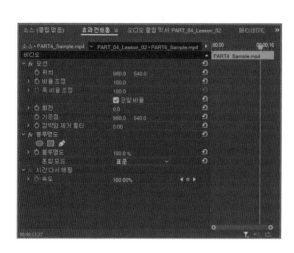

⑥ **효과 컨트롤(Effect Controls) 패널** | 타임라인에서 선택한 클립(비디오 및 오디오, 이미지)의 각종 값 및 효과를 조절하는 패널입니다. 비디오에 움직임을 추가하거나, 추가한 효과를 수정하는 작업은 모두 이 패널에서 진행합니다.

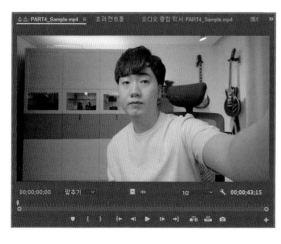

⑦ **소스(Source) 패널** | 미디어를 편집하기 전에 소스(Source)를 미리 보거나 들을 수 있는 패널입니다. [프로젝트(Project)] 패널에 있는 미디어를 더블클릭하면 이 패널에 나타납니다. 또 소스의 원하는 범위만 선택해 타임라인에 삽입할 수 있습니다.

프리미어 프로는 사용자가 원하는 대로 패널을 옮겨서 구성할 수 있습니다. 이런 고정되지 않는 특성 때문에 작업 중 패널을 열고 닫으면 위치가 틀어지기도 하고 초보일 때는 실수로 패널을 옮기거나 닫는 경우도 있습니다. 사실 필자도 아직 실수하는 부분입니다. 이때는 당황하지 않고 다음 과정을 따라 하면 쉽게 해결할 수 있습니다.

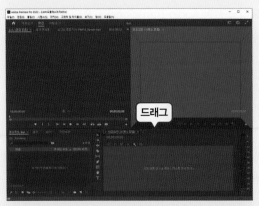

01 일단 패널을 옮기는 실수 상황을 만들어보겠습니다. [타임라인(Timeline)] 패널의 이름 부분을 드래그해 왼쪽 그림처럼 아무 패널 위치에 옮겨봅니다. 어차피 처음 상태로 깔끔히 되돌릴 것이니 패널 옮기는 감을 잡기 위해 각 패널 위치를 마구 바꿔봅니다. 패널 제목 부분을 각 영역으로 드래그하면 배치될 해당 영역에 연한 보라색 표시가 나타납니다.

> **TIP** 패널 크기를 조정하려면 패널 사이에서 마우스 포인터가 화살표 모양이 될 때 드래그합니다.

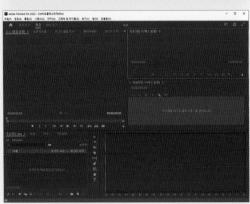

02 패널을 알아볼 수 없게 옮겼다면 옮겨진 패널 위치는 왼쪽 그림과 다를 수 있습니다. 하지만 패널 위치가 아무리 달라져도 상단 메뉴는 그대로 위치하고 있습니다.

03 작업 영역을 되돌려보겠습니다. [창(Window)] – [작업 영역(Workspace)] – [저장된 레이아웃으로 재설정(Reset To Saved Layout)] 메뉴를 클릭합니다. 이때 실수로 아래에 위치한 [이 작업 영역의 변경 내용 저장(Save Changes to this Workspace)]을 클릭하면 안됩니다.

> **TIP** [저장된 레이아웃으로 재설정(Reset To Saved Layout)] 은 현재 화면을 원래 상태로 초기화하는 기능이고 [이 작업 영역의 변경 내용 저장(Save Changes to this Workspace)]은 현재 화면을 해당 작업 영역의 기본값으로 저장하는 기능입니다. 실수를 줄이려면 단축키 Alt + Shift + 0 을 사용합니다.

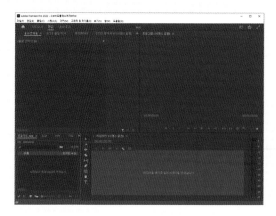

04 그러면 [편집(Editing)]에 저장된 기본 화면 구성으로 복구됩니다.

유 튜 브 테 크 닉

초 보 유 튜 버 가 이 드

프 리 미 어 프 로 기 초

영 상 편 집 기 본

프 리 미 어 프 로 효 과

영 상 특 수 효 과

 **STEP 03**   **프로젝트 파일 저장하기**

지금은 아무 작업도 하지 않았지만 나중에 프로젝트 파일을 생성하고 작업한 후에는 작업 내용을 저장해야 합니다. 프로젝트를 생성하고 저장하는 것은 모든 프로그램의 기초입니다. 우선 프로젝트 파일을 저장해보겠습니다.

01 [파일(File)]–[저장(Save)] 메뉴를 클릭합니다. 현재 작업 내용이 작업 중인 프로젝트 파일에 저장됩니다.

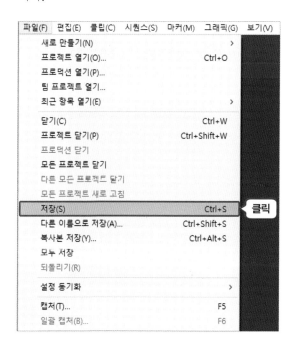

02 프로젝트 저장 메시지가 잠시 나타났다 사라집니다. 실제 작업 중에 저장할 때는 메뉴보다 단축키인 Ctrl + S 를 더 많이 사용합니다. 프리미어 프로에서 작업을 진행하는 중간중간 꼭 저장하는 습관을 가지는 것이 좋습니다. 간혹 복잡한 작업 중 프로그램이 갑자기 꺼질 수도 있습니다. 이때 저장하는 습관이 여러분의 작업물을 지켜줄 것입니다.

🎯 **비됴클래스 문제 해결** | **필요 없는 패널 지우고 깔끔하게 시작하기**

프리미어 프로의 다양한 기능만큼 기본 화면에도 각종 기능을 위한 버튼, 패널이 많습니다. 하지만 대부분의 사용자는 이 기능을 전부 사용하지 않아 오히려 작업에 방해가 되기도 합니다. 본격적인 학습을 시작하기 전 사용 빈도가 적은 패널을 닫고 최적화된 작업 영역을 설정해 저장해보겠습니다.

01 우선 우측 상단의 ❶ 작업 영역(Workspaces) █을 클릭하고 ❷ 현재 작업 영역이 편집(Editing) 상태인지 확인합니다.

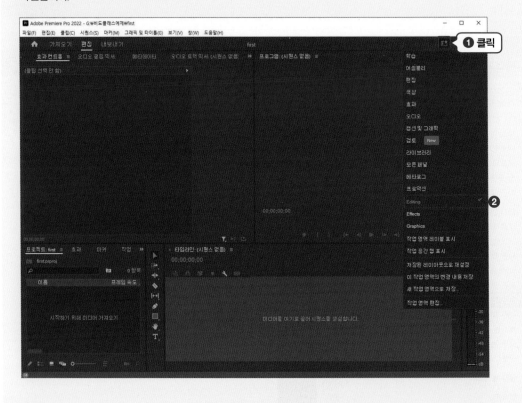

02 사용 빈도가 낮은 패널 중 왼쪽 하단에 위치한 [미디어 브라우저(Media Browser)] 패널을 닫아보겠습니다. 이 패널은 미디어를 불러올 때 사용하는 패널이지만 대부분 이 패널 대신 [프로젝트(Project)] 패널이나 가져오기 (Import) 기능을 사용합니다.

[미디어 브라우저(Media Browser)] 패널 이름 오른쪽에 위치한 **①** ☰을 클릭하고 **②** [패널 닫기(Panel Close)] 를 클릭합니다. 패널이 닫힙니다.

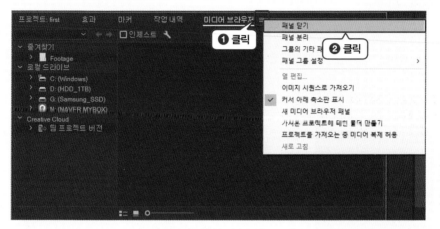

> **TIP** 닫은 패널은 [창(Window)] 메뉴를 클릭하면 나타나는 패널 목록에서 선택해 다시 열 수 있습니다.

> **TIP** [패널 분리(Undock Panel)]를 클릭하면 해당 패널이 별도의 창으로 분리됩니다.

03 중요한 패널만 남겨두고 나머지는 모두 닫겠습니다. 작업 스타일마다 다르겠지만 사용 빈도가 비교적 낮은 패널 목록은 다음과 같습니다. 해당 패널은 닫는 것을 추천합니다.

• **왼쪽 아래** : 라이브러리(Libraries), 정보(Info), 마커(Markers), 작업 내역(History) 패널
• **왼쪽 위** : 오디오 클립 믹서(Audio Clip Mixer), 메타데이터(Metadata) 패널

04 [창(Window)]−[작업 영역(Workspace)]−[새 작업 영역으로 저장(Save as New Workspace)] 메뉴를 클릭해 현재 패널 배치 상태를 저장합니다.

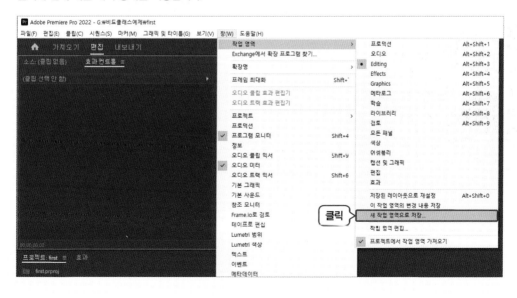

유캔두 태그닉

초보 유튜버 가이드

프리미어 프로 기초

영상 편집 기본

프리미어 프로 효과

영상 특수 효과

05 [새 작업 영역(New Workspace)] 대화상자가 나타납니다. ❶ [이름(Name)]에 원하는 이름을 입력하고 ❷ [확인(OK)]을 클릭합니다.

06 [창(Window)]–[작업 영역(Workspace)] 메뉴로 들어가보면 목록에 방금 저장했던 작업 영역 구성이 나타납니다. 다른 패널을 열고 배치를 다르게 해 작업하다가 언제든 원하는 작업 영역을 클릭해 배치를 초기화할 수 있습니다.

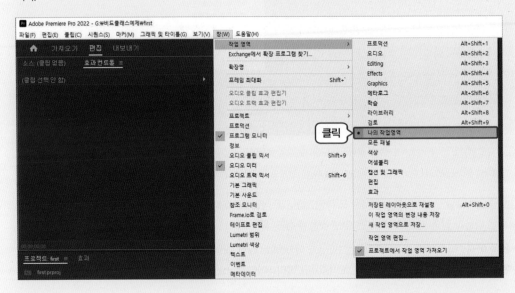

컷 편집으로 시작하는 영상 편집

▶ 영상 편집의 모든 것, 시퀀스 만들고 영상 컷 편집하기

동영상 편집에서 가장 중요한 것은 효과, 자막 보다 '컷 편집'에 있습니다. 촬영된 영상에서 필요한 부분만 남기고 NG 컷을 없앤 후 말과 말, 장면과 장면 사이를 매끄럽게 만드는 작업은 컷 편집을 통해서 이루어집니다. 컷 편집은 누구나 이해할 수 있을 만큼 쉽지만 장시간 촬영한 영상을 컷 편집하는 것은 많은 시간과 노력을 필요로 하기 때문에 빠르게 컷 편집하는 기술을 익혀야 합니다. 빠르게 편집하는 기술은 [유캔튜브 테크닉]에서 익혀보고 여기서는 기본적인 시퀀스 생성과 컷 편집 방법에 대해 알아보겠습니다.

PREVIEW

예제 파일 CHAPTER_01\LESSON_02_Before.prproj
완성 파일 CHAPTER_01\LESSON_02_After.prproj

◀ 컷 편집을 진행하기 전 영상 클립

컷 편집이 완료된 영상 클립 ▶

유캔튜브 테크닉

초보 유튜버 가이드

프리미어 프로 기초

영상 편집 기본

프리미어 프로 효과

영상 특수 효과

한눈에 확인하는 작업 순서	영상 불러오기	>	시퀀스 만들기	>	타임라인 알아보기	>	컷 편집하기	>	시퀀스 이름 바꾸기

01 예제 파일을 엽니다. 먼저 영상 소스 파일을 프리미어 프로에 불러와야 작업을 시작할 수 있습니다. ❶ [프로젝트(Project)] 패널의 빈 공간을 마우스 오른쪽 버튼으로 클릭한 후 ❷ [가져오기(Import)]를 클릭합니다.

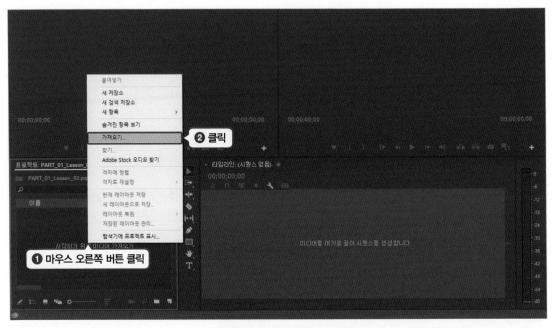

TIP [프로젝트(Project)] 패널의 빈 공간을 더블클릭해도 가져오기(Import) 기능이 실행됩니다.

02 [가져오기(Import)] 대화상자가 나타납니다. 예제 파일의 [Jiwon_SSD_AD] 폴더에 필자가 연기한 영상을 사용합니다. 우선은 한 영상만 불러오겠습니다. **1080_cam1.mp4** 파일을 더블클릭합니다.

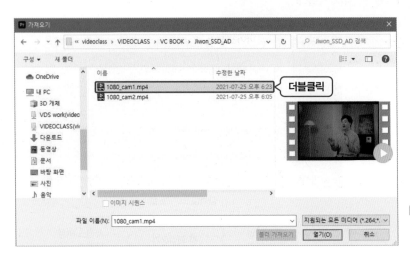

TIP 예제 파일 영상이 아닌 자신이 직접 촬영한 영상을 불러와도 좋습니다.

03 [프로젝트(Project)] 패널에 불러온 파일을 확인할 수 있습니다. 참고로 패널에 등록된 파일은 실제 파일이 복사, 삽입된 것이 아닌 프리미어 프로에 '목록으로 등록'된 것입니다. 따라서 등록된 파일을 제거해도 실제 파일이 삭제되는 것은 아닙니다.

유캔튜브 테크닉

초보 유튜버 가이드

프리미어 프로 기초

영상 편집 기본

프리미어 프로 효과

영상 특수 효과

🖐️ 비디오클래스 작업 꿀팁 〉 프로젝트(Project) 패널의 여러 소스 보기 방법

[프로젝트(Project)] 패널에는 소스 목록을 확인하는 세 가지의 형식이 있으며 패널 왼쪽 아래에서 확인할 수 있습니다. 작업 방식에 따라 다양한 보기 방법을 선택할 수 있습니다.

❶ **목록 보기(List View)** | 파일의 형식과 프레임 속도, 길이 등의 정보를 목록 형태로 파악할 수 있습니다. 목록 보기에서는 아이콘 및 라벨의 색상으로 소스의 종류를 빠르게 파악할 수 있습니다. 실습에서는 대부분 목록 보기(List View)를 사용하겠습니다.

❷ **아이콘 보기(Icon View)** | 파일 이름 외에 다른 정보는 확인하기 어려우나 영상, 사진 파일을 섬네일 형식으로 미리 볼 수 있다는 장점이 있습니다. 섬네일 크기는 아래 ⬤▬▬▬에서 조절할 수 있습니다.

❸ **자유형 보기(Freeform View)** | 소스 파일을 패널 내에서 자유롭게 배치해 볼 수 있습니다. 자주 쓰이는 방식은 아니며 꼭 필요한 경우 외에는 추천하지 않습니다.

04 편집을 시작하기 위해서 먼저 '시퀀스'를 만들어야 합니다. 시퀀스는 영상을 배치하는 도화지라고 생각하면 쉽습니다. 영상 편집은 시퀀스라는 도화지에 영상과 효과, 자막 등을 채우는 작업입니다. 소스를 배치하는 방법은 간단합니다. [프로젝트(Project)] 패널에 방금 삽입한 동영상 소스를 오른쪽의 [타임라인(Timeline)] 패널로 드래그하면 파란 막대가 삽입됩니다.

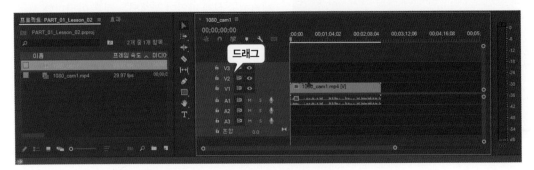

TIP 시퀀스의 자세한 내용은 [유캔튜브 테크닉]의 '시퀀스 이해하기'에서 알아보겠습니다.

05 ❶ 이 파란 막대를 '클립'이라고 합니다. 클립은 소스의 종류(동영상, 이미지, 오디오)에 따라 다른 색상으로 표시됩니다. 또한 ❷ [프로그램(Program)] 패널에 영상이 나타나고 ❸ [프로젝트(Project)] 패널에도 무언가 하나 추가된 것을 알 수 있습니다. 이것이 바로 '시퀀스'입니다.

06 목록/아이콘 보기에 따라 시퀀스와 소스 파일의 색상(라벨)과 아이콘이 다르게 표시되는 것도 확인할 수 있습니다. 이렇게 [타임라인(Timeline)] 패널에 영상 소스를 드래그해 생성된 시퀀스는 영상 소스와 동일한 크기, 프레임을 가집니다.

▲ 목록 보기(위)/아이콘 보기(아래)에서의 비디오 파일, 시퀀스 차이

타임라인 패널 알아보기

컷 편집에 앞서 [타임라인(Timeline)] 패널에 위치한 각 요소의 간단한 명칭과 필수 기능을 알아보겠습니다. 컷 편집은 타임라인에서 모두 이루어지기 때문에 어떠한 요소가 있는지 반드시 알아야 합니다.

01 클립(Clip) | 타임라인에 있는 비디오, 오디오를 포함한 모든 미디어가 삽입된 막대를 '클립'이라고 부릅니다(자막 클립, 비디오 클립, 오디오 클립). 클립의 길이는 재생 시간을 나타내고 길이를 조절하거나 중간을 자르고 붙여 컷을 편집합니다.

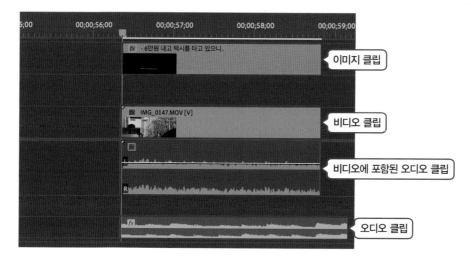

02 트랙(Track) | 비디오와 오디오 클립을 배치할 수 있는 공간입니다. 중간에 굵은 가로줄을 기준으로 위는 비디오, 아래는 오디오로 트랙이 나누어져 있습니다. 트랙은 포토샵의 레이어와 같은 '계층 개념'으로 V1은 가장 아래에 위치하고 V2, V3, V4, … 순서로 위에 위치합니다. 오디오 트랙은 위/아래 개념이 없어 소리가 중첩되고 각 트랙의 볼륨을 별도로 조절할 수 있습니다.

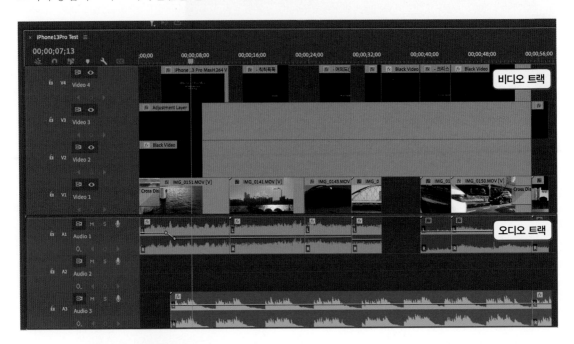

03 타임바(또는 재생 헤드, Playhead) | 타임라인 패널에 클립(소스)이 삽입되면 타임바 또는 재생 헤드(Playhead)도 삽입됩니다. 타임 인디케이터라고 부르는 경우도 있으나 이 책에서는 '타임바'로 통일하겠습니다. `Spacebar` 를 누르면 타임바가 현재 위치에서 이동하며 영상이 재생됩니다. 또한 타임바를 드래그해 원하는 시간으로 이동할 수 있습니다.

04 재생 헤드 위치(Playhead Position) | 현재 타임바가 위치한 시퀀스의 시간(위치)을 나타냅니다. 00:00:00:00 혹은 00;00;00;00으로 표시됩니다. 해당 표시는 시:분:초:프레임 단위이며 클릭한 후 원하는 시간을 입력하면 해당 위치로 직접 이동할 수도 있습니다.

05 시간 눈금자(Time Ruler) | 타임바의 머리 부분을 드래그하거나 시간 눈금자(Time Ruler) 부분을 클릭하여 원하는 위치로 바로 이동해 영상을 훑어볼 수도 있습니다.

 **비됴클래스 작업 꿀팁**　　**타임라인 관련 중요 단축키**

01 미리 보기 재생 | 타임라인에서 영상을 확인하기 위해 재생 혹은 일시정지하려면 Spacebar 를 누릅니다. [프로그램(Program)] 패널이나 기타 다른 입력 상태가 아니라면 언제든 영상이 재생됩니다. Enter 도 동일하게 영상을 재생할 수 있지만 이때 타임바는 시작점(0초)으로 이동해 맨 처음부터 영상이 재생됩니다.

02 타임라인 확대/축소 | 타임라인을 확대/축소하려면 ＋, －를 누릅니다. 이때 넘버패드에 위치한 키가 아닌 Backspace 왼쪽에 위치한 ＋, －를 눌러야 합니다. 또는 Alt +마우스 스크롤 휠을 이용해 마우스 포인터가 위치한 타임라인 부분을 기준으로 확대/축소할 수도 있습니다.

TIP Mac OS 기준으로 Alt 대신 Opt 를 누른 후 마우스 스크롤 휠을 움직이면 됩니다.

혹은 타임라인 오른쪽과 아래에 위치한 스크롤◉━━◉을 드래그하는 대신 상하/좌우에 위치한 핸들◉을 드래그하면 타임라인을 확대/축소할 수 있습니다.

TIP 타임라인 상하(높이) 확대/축소는 비디오 트랙, 오디오 트랙을 따로 조절합니다.

01 촬영한 영상을 컷 편집하기 전 어떤 영상을 편집하게 될지 살펴봅니다. 영상의 앞부분에는 대사가 없는 장면이므로 앞부분을 먼저 잘라내겠습니다. 비디오 클립의 앞뒤 끝 부분에 마우스 포인터를 위치시키면
🔛 모양이 됩니다. 이 상태에서 클립 끝을 드래그해 영상의 앞과 뒷부분을 잘라낼 수 있습니다.

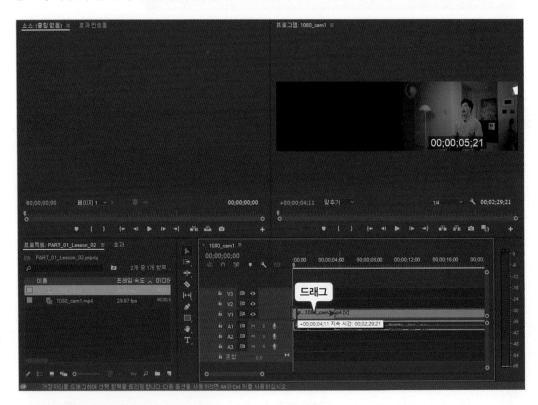

02 대다수의 유튜브 영상은 대사가 있는 부분만 남기고 편집하게 됩니다. 이때 오디오를 '눈으로 보면서' 편집하면 편리합니다. 오디오를 본다는 것을 정확하게 이야기하면 '오디오의 파형'을 보면서 편집하는 것입니다. 왼쪽 그림에서 표시된 부분을 더블클릭해보겠습니다.

TIP 표시된 빈 공간을 정확하게 더블클릭해야 합니다.

03 오디오 트랙이 위치한 A1 트랙의 클립 파형이 보기 좋은 크기로 확대됩니다.

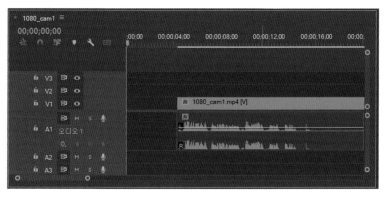

TIP 오디오 트랙의 L, R 표시는 좌우 채널이 나누어진 스테레오(Stereo) 타입일 경우 나타나는 특징입니다. 좌우 채널이 없는 모노(Mono) 타입일 경우 파형이 하나만 표시됩니다.

TIP 원하는 트랙의 이름(V1, A2 등) 부분에 마우스 포인터를 위치하고 Alt +마우스 스크롤 휠을 사용해 트랙 높이를 조절할 수 있습니다. Ctrl 을 누른 상태로 마우스 스크롤 휠을 조작하면 타임라인의 상하 위치를 이동합니다.

04 영상의 앞부분에 빈 구간이 생겼습니다. 이 곳을 메꾸기 위해 뒤에 있는 비디오 클립을 앞으로 드래그하여 시작점으로 가져옵니다.

TIP 마우스 포인터가 🔊 인 상태에서 드래그하는 것이 아닌 클립 안쪽을 드래그해 옮겨야 합니다. 자주 실수하는 부분이니 유의합니다.

TIP 비디오 클립이 없는 시퀀스의 빈 구간은 검정 화면(Black)으로 나타나고 나중에 영상을 출력해도 검은색으로 나타납니다. 단, 가장 오른쪽(영상의 끝 부분) 이후의 빈 부분은 출력되지 않습니다. 시퀀스 끝 시간을 특별히 설정하지 않는다면 영상 출력 시 가장 마지막 오디오/비디오 클립이 위치한 시간까지만 출력됩니다.

유겐톤브 테크닉

초보 유튜버 가이드

프리미어 프로 기초

영상 편집 기본

프리미어 프로 효과

영상 특수 효과

05 이제 영상을 나누겠습니다. 오디오 파형을 보면 대사가 없는 구간을 확인할 수 있습니다. 이런 구간은 필요 없는 부분이므로 제거합니다. 우선 타임바를 드래그하며 대사 한 마디가 끝나는 시점을 찾아 위치시킵니다.

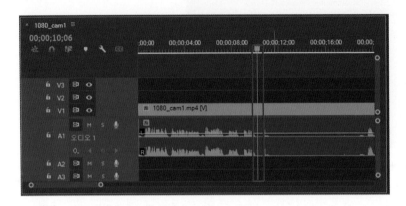

06 ❶ 자르기 도구(Razor Tool) ◐를 선택합니다. [도구(Tools)] 패널에서 클릭해도 되지만 가급적 단축키 C를 눌러 선택합니다. 자르기 도구가 선택되면 처음에는 마우스 포인터가 ◐로 표시됩니다. 이 상태는 자를 클립이 없거나, 자를 수 없다는 의미입니다. 마우스 포인터를 클립 위로 가져가면 ◐ 상태가 됩니다. ❷ 이때 타임바가 위치한 곳을 클릭합니다. 클립이 두 개로 나누어진 것을 확인할 수 있습니다.

TIP 단축키를 눌러도 도구가 선택되지 않는다면 영문 입력 상태인지 확인합니다. 키보드의 **한/영**을 눌러 영문 입력 상태가 되어야 단축키가 제대로 작동합니다.

🔔 **비됴클래스 작업 꿀팁** | **스냅 기능 활용하기**

지금처럼 타임바를 먼저 위치시킨 후 자르기 도구(Razor Tool) ◐를 사용해 클립을 자르면 의도한 부분을 정확히 자를 수 있습니다. 이는 스냅 기능(Snap) ◐이 활성화되었기 때문입니다. 스냅 기능은 [타임라인(Timeline)] 패널 왼쪽 상단의 아이콘으로 활성 여부를 알 수 있습니다. 스냅 기능을 켜고 끄는 단축키는 S 입니다.

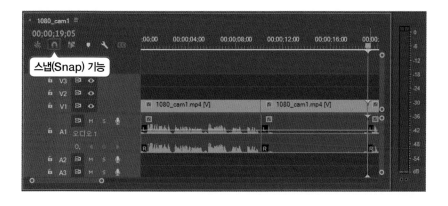

아이콘이 ⬛️면 스냅이 활성화된 싱테이고 ⬛️면 비활성화된 상태입니다. 스냅 기능을 활성화하면 자르기 도구는 물론 클립을 이동할 때 클립의 시작과 끝을 정확하게 맞추거나 중첩해서 배치할 때 편리합니다. 반대로 클립을 미세하게 움직여 배치해야 할 때는 스냅 기능을 비활성화해 사용하는 경우도 있으므로 상황에 따라 단축키로 켜거나 끄면 됩니다.

07 오디오의 공백 부분만 지우려면 공백 뒷부분도 잘라야 합니다. 자르기 도구(Razor Tool)🔪가 선택된 상태에서 뒤쪽에 새로운 대사가 시작되는 시점 바로 앞을 클릭합니다.

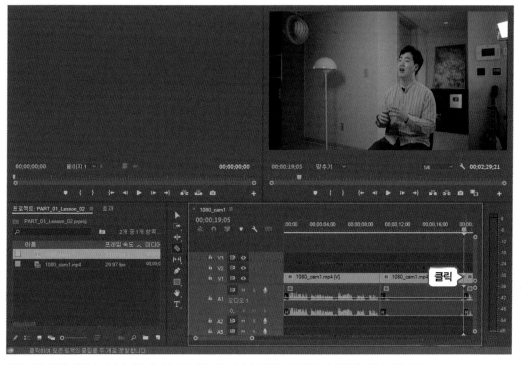

TIP 만약 원하는 위치가 아니라 다른 위치에서 클립을 잘못 잘랐다면 Ctrl + Z 를 눌러 실행 취소할 수 있습니다.

08 원하는 대로 클립을 자르고 기본 상태인 ❶ 선택 도구(Selection Tool)▶를 선택합니다. 선택 도구는 V 를 눌러 선택할 수 있습니다. 선택 도구 역시 자주 사용하므로 단축키를 활용합니다. ❷ 공백 클립을 클릭한 후 ❸ Delete 또는 Backspace 를 눌러 제거합니다.

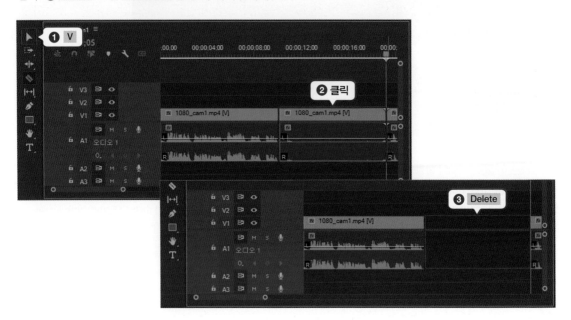

09 공백 뒤의 클립을 드래그해 앞의 클립 끝 부분에 붙여줍니다. 스냅 기능으로 두 클립이 자석처럼 달라붙는 것을 확인할 수 있습니다.

여기까지가 프리미어 프로의 가장 기본적인 컷 편집 방법입니다. 이것만 알아도 컷 편집을 전부 알았다고 할 정도로 과언이 아닙니다. 실제 작업은 이러한 편집을 무수히 반복해야 하므로 핵심 관건은 컷 편집을 빠르게 하는 방법입니다. 이제 컷 편집 속도를 올리기 위한 다양한 기능을 익혀보고 연습해보겠습니다.

STEP 04 시퀀스 공백을 빠르게 없애는 방법

01 이어지는 뒷부분을 확인해보면 꽤 오랫동안 NG가 발생한 것을 확인할 수 있습니다. 이런 NG 역시 ❶ C 를 눌러 자르기 도구(Razor Tool)를 선택하고 ❷ 자를 위치를 클릭합니다. 마찬가지로 ❸ V 를 눌러 선택 도구(Selection Tool)로 돌아와서 ❹ 해당 클립을 클릭한 후 ❺ Delete 를 눌러 삭제합니다.

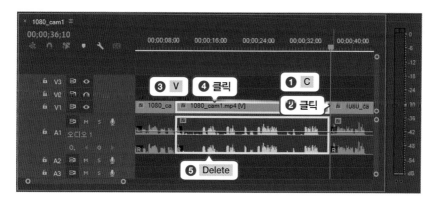

02 STEP 03에서는 뒤의 클립을 드래그했지만 이번엔 다른 기능을 사용해보겠습니다. ❶ 빈 구간을 클릭합니다. 빈 구간이 하얀색으로 선택됩니다. ❷ 이 상태에서 Delete 또는 Backspace 를 누르면 공백이 사라지면서 뒤의 클립이 앞으로 모두 당겨집니다.

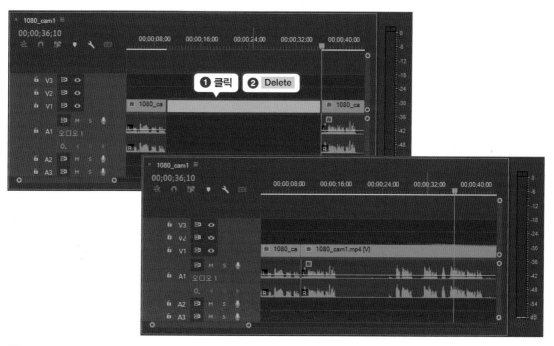

TIP 프리미어 프로에서는 이렇게 빈 구간을 잔물결(Ripple)이라고 하며, 이러한 공백을 제거하는 것은 잔물결 제거(Ripple Delete)라고 합니다. 삭제할 클립을 마우스 오른쪽 버튼으로 클릭하고 [잔물결 제거(Ripple Delete)]를 클릭하면 선택한 클립이 삭제되면서 공백 없이 뒤의 클립들이 앞의 클립에 달라붙습니다.

03 배운 기능을 활용해 나머지 공백과 NG를 자연스럽게 편집합니다.

TIP 컷 편집은 컷과 컷 사이를 적절히 조절하는 것이 관건입니다. 특히 영화 편집에서는 0.1초 단위의 잘못된 컷 편집으로도 관객이 부자연스러움을 느낄 수 있습니다. 유튜브 영상 편집에서는 말과 말 사이의 간격으로 무드와 속도감이 결정됩니다. 따라서 컷 편집을 잘하기 위해서는 다른 콘텐츠를 보면서 어떤 컷이 얼만큼의 속도로 편집되었는지 유심히 관찰하는 것이 좋습니다.

04 컷 편집이 끝나면 Spacebar 를 눌러 재생해보면서 어색한 부분이 있는지 확인합니다. 어색하다면 컷 사이를 다시 다듬어줍니다.

STEP 05 | 프로젝트 패널에서 소스 이름 바꾸기

[프로젝트(Project)] 패널에 있는 소스의 이름을 바꾸는 간단한 방법을 알아보겠습니다. 작업을 하다 보면 파일이 많아져서 정리가 필요해질 때 이름 바꾸기 기능을 이용하면 편리합니다.

01 예제에서는 처음에 만들었던 시퀀스의 이름이 비디오의 파일과 같은 이름이라서 헷갈릴 수 있습니다. [프로젝트(Project)] 패널의 ❶ 시퀀스를 클릭한 후 ❷ Enter 를 누르면 이름을 바꿀 수 있습니다.

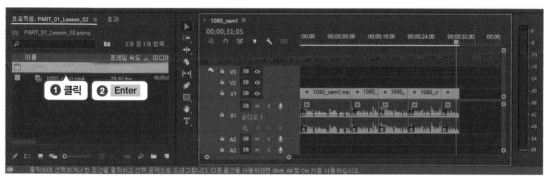

TIP 이름 부분을 더블클릭하거나 마우스 오른쪽 버튼으로 클릭한 후 [이름 바꾸기(Rename)]를 클릭해도 됩니다.

02 ❶ 완성 영상 등 적절한 이름을 입력한 후 다시 ❷ Enter 를 누르면 이름이 바뀝니다. 참고로 소스 파일의 경우 프리미어 프로에서 이름을 바꿔도 실제 파일 이름이 바뀌는 것은 아닙니다.

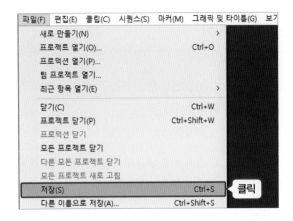

03 마지막으로 작업한 것을 저장하기 위해 [파일(File)]-[저장(Save)] 메뉴를 클릭합니다. 또는 단축키 Ctrl + S 를 누릅니다.

🔔 **비도클래스 작업 꿀팁** ▶ 타임라인 패널의 다양한 기능 알아보기

프리미어 프로에서 컷 편집은 [타임라인(Timeline)] 패널에서 거의 모두 이루어지는 만큼 이와 관련된 다양한 기능이 있습니다. 타임라인의 여러 기능 중 컷 편집에 주로 사용하는 몇 가지 주요 기능을 알아보겠습니다.

❶ 연결된 선택(Linked Selection) | 기본적으로는 활성화된 상태입니다. 비활성화하면 그룹화된 클립이나 비디오에 포함된 오디오 클립과 같이 서로 연결된 클립을 따로 선택할 수 있습니다. 참고로 이 기능을 끄지 않고 연결된 클립 중 하나만 선택하고 싶을 때는 Alt 를 누른 상태에서 클립을 클릭해 선택합니다.

❷ 마커 추가(Add Marker) | 현재 시점에 마커를 추가합니다. 마커는 편집 시 참고하기 위해 표시하는 용도로 쓰입니다.

❸ 트랙 잠금 켜기/끄기(Toggle Track lock) | 해당 트랙의 편집이 불가능하도록 잠그는 기능입니다. 잠겨진 트랙은 빗금으로 표시됩니다.

❹ 트랙 출력 켜기/끄기(Toggle Track Output) | 해당 비디오 트랙을 미리 보기 화면에서 보이지 않도록 설정합니다.

❺ 활성화/비활성화된 트랙 | 타깃 트랙을 설정합니다. 해당 트랙의 버튼이 파란색으로 표시되면, 복사된 클립을 붙여 넣을 때 해당 트랙에 붙여 넣어집니다. 여러 트랙이 타깃으로 활성화된 경우 가장 낮은 트랙부터 붙여 넣어집니다. 예를 들어 복사한 자막 클립을 가장 상위인 V3 트랙에 붙여 넣고 싶다면 V1, V2 트랙은 비활성화합니다.

❻ 트랙 음소거(Mute Track) | 해당 오디오 트랙의 소리가 들리지 않도록 음소거합니다.

❼ 솔로 트랙(Solo Track) | 해당 오디오 트랙의 소리만 듣습니다. 여러 오디오 트랙이 중첩되어 있을 경우 특정 오디오 트랙만 듣고자 할 때 활용하면 됩니다.

❽ Fx 배지 | 해당 클립이 원본 상태(수정되지 않은)인지 확인하는 역할을 합니다. 회색일 경우 아무 효과가 적용되지 않은 상태이며 노란색, 초록색, 보라색 등으로 각각 어떠한 효과가 적용되었는지 확인할 수 있습니다. 보통 노란색은 기본적인 위치, 크기가 수정된 상태이며, 초록색은 프리미어 프로의 효과를 적용한 상태, 보라색은 루메트리 컬러 등 색 보정이 적용된 상태입니다.

유캔튜브 테크닉

초보 유튜버 가이드

프리미어 프로 기초

영상 편집 기본

프리미어 프로 효과

영상 특수 효과

유캔튜브 테크닉

프리미어 프로 시퀀스 이해하기

예제 파일 없음 | 완성 파일 없음

프리미어 프로에 간단하게 시퀀스를 만들고 영상을 편집하는 방법에 대해 알아보았습니다. 프리미어 프로의 영상 편집은 시퀀스에서 이루어지기 때문에 시퀀스에 대해 이해해야 영상을 원활하게 편집할 수 있습니다.

첫째. 시퀀스는 영상 소스 없이 빈 상태에서 만들 수 있다

01 시퀀스는 영상 소스 없이도 만들 수 있습니다. 우선 ❶ 마우스 오른쪽 버튼으로 [프로젝트(Project)] 패널의 빈 공간을 클릭하고 ❷ [새 항목(New item)]−[시퀀스(Sequence)]를 클릭하거나 오른쪽 하단의 ❸ 새 항목(New item)🔳을 클릭한 후 ❹ [시퀀스(Sequence)]를 클릭해도 됩니다.

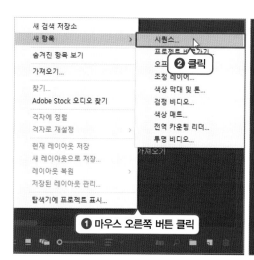

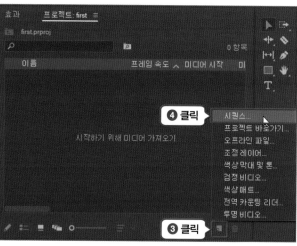

02 [새 시퀀스(New Sequence)] 대화상자가 나타납니다. ❶ [사용 가능한 사전 설정(Available Presets)]에서 원하는 형식을 선택하고 ❷ [시퀀스 이름(Sequence Name)]에 시퀀스 이름을 입력한 후 ❸ [확인(OK)]을 클릭하면 됩니다.

TIP 유튜브에서 자주 사용하는 1080p 해상도 영상은 [ARRI]-[1080p] 폴더에서 원하는 프레임레이트를 선택해 제작합니다.

둘째. 시퀀스는 원하는 형태로 설정이 가능하다

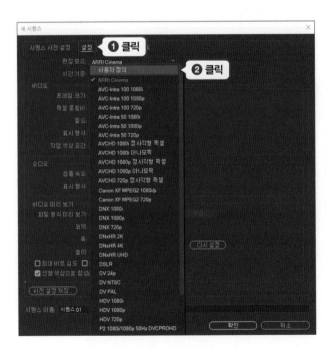

01 시퀀스를 원하는 사이즈, 프레임레이트로 설정할 수도 있습니다. [새 시퀀스(New Sequence)] 대화상자에서 ❶ [설정(Settings)] 탭을 클릭하고 ❷ [편집 모드(Editing Mode)] 목록에서 [사용자 정의(Custom)]를 클릭합니다.

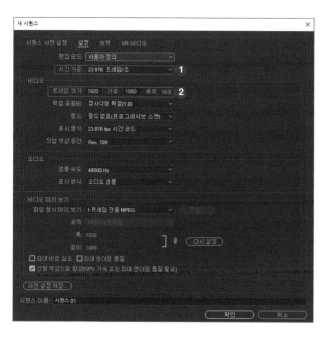

유튜브 테크닉

초보 유튜버 가이드

프리미어 프로 기초

영상 편집 기본

프리미어 프로 효과

영상 특수 효과

02 [편집 모드(Editing Mode)]를 [사용자 정의(Custom)]로 설정하면 프레임에 해당하는 [시간 기준(Timebase)]은 물론 프레임 크기를 자유롭게 설정할 수 있습니다. 특별한 경우가 아니면 ❶ [시간 기준(Timebase)], ❷ [프레임 크기(Frame Size)] 정도만 설정을 맞추고 나머지는 그대로 작업하는 것을 추천합니다.

> **TIP** [사전 설정 저장(Save Preset)]을 클릭해 새로운 시퀀스 설정을 저장할 수 있습니다. 저장된 사전 설정은 [시퀀스 사전 설정(Sequence Presets)] 탭에서 확인할 수 있습니다.

> **TIP** 이 방법을 사용하면 가로로 긴 영상(예를 들어 9:16 비율)을 제작할 수도 있습니다. 해당 방법은 CHAPTER 02의 LESSON 01에서 알아보겠습니다.

셋째. 시퀀스 안에 시퀀스를 삽입할 수 있다

하나의 프로젝트 파일에 두 개 이상의 시퀀스를 만들어서 작업할 수도 있습니다. 또한 하나의 시퀀스 안에 다른 시퀀스를 클립으로 삽입하는 것도 가능합니다. 단, 클립을 서로 교차해서 삽입하는 것은 불가능합니다. 예를 들어 A 시퀀스에 B 시퀀스를 클립으로 삽입하면 B 시퀀스에 A 시퀀스를 삽입하는 것은 불가능합니다.

▲ 시퀀스가 두 개 열려 있는 모습

▲ 시퀀스 A에 시퀀스 B를 삽입한 모습

넷째. 시퀀스는 언제든 설정을 변경할 수 있다

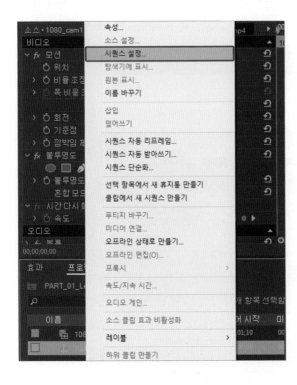

[프로젝트(Project)] 패널에서 시퀀스를 마우스 오른쪽 버튼으로 클릭하고 [시퀀스 설정(Sequence Settings)]을 클릭하면 [시퀀스 설정(Sequence Settings)] 대화상자가 다시 나타납니다. 여기서 기존에 삽입된 시퀀스의 설정을 자유롭게 변경할 수 있습니다. 단, 영상의 비율이 달라지는 경우에는 기존에 삽입된 이미지, 자막 등 요소의 크기가 변경될 수 있고, 위치가 어긋나 보일 수 있습니다. 또 프레임 레이트가 달라지면 다소 부자연스러운 현상이 나타날 수 있으니 가급적 원본 영상에 맞춰 시퀀스를 미리 설정하는 것이 좋습니다. 보통 시퀀스 설정을 변경하는 경우는 기존에 16:9로 제작된 영상을 유튜브 쇼츠 영상으로 재가공할 때 9:16 비율로 변경하면서 많이 활용합니다.

유캔튜브 테크닉

초보 유튜버 가이드

프리미어 프로 기초

영상 편집 기초

프리미어 프로 응용

영상 특수 효과

유캔튜브 테크닉

컷 편집 속도를 빠르게 만드는 다섯 가지 기능

예제 파일 없음 | 완성 파일 없음

지금까지 선택 도구와 자르기 도구를 사용해 영상을 편집하는 방법에 대해 알아보았습니다. 이 두 가지만 가지고도 영상을 완성할 수 있지만 각종 기능을 복합적으로 사용하면 편집이 훨씬 빨라집니다. 단순히 영상을 자르고 이어 붙이는 편집 이에도 중간에 빈 구간을 넣거나, 클립을 1프레임 단위로 소성하는 등 다양한 작업이 필요합니다. 여기서 배울 기능 딱 다섯 가지만 알고 있어도 지금보다 훨씬 빠르게 작업할 수 있을 것입니다. 바로 능숙하게 활용하기는 어렵겠지만 편집에 자주 활용하면 금방 익숙해질 것입니다. 기능의 이름은 신경 쓰지 말고 어떤 기능과 단축키가 있는지 학습합니다.

첫째. 클립을 공백 없이 지우는 Alt + Backspace

01 삭제하려는 클립을 선택한 후 Delete 를 눌러 지우면 아래 그림처럼 빈 공간이 발생합니다. 이런 빈 공간을 프리미어 프로에서 잔물결(Ripple)이라고 부른다고 배웠습니다.

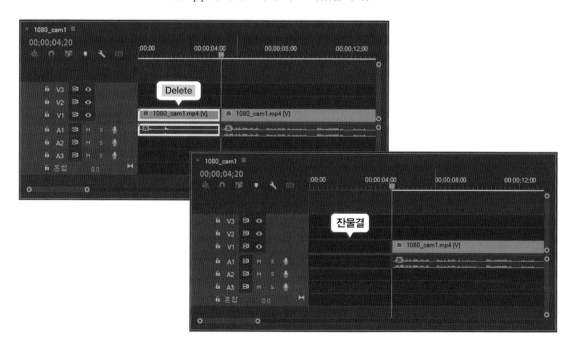

02 이때 Delete 를 눌러 지우는 대신 지우고자 하는 클립을 선택한 상태에서 Alt + Backspace 를 누르면 아래 그림처럼 빈 공간 없이 바로 제거됩니다. 일반적으로 클립을 지운 후 잔물결 제거를 한번에 작업한 것과 같은 효과입니다. 이 기능을 잔물결 제거(Ripple Delete)라고 합니다.

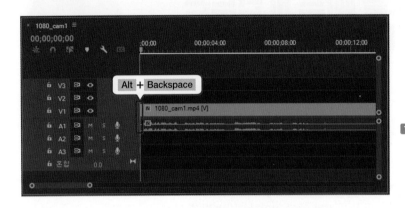

TIP 단축키 Alt + Backspace 가 불편하다면 CHAPTER 02의 LESSON 07 [유캔튜브 테크닉] '단축키를 원하는 대로 변경하는 방법'을 참고해 변경할 수 있습니다.

둘째. 타임바 위치에서 클립 바로 자르는 Ctrl + K

클립을 자를 때는 [도구(Tools)] 패널에서 자르기 도구(Razor Tool) 🔪 를 선택해 자르고 다시 선택 도구(Selection Tool) ▶ 를 선택해야 다른 편집 작업이 가능합니다. 하지만 자르기 도구가 선택된 것을 깜빡하고 클립을 선택하려다 실수로 클립을 자르는 경우도 있습니다. 이때 타임바를 자르고 싶은 시점에 위치시킨 후 Ctrl + K 를 누르면 타임바 위치의 클립(또는 트랙)이 잘립니다. 이 기능을 편집 추가(Add Edit)라고 합니다.

TIP 실제 작업에서 자르기 도구(Razor Tool)를 쓰지 않는 것은 아닙니다. 오디오 클립의 파형만 보고 눈대중으로 빠르게 여러 컷을 나눌 때는 오히려 자르기 도구가 유용할 수도 있습니다.

TIP [시퀀스(Sequence)]-[재생 헤드를 선택 항목 앞에 배치(Selection Follows Playhead)] 메뉴 옵션을 활성화하고 미리 보기를 진행하면 타임라인의 타임바가 움직이면서 해당 위치에 있는 클립을 자동으로 선택해줍니다. 타임바가 위치한 곳의 클립을 선택해 삭제하거나 옵션을 변경할 때 같이 활용하면 매우 편리합니다.

TIP 여러 트랙의 비디오 클립을 한번에 자르고 싶다면 모든 트랙에 편집 추가(Add Edit to All Tracks) 기능을 사용합니다. 단축키는 Ctrl + Shift + K 입니다.

셋째. 타임바 기준 클립의 앞뒤 자르고 삭제하는 Q , W

이 기능을 처음 써보면 '대체 언제 쓰지?' 싶어도 나중에는 숨 쉬듯 쓰게 될 것입니다. 우선 아래 그림처럼 클립의 앞부분을 잘라서 없애는 경우를 생각해보겠습니다.

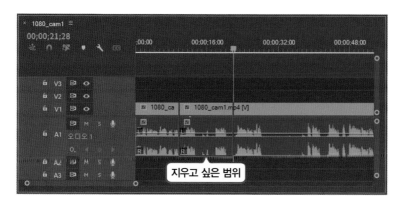

지우고 싶은 범위

기존의 방법으로는 Ctrl + K 를 눌러서 클립을 자른 후 클립을 선택하고 Alt + Backspace 를 눌러 삭제할 것입니다. 이때 이렇게 긴 과정을 한번에 해결할 수 있는 단축키가 바로 Q 입니다. 클립의 자를 앞부분에 타임바를 두고 Q 를 누르면 클립이 타임바가 위치한 곳을 기준으로 앞의 클립이 끝나는 지점까지 한번에 삭제됩니다. Q 는 타임바가 위치한 곳부터 '클립이 서로 맞닿는 앞부분까지' 없어지게 됩니다.

W 는 반대로 타임바가 위치한 곳부터 '클립이 서로 맞닿는 뒷부분까지' 자르고 삭제합니다. 아래 그림처럼 ❶ 타임바의 시점부터 ❷ 클립이 끝나는 지점까지 지우고 싶다면 W 를 누릅니다.

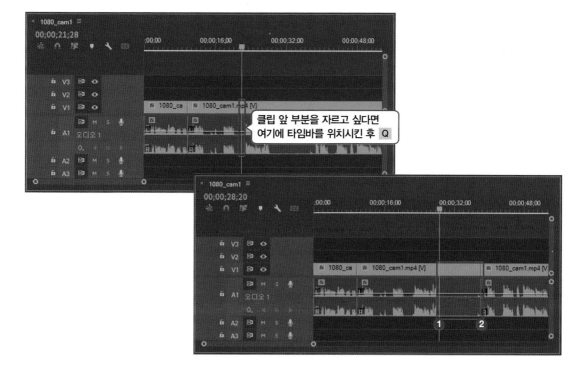

클립 앞 부분을 자르고 싶다면
여기에 타임바를 위치시킨 후 Q

단축키 Q 는 '이전 편집 지점에서 재생 헤드까지 잔물결 트리밍(Ripple Trim Previous)'이라고 부르고 W 는 '다음 편집 지점에서 재생 헤드까지 잔물결 트리밍(Next Edit to Playhead)'이라고 부릅니다. 너무 긴 용어라 현장에서는 '탑 테일 에디팅(Top Tail Editing)'이라고 부르는 경우도 있지만 간단히 클립 앞/뒷부분을 자른다고 생각하고 Q , W 만 외우고 있으면 됩니다.

넷째. 클립 편집에 다양하게 활용 가능한 Ctrl

타임라인에서 클립 길이를 조절하거나 드래그해 옮길 때 Ctrl 을 누른 상태로 작업하면 평소와 조금 다르게 작동합니다. Ctrl 을 누른 상태에서 작동이 달라지는 대표적인 두 가지 기능에 대해 알아보겠습니다.

01 Ctrl 을 누른 상태로 클립 길이 조절 | 일반적으로 클립 길이를 줄일 때 클립 좌우 가장자리에 마우스 포인터를 위치시키면 빨간색의 ▐◀와 같은 모양이 되며 클립 길이가 조절된 후 공백이 발생합니다. 반대로 클립의 길이를 늘이면 맞닿은 클립 이상으로 늘어나지 않습니다. 이때 Ctrl 을 누른 상태에서는 마우스 포인터가 노란색이 되어 ▐◀와 같은 모양이 됩니다. 이 기능을 잔물결 편집 도구(Ripple Edit Tool)라고 합니다.

Ctrl 을 누르지 않고 아래 그림처럼 편집된 클립 중 특정 클립의 길이를 늘이고 싶다면, 뒤에 있는 클립을 모조리 이동하고 공백을 만든 후 길이를 늘이고 다시 공백을 제거해야 하므로 매우 번거롭습니다.

이때 Ctrl 을 누른 상태에서 클립 뒷부분을 드래그해 길이를 늘이면 뒤에 있는 클립이 자동으로 뒤로 밀리며 길이를 조절할 수 있습니다.

클립의 길이를 줄일 때에도 똑같이 Ctrl 을 누르고 드래그하면 공백이 생기지 않고 뒤의 클립을 자동으로 당겨오면서 길이가 조절됩니다.

TIP [도구(Tools)] 패널에서 잔물결 편집 도구(Ripple Edit Tool) ◄► 를 선택한 효과와 동일합니다.

02 **Ctrl 을 누른 상태로 클립 이동** | 일반적으로 클립을 이동하여 다른 클립이 있는 자리에 배치하면 기존의 클립 위에 덮어 씌워집니다. 이때 Ctrl 을 누른 상태로 클립을 드래그하면 해당 지점의 클립을 밀어내며 이동합니다. 만약 아래 그림처럼 연보라색 클립을 특정 지점으로 옮기려고 할 때 기존 기능으로는 모든 클립을 선택해 옆으로 옮긴 후 공백을 만들고 나서 옮겨야 안전하게 배치할 수 있습니다. 이런 작업은 Ctrl +드래그로 한번에 해결할 수 있습니다.

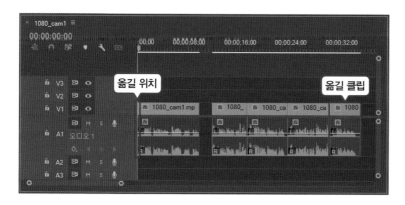

Ctrl 을 누른 상태에서 클립을 특정 위치로 드래그하면 아래 그림처럼 ▶ 기호가 각 트랙에 표시됩니다.

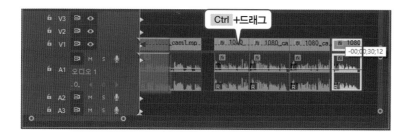

아래 그림처럼 모든 클립을 뒤로 밀어내며 배치됩니다. 영상의 촬영 순서가 섞여 있을 때 매우 유용하게 활용할 수 있습니다.

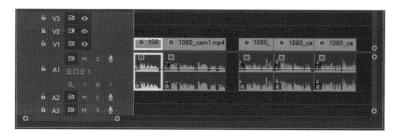

유캔튜브 테크닉

초보 유튜버 가이드

프리미어 프로 기초

영상 편집 기본

프리미어 프로 효과

영상 특수 효과

단, Ctrl +드래그는 나뉘어진 클립 사이에 두면 클립 사이를 잘 밀어내며 들어가지만 기존 클립 가운데에 배치하면 클립이 나뉘어지고 그 사이에 들어갑니다. 조작 실수로 엉뚱한 클립이 나뉘어질 수 있으므로 스냅 (Snap) 🔲 기능이 비활성화된 상태라면 편집에 유의해야 합니다.

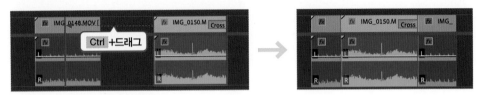

▲ 해당 부분이 나뉘어지면서 옮겨집니다.

다섯째. 선택한 위치를 기준으로 모든 클립을 선택하는 A , Shift + A

이번 기능은 예시로 보는 것이 훨씬 이해하기 쉽습니다. 우선 아래와 같은 상황에서 만약 타임바가 있는 시점에 1초 정도의 공백(검은 화면)을 만든다고 가정하면 기본 편집 방법으로는 타임바 오른쪽의 모든 클립을 드래그하여 선택하고 뒤로 옮겨야 합니다. 이렇게 보면 그리 어려운 작업은 아닙니다.

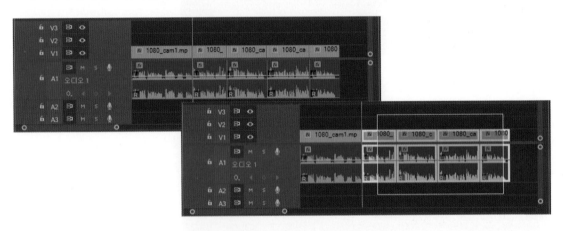

하지만 대부분의 유튜브 영상 편집 작업 화면은 아래 그림과 같이 복잡합니다. '3분 12초 위치에 A 영상을 5초 정도 추가해달라'는 수정 요청을 받았다면 매우 난감할 수 있습니다.

물론 드래그를 해서 모든 클립을 선택하고 옮길 수도 있습니다. 하지만 실수로 일부 클립을 빼놓고 옮길 경우, 특히 클립의 싱크가 틀어진 것을 모르는 상태에서 다른 작업까지 하다 돌이킬 수 없는 상황이 될 수도 있습니다. 현업에서도 이런 편집 실수는 흔하게 발생합니다. 이런 상황에서 해결책은 다음과 같습니다.

단축키 A 를 누르면 마우스 포인터가 ⇄ 모양으로 변합니다. 이 상태에서 타임라인의 한 지점을 클릭하면 클릭한 지점을 포함해 오른쪽에 위치한 모든 클립이 선택됩니다. 이렇게 선택된 클립들을 오른쪽으로 드래그합니다. 클립이 아무리 많아도 클릭한 지점 뒤의 모든 트랙과 클립을 한번에 선택할 수 있어 매우 편리합니다.

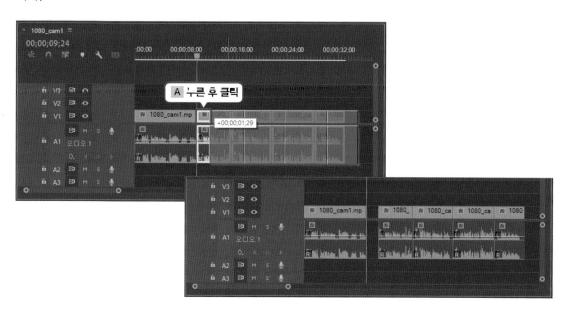

반대로 클릭한 지점을 기준으로 왼쪽에 위치한 모든 클립을 선택하려면 Shift + A 를 누릅니다. 마우스 포인터가 ⇄ 모양으로 변하고 이 상태에서 클립을 클릭하면 됩니다.

TIP 해당 기능은 [도구(Tools)] 패널에서 ▶ 모양의 도구를 선택해도 됩니다. 이 도구의 이름은 '앞으로 트랙 선택 도구(Track Select Forward Tool)'이지만 외우지 않아도 좋습니다. 그 반대는 ◀ 모양의 도구로 ▶를 1초 간 클릭하면 나타납니다. 이름은 '뒤로 트랙 선택 도구(Track Select Backward Tool)'입니다.

TIP 선택된 클립을 이동할 때 드래그가 아닌 단축키를 이용하면 미세하게 이동할 수도 있습니다. Alt +좌우 방향키를 누르면 1프레임 단위로 이동할 수 있고, Shift + Alt +좌우 방향키를 누르면 5프레임 단위로 이동합니다.

LESSON 03

간단한 자막 삽입하고 영상 꾸미기

▶ 유튜브 영상의 필수 요소인 자막 삽입하고 원하는 스타일로 수정하기

유튜브 영상에서 빼놓을 수 없는 요소로 자막이 있습니다. 자막은 유튜브의 필수 요소입니다. 자막이 있는 영상은 그렇지 않은 영상보다 더욱 다양한 환경에서 시청할 수 있고, 더 많은 정보를 전달할 수 있습니다. 이번 LESSON에서는 자막을 삽입하는 방법을 알아보고 반복 작업 및 디자인 기능도 같이 알아보겠습니다.

PREVIEW

예제 파일 CHAPTER_01\LESSON_03_Before.prproj
완성 파일 CHAPTER_01\LESSON_03_After.prproj

◀ 텍스트 클립으로 자막을 삽입하기 전

텍스트 클립으로 자막을 삽입한 후 ▶

한눈에 확인하는 작업 순서	텍스트 삽입하기	>	텍스트 스타일 설정하기	>	텍스트 삽입 작업 반복하기

유캔두 태크닉

초보 유튜버 가이드

프리미어 프로 기초

영상 편집 기초

프리미어 프로 효과

영상 특수 효과

STEP 01   문자 도구로 텍스트 생성하기

01 먼저 텍스트를 생성하고 싶은 시점으로 이동합니다. 이번 실습에서는 영상 맨 처음부터 자막을 넣기 위해 타임바를 **0초** 지점으로 이동하겠습니다.

TIP 0초 지점으로 이동하는 단축키는 Home 입니다.

02 ❶ [도구(Tools)] 패널에서 문자 도구(Type Tool) T 를 클릭하고 ❷ [프로그램(Program)] 패널에서 텍스트를 삽입할 위치를 클릭합니다.

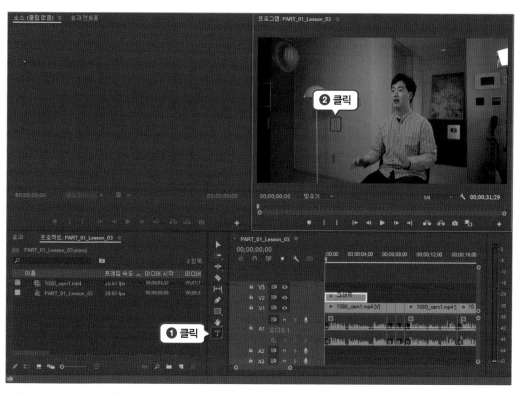

TIP 문자 도구(Type Tool) T 를 선택하는 단축키는 T 입니다.

03 자막 내용을 입력합니다. 예제에서는 영상 속 대사 내용 중 한 문장을 그대로 입력했습니다. 텍스트의 위치, 글꼴, 크기 등 스타일은 나중에 수정할 수 있으므로 일단 내용을 먼저 입력합니다.

04 내용을 입력한 후 **V**를 눌러 선택 도구(Selection Tool) ▶를 선택해 텍스트 입력 상태를 해제합니다.

TIP [프로그램(Program)] 패널에 입력된 텍스트의 빨간색 테두리는 텍스트 입력(편집) 상태라는 의미이고, 파란색 테두리는 클립 편집 상태(텍스트 클립)라는 의미입니다.

05 텍스트를 입력하면 타임라인에 텍스트 클립(정확히는 그래픽 클립)이 생성됩니다. 삽입한 텍스트 전체를 지우고 싶을 때 이 그래픽 클립을 클릭해 선택한 후 Delete 를 눌러 삭제하면 됩니다.

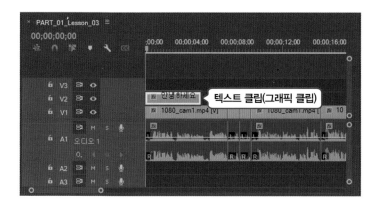

유튜브 테크닉

초보 유튜버 가이드

프리미어 프로 기초

영상 편집 기본

프리미어 프로 효과

영상 특수 효과

✦ STEP 02 | 텍스트 스타일 바꾸기

01 텍스트의 스타일(글꼴, 위치, 크기 등)을 조절해보겠습니다. ❶ 삽입한 텍스트 클립을 타임라인에서 클릭해 선택합니다. ❷ [효과 컨트롤(Effect Controls)] 패널에 다양한 옵션이 나타난 것을 확인할 수 있습니다.

TIP 만약 [효과 컨트롤(Effect Controls)] 패널에 아무것도 나타나지 않는다면 타임라인에서 수정할 클립을 다시 한 번 클릭하면 됩니다. 이는 가끔 발생하는 프리미어 프로 자체의 문제입니다.

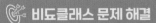

간혹 화면 구성 설정에 따라 특정 패널이 안 보일 수 있습니다. 이때는 원래 패널이 있어야 할 위치에 다른 패널이 선택되어 활성화된 것은 아닌지 먼저 패널 탭을 확인하고, 그래도 보이지 않는 다면 닫힌 패널을 다시 열어야 합니다. 닫힌 패널은 [창(Window)] 메뉴에서 찾아 열 수 있습니다.

02 [효과 컨트롤(Effect Controls)] 패널을 살펴보면 [텍스트(Text)] 항목이 있습니다. ▶를 클릭하면 ▼로 화살표 모양이 바뀌고 다양한 텍스트 옵션이 나타납니다.

비됴클래스 작업 꿀팁 | 텍스트 항목의 세부 항목 옵션 알아보기

텍스트 클립을 선택한 상태에서 [효과 컨트롤(Effect Controls)] 패널의 텍스트 항목을 확인하면 다양한 텍스트 옵션이 존재합니다. 각각의 옵션을 설정할 때 텍스트에 어떤 효과가 적용되는지 알아야 자신이 원하는 자막을 디자인할 수 있습니다.

01 텍스트 기본 설정

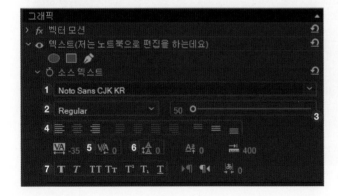

❶ **글꼴(Font)** | 텍스트의 글꼴을 선택할 수 있습니다.

❷ **글꼴 스타일(Font Style)** | 글꼴이 지원하는 다양한 스타일(굵게, 기울이기 등)을 선택할 수 있습니다. 글꼴에 따라 스타일이 없을 수도, 여러 개일 수도 있습니다.

❸ **글꼴 크기(Font Size)** | 글꼴의 크기를 조절합니다.

❹ **텍스트 맞춤(Text Align)** | 왼쪽, 가운데, 오른쪽 정렬을 선택하거나, 텍스트 상자에서 상, 중, 하단 배치를 선택할 수 있습니다.

❺ **자간(Tracking)** | 글자 사이의 간격을 설정합니다.

❻ **행간(Leading)** | 텍스트 글줄의 간격을 설정할 수 있습니다.

❼ **다양한 텍스트 옵션** | 텍스트 자체적으로 스타일을 지원하지 않을 경우 굵게, 기울이기, 첨자 등을 설정합니다.

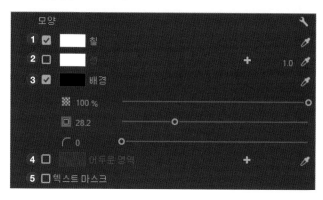

텍스트는 기본적으로 크기, 정렬 외에는 대부분 글꼴(폰트)에 따라 그 분위기가 결정됩니다. 위쪽부터 Noto Sans KR(Google X Adobe), 배달의민족 주아체(우아한형제들), 검은고딕(ZESSTYPE) 글꼴입니다. 동일한 크기의 텍스트라도 글꼴에 따라 영상의 분위기는 물론 전달하고자 하는 메시지의 성질도 달라집니다. 다양한 폰트를 다운로드해 활용하는 방법은 이번 LESSON의 [유캔튜브 테크닉]에서 알아보겠습니다.

02 모양(Appearance)

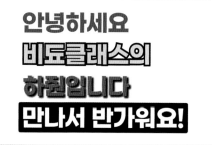

❶ **칠(Fill)** | 텍스트의 색상을 선택합니다. 체크 해제하면 글자가 보이지 않습니다. 이때 [선(Stroke)]만 체크하면 테두리만 있고 안쪽은 투명한 텍스트 스타일을 적용할 수 있습니다.

❷ **선(Stroke)** | 체크하면 텍스트에 테두리(윤곽선)가 적용됩니다. 오른쪽의 숫자로 굵기를 조절할 수 있습니다.

❸ **배경(Background)** | 체크하면 텍스트를 둘러싼 박스가 생성되며 간단한 꾸미기 옵션을 선택할 수 있습니다.

❹ **어두운 영역(Shadow)** | 체크하면 텍스트에 그림자(어두운 영역)가 생성되며 간단한 꾸미기 옵션을 선택할 수 있습니다.

❺ **텍스트 마스크(Mask with Text)** | 다른 동영상 또는 사진을 텍스트 안에 삽입하는 마스크 기능을 사용할 수 있지만 심도 있는 디자인이 아니라면 많이 사용하지 않는 기능입니다.

[변형(Transform)] 옵션은 텍스트 클립은 물론 다른 모든 클립에 적용하는 옵션입니다. 이 옵션에서 각 클립의 위치(Position), 크기(비율, Scale), 회전(Rotation) 등을 설정할 수 있습니다. 세부 내용은 LESSON 04에서 알아보겠습니다.

왼쪽 텍스트는 순서대로 각각 칠, 칠+선, 칠+어두운 영역(그림자), 칠+배경을 적용한 예시입니다. 기본적인 테스트 옵션만 변경해도 충분히 감각적인 자막을 만들 수 있습니다.

03 앞서 살펴본 텍스트 옵션을 확인하며 텍스트를 꾸며봅니다. 직접 원하는 모양으로 만들어봐야 감각이 생깁니다. 처음에는 다양한 효과를 적용해보면서 원하는 모양이 나오는지 확인하며 여러 기능을 익히는 것이 가장 좋습니다.

STEP 03 | 텍스트 삽입 반복 작업하기

마음에 드는 자막을 디자인했다면 이제 영상 전반에 걸친 자막을 작성할 차례입니다. 특히 대사에 해당하는 자막 텍스트는 삽입 작업을 반복해야 합니다.

01 자막을 복제하기 전 먼저 텍스트의 정렬 상태를 맞춰야 합니다. 예제와 같은 대사 자막은 항상 가운데에 위치해야 안정적입니다. 우선 텍스트를 가운데 정렬로 설정한 후 텍스트 박스의 위치는 화면의 가운데 하단으로 맞추겠습니다. 텍스트가 선택된 상태에서 [효과 컨트롤(Effect Controls)] 패널의 [텍스트(Text)] 항목 중 ❶ 텍스트 가운데 맞춤(Center align text)▤을 클릭합니다. ❷ [프로그램(Program)] 패널에서 Ctrl 을 누른 상태로 텍스트를 드래그하면 나타나는 빨간색 점선에 맞춰 화면 중앙에 정렬합니다.

02 자막을 여러 개 작성하기 전 텍스트를 적절한 크기로 조정합니다. 텍스트 크기는 정답이 없지만 자신이 보여주고자 하는 콘텐츠의 성격에 맞게 설정하면 됩니다. 예제에서는 50으로 설정했습니다.

03 첫 번째 텍스트 클립의 텍스트 끝 부분을 드래그해 대사 시간에 맞게 길이를 조정합니다.

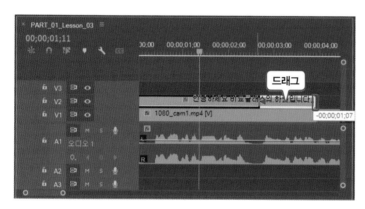

04 다음 대사에 필요한 텍스트 클립을 복제하겠습니다. 첫 번째 텍스트 클립을 Alt +드래그해 옆에 배치합니다. 아래 그림처럼 클립이 복제됩니다.

TIP 만약 복제되지 않고 텍스트 클립이 그냥 이동했다면 Ctrl + Z 를 눌러 원래대로 되돌립니다. 마우스 왼쪽 버튼을 떼기 전에 Alt 부터 떼지 않았는지 확인합니다. 클립을 복제할 때는 드래그가 끝나기 전까지 Alt 를 눌러야 합니다.

유캔두 잇 테크닉

초보 유튜버 가이드

프리미어 프로 기초

영상 편집 기본

프리미어 프로 효과

영상 특수 효과

05 ❶ 복사한 텍스트 위에 타임바를 위치시킵니다. ❷ [프로그램(Program)] 패널의 텍스트를 더블클릭하고 ❸ 필요한 내용으로 수정합니다. 자막은 이렇게 반복해 삽입할 수 있습니다. 이제 영상의 끝까지 자막을 삽입하며 완성해보세요!

강력 추천! 음성 인식 기능으로 자동 자막 입력하기

자막 작업을 해보고 나면 자막 작업이 음성을 들으면서 자막을 하나하나 쓰는 단순 반복 작업처럼 느껴져 힘든 일이라고 생각할 것입니다. 하지만 프리미어 프로에는 다른 영상 편집 프로그램에 없는 '음성 인식 자동 자막' 기능이 있습니다.

수많은 영상 편집자들이 환호하는 이 기능을 잘 사용하면 자막 작업을 훨씬 빠르게 할 수 있습니다. 자동 자막 기능은 [텍스트(Text)] 패널에서 사용합니다.

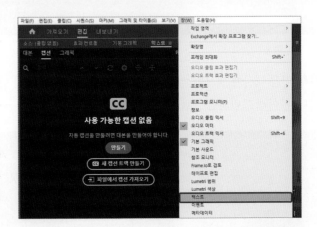

TIP 자동 자막 기능은 비됴클래스 유튜브 영상에서도 몇 차례 소개한 기능입니다. 자세한 사항은 다음 영상에서 확인할 수 있습니다.
접속 주소 https://youtu.be/bwjxURTWcPs

유캔튜브 테크닉

초보 유튜버 가이드

프리미어 프로 기초

영상 편집 기초

프리미어 프로 효과

영상 특수 효과

유캔튜브 테크닉

감각적인 글꼴을 무료로 사용하는 방법

예제 파일 없음 | 완성 파일 없음

보기 좋은 자막을 만드는 첫걸음은 바로 적절한 글꼴을 사용하는 것입니다. 컴퓨터에 기본으로 설치된 글꼴은 대부분 오래되었거나 가독성, 판독성 위주로만 디자인되어 유튜브 자막으로 적절하지 않은 경우가 대부분입니다. Mac 또한 자막으로 활용할 만한 기본 글꼴이 없습니다. 따라서 인터넷에서 배포되는 다양한 글꼴 중 여러분의 영상에 맞는, 보기 좋은 글꼴을 찾아야 합니다. 글꼴을 무료로 다운로드하는 방법은 쉽습니다. 하지만 활용하기 전 반드시 알아야할 상식이 몇 가지 있습니다.

글꼴 자체의 저작권을 주의하자

당연히 글꼴도 누군가의 저작물이며 저작권이 있습니다. 모든 글꼴은 저작자가 허용하는 범위 내에서만 사용해야 한다는 사실은 유튜버라면 절대 잊어서는 안 됩니다. 또한 '무료 다운로드'가 가능해도 '어디에나 사용'이 불가능한 경우도 많으므로 예쁜 글꼴을 찾았다고 무조건 다운로드할 것이 아니라 반드시 사용 범위를 꼼꼼하게 따져서 확인해야 합니다.

01 사용하면 곤란한 글꼴 | 무료 글꼴이라도 개인 용도로만 사용 가능, 상업적 이용 불가, 변형 불가 조건이 붙은 경우가 있습니다. 이러한 글꼴은 '상업적 목적'으로 사용이 불가능합니다. 상업적 이용이 불가능하다는 것은 TV광고나 유료 프로그램뿐만 아니라 공개나 배포를 목적으로 하는 용도로도 사용이 불가능하다는 의미입니다. 완전히 개인적인 용도로 나만 볼 수 있는 비공개로 쓰는 블로그 포스팅, 개인용 문서, 나만 볼 동영상에 쓰라는 이야기와 같습니다. 아무리 개인적인 용도의 블로그, 유튜브 채널도 상업적인 요소를 100% 배제할 수 없으므로 이러한 글꼴은 SNS 채널에 사용하면 안 됩니다.

가혹 상업용으로 사용은 가능하지만 변형 금지 옵션이 붙은 경우도 있습니다. 여기서 변형은 글꼴의 비율(장평)을 바꾸거나, 윤곽선을 넣으면 안 되는 등 제약이 많기 때문에 디자인을 목적으로 하는 경우라면 사용하지 않는 편이 좋습니다.

02 **추천하는 유형의 글꼴** | 무료로 다운로드가 가능하면서 상업적 목적으로 사용 가능하고 판매/재배포만 불가한 경우입니다. 무료로 다운로드가 가능하더라도 가장 중요한 것은 '상업적 목적 사용 가능' 여부입니다. 이런 글꼴은 유튜브는 물론 블로그에서 얼마든지 사용할 수 있다는 의미입니다. 간혹 CI/BI 등 유튜브 브랜딩에는 사용 제약이 있는 경우가 있으나 상업적으로 사용 가능한 경우 어지간하면 거의 모두 허용합니다. 판매/재배포는 원래 배포처가 아닌 다른 곳에 파일을 업로드하여 배포하거나 유료로 판매 금지하는 경우를 의미합니다. 당연히 영상 제작에 폰트를 사용하는 것은 이러한 경우에 해당하지 않으니 괜찮습니다.

글꼴마다 저작자(제작자)가 모두 다르고, 사용 허가 범위도 매우 상이합니다. 예를 들어 유튜브 영상에는 사용 가능하지만, 더 보기(설명) 등에 표기를 요구하는 경우도 간혹 있습니다. 따라서 글꼴 자체의 라이선스(사용 범위)를 잘 읽어야 합니다. 보통 유튜브나 블로그 같이 통상적으로 사용되는 분야는 자유롭게 사용할 수 있으므로 크게 걱정하지 않아도 됩니다.

눈누에서 상업용 무료 한글 글꼴 찾기

01 구글, 네이버 등 검색 사이트 검색창에 **눈누**를 검색하고 사이트에 접속합니다. 혹은 주소창에 noonnu. cc를 직접 입력해 접속할 수도 있습니다.

02 눈누 홈페이지 메인 화면은 '추천 폰트'입니다. [모든 폰트]를 클릭합니다.

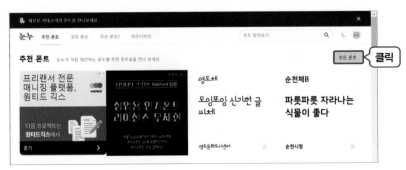

(출처 : 눈누, https://noonnu.cc/)

03 우리나라에서 배포된 상업용으로 사용 가능한 거의 모든 무료 글꼴을 찾아볼 수 있습니다. 원하는 스타일을 찾아보려면 [폰트 형태]를 클릭합니다.

(출처 : 눈누, https://noonnu.cc/)

TIP [허용 범위]를 클릭해 사용 범위를 세부적으로 한정해 검색할 수 있습니다. 예를 들어 유튜브 브랜딩 로고를 만들 경우에는 BI/CI가 허용되는 폰트를 사용하는 것이 가장 적절합니다.

04 [폰트 형태]에서 다양한 스타일의 글꼴을 선택할 수 있습니다. 자주 사용하는 스타일로 고딕, 명조, 손글씨가 있고 각각의 뜻은 다음과 같습니다.

① **고딕(Sans-Serif)** | 네모 반듯한 획이 특징입니다. 대표적으로 노토 산스, 맑은 고딕, 굴림체 등이 고딕에 해당합니다. 산스 세리프체, 줄여서 산스라고도 합니다.

② **명조(Serif)** | 붓이나 펜으로 쓴 것처럼 획의 끄트머리를 살짝 꺾은 느낌이 특징입니다. 대표적으로 궁서체, 바탕체 등이 명조에 해당합니다. 줄여서 세리프라고도 합니다.

③ **손글씨(Handwriting)** | 사람이 손으로 쓴 듯한 감성을 살려낸 것이 특징입니다.

물론 글꼴 계열이 항상 칼로 자르듯 명확하게 나뉘는 것은 아닙니다. 하지만 여러 글꼴을 자주 사용하다 보면 어떤 계열인지, 어떤 느낌을 주는지 이해할 수 있게 됩니다. [폰트 형태]에서 원하는 스타일에 체크하면 해당하는 글꼴만 찾을 수 있습니다.

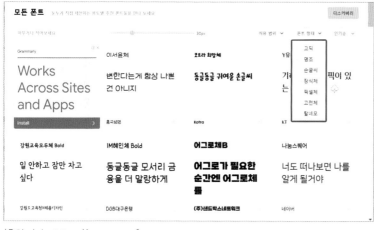

(출처 : 눈누, https://noonnu.cc/)

05 화면 왼쪽 상단에 직접 텍스트를 입력해 어떻게 보일지 테스트해볼 수도 있습니다. 필자의 경우 '하쿀'이라는 텍스트 중 '쿀'이 지원되지 않는 경우가 많아 이 글자를 표현할 수 있는 폰트와 그렇지 않은 폰트를 구별할 때 자주 사용합니다.

(출처 : 눈누, https://noonnu.cc/)

06 원하는 글꼴을 찾아 [다운로드]를 클릭하면 다운로드 페이지로 이동합니다. 눈누는 글꼴을 모아서 보여주는 사이트라서 파일을 직접 다운로드할 수는 없습니다. 따라서 다운로드 방법은 글꼴 다운로드 페이지마다 제각각 다릅니다.

(출처 : 눈누, https://noonnu.cc/)

> **비됴클래스 작업 꿀팁**   **TTF? OTF? 어떤 것을 다운로드해야 하나요?**

글꼴 다운로드 페이지는 보통 TTF와 OTF 다운로드 두 가지 형식을 지원합니다. 그래서 둘 중 하나를 다운로드하고 설치해야 하는데, 이는 파일 형식을 의미합니다. 하지만 영상 제작에서 둘 사이의 차이는 없습니다. 하지만 프리미어 프로나 포토샵 등 대부분의 그래픽 프로그램은 같은 글꼴이라도 TTF와 OTF 파일을 다르게 인식합니다. 따라서 같은 글꼴도 서로 다른 컴퓨터에 하나는 TTF, 하나는 OTF를 설치했다면 서로 연동되지 않는 문제가 발생하기도 합니다.

TTF는 윈도우용, OTF는 Mac용이라고 부르기도 하지만, 이는 두 OS가 서로 호환이 되지 않던 시대에 통용된 이야기로 이 책이 나오기 한참 전부터 윈도우와 Mac 구분 없이 모두 원활히 사용할 수 있습니다. 따라서 앞으로 한 가지의 글꼴만 쓸 것이라 생각하고 둘 중 하나의 파일 형식만 사용하면 됩니다. 필자는 용량이 상대적으로 적은 OTF를 선호하는 편입니다.

(출처 : G마켓, https://company.gmarket.co.kr/)

07 글꼴 파일을 직접 다운로드하는 경우도 있고, 압축 파일로 다운로드하는 경우도 있습니다. 압축 파일로 다운로드했다면 압축을 해제한 후 ❶ 글꼴 파일을 마우스 오른쪽 버튼으로 클릭합니다. ❷ 단축 메뉴에서 [설치]를 클릭하면 설치가 완료됩니다.

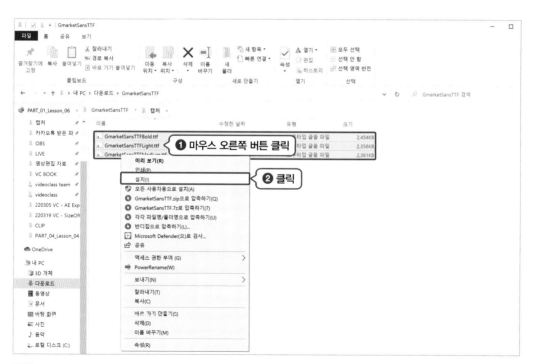

TIP 만약 프리미어 프로를 열어둔 상태에서 글꼴을 설치했다면 바로 인식되지 않을 수 있습니다. 프리미어 프로를 다시 실행하면 정상적으로 인식됩니다.

유캐스트 테크닉

초보 유튜버 가이드

프리미어 프로 기초

영상 편집 기본

프리미어 프로 심화

영상 특수 효과

DaFont에서 상업용 무료 영문 글꼴 찾기

눈누에서는 주로 한글 글꼴을 위주로 검색할 수 있습니다. 영문 글꼴을 찾는다면 해외 사이트를 이용하는 것이 좋습니다. 그 중 가장 대표적인 DaFont 사이트 사용 방법을 알아보겠습니다.

01 DaFont(dafont.com)에 접속합니다. DaFont에서 상업용 유료 글꼴은 물론 무료 글꼴도 찾아볼 수 있습니다.

(출처 : DaFont, https://www.dafont.com/)

02 DaFont 사이트에는 다양한 스타일 분류가 제공됩니다. 우선 원하는 스타일을 선택합니다. 가장 기본적인 고딕 서체를 찾아보려면 [Gothic]이 아닌 ❶ [Sans serif]를 선택합니다. 그리고 ❷ [More options]를 클릭합니다.

(출처 : DaFont, https://www.dafont.com/)

TIP 우리나라는 '고딕체'의 영향으로 산스 세리프 스타일을 '고딕'이라고 부르게 되었으나 영미권에서 고딕(Gothic)은 예스러운 느낌의 글꼴을 의미합니다.

03 ❶ [100% Free]에 체크한 후 ❷ [Submit]을 클릭하면 상업용으로도 무료 사용이 가능한 글꼴만 볼 수 있습니다.

(출처 : DaFont, https://www.dafont.com/)

04 이제 원하는 글꼴을 찾고 [Download]를 클릭하면 됩니다. 다운로드한 글꼴을 컴퓨터에 설치하는 방법은 한글 글꼴과 동일합니다.

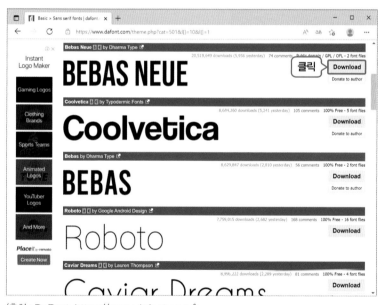

(출처 : DaFont, https://www.dafont.com/)

LESSON 04 >>>

동영상 소스를 자유자재로 배치하기

▶ 위치, 크기, 회전을 조절하는 모션(Motion) 옵션 조절하기

이번 LESSON에서는 영상 효과에서 기초 중의 기초인 위치, 크기, 회전 등 기본적인 변형 방법을 배워보겠습니다. 컷 편집 다음으로 단순한 작업이지만 또한 가장 필수적인 작업이기도 합니다. 여기서 학습한 꿀팁은 영상 편집에 분명 유용하게 사용할 수 있을 것입니다. 예제를 통해 따라 해보고 작업 시간을 아끼는 팁도 알아보겠습니다.

PREVIEW

예제 파일 CHAPTER_01\LESSON_04_Before.prproj
완성 파일 CHAPTER_01\LESSON_04_After.prproj

안녕하세요 비됴클래스의
하쮠입니다

◀ 말하고 있는 필자 주위에 배경으로 보이는 조명,
기타 등 잡다한 소품이 눈에 거슬림

안녕하세요 비됴클래스의
하쮠입니다

▲ 영상을 적절히 확대해 훨씬 깔끔한 프레임(화면)으로 편집

한눈에 확인하는 작업 순서	기본적인 동영상 크기 조절	>	회전과 위치 수정하기	>	영상 효과를 다른 클립에 적용하기

 **STEP 01** 비디오의 모션을 조절하는 가장 기본적인 방법

이번에 배워볼 모션 조절은 비디오, 그래픽 클립에 모두 적용할 수 있습니다. 모션 조절 옵션은 비디오 트랙에 배치된 모든 클립의 가장 기초가 되는 옵션이므로 필수로 알아야 합니다.

01 먼저 ❶ V 를 눌러 선택 도구(Selection Tool)▷를 선택하고 ❷ 타임라인의 가장 처음에 배치된 영상 클립을 클릭합니다.

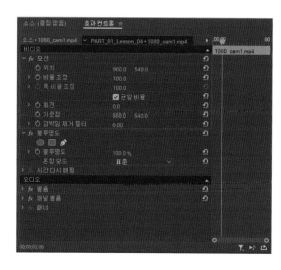

02 프리미어 프로 화면 왼쪽 상단의 [효과 컨트롤(Effect Controls)] 패널을 확인합니다. [모션(Motion)] 항목의 다양한 옵션을 확인할 수 있습니다.

TIP 만약 왼쪽 사진처럼 [모션(Motion)]의 목록이 나타나지 않는다면 ▷를 클릭해 펼칩니다.

03 선택한 클립의 크기를 조절하기 위해 [모션(Motion)]–[비율 조정(Scale)] 옵션에 파란색으로 표시된 값을 자유롭게 수정해보겠습니다. 파란색 숫자를 드래그(상하/좌우)해도 되고, 클릭한 후 숫자를 직접 입력할 수도 있습니다. 예제에서는 클릭한 후 **84**를 입력해 수정했습니다. [프로그램(Program)] 패널에서 영상 크기가 변화된 것을 확인할 수 있습니다.

TIP 시퀀스 크기보다 동영상 클립의 크기가 작게 설정된 경우 하위 트랙에 다른 그래픽, 동영상 클립이 없다면 검은색 배경이 나타납니다. 시퀀스 크기가 1920×1080일 때 원본 동영상의 크기가 2K, 4K인 경우를 제외하면 보통 100%보다 비율을 작게 설정할 일은 드물지만, 영상 속에 다른 영상을 삽입하는 등 필요에 따라 설정하기도 합니다.

🎯 비됴클래스 문제 해결 · 프로그램 패널에서 마우스로 직접 조절할 수 없어요!

[프로그램(Program)] 패널에서 클립을 직접 조절하려면 [효과 컨트롤(Effect Controls)] 패널의 [모션(Motion)] 항목이 선택된 상태여야 합니다. [모션(Motion)] 항목을 클릭하면 회색으로 선택되고 [프로그램(Program)] 패널에도 다양한 조절 핸들이 표시됩니다.

04 이번에는 마우스로 [프로그램(Program)] 패널의 화면에서 동영상 소스 여덟 방향에 나타난 조절 핸들을 직접 드래그해 수정해봅니다. [프로그램(Program)] 패널에서는 마우스를 사용해 직관적으로 크기를 수정할 수 있습니다. 이는 [위치(Position)] 옵션도 마찬가지입니다. 필요에 따라 위치도 자유롭게 수정해봅니다.

TIP 비디오, 그래픽 클립의 가로/세로 비율 고정을 무시하고 조정하려면 [모션(Motion)]-[폭 비율 조정(Scale Width)]-[균일 비율(Uniform Scale)] 옵션의 체크를 해제합니다. 하지만 비디오, 그래픽 소스의 경우 가급적 가로/세로 비율을 맞춰서 확대/축소하므로 자주 사용하지 않습니다.

05 ❶ 조절 핸들 바깥쪽에 마우스 포인터를 위치시키면 회전을 조절할 수 있는 모양인 ↻로 바뀝니다. 이 상태에서 드래그하면 영상 소스가 회전합니다. ❷ [효과 컨트롤(Effect Controls)] 패널의 [모션(Motion)]-[회전(Rotation)] 옵션값 또한 변화한 것을 확인할 수 있습니다.

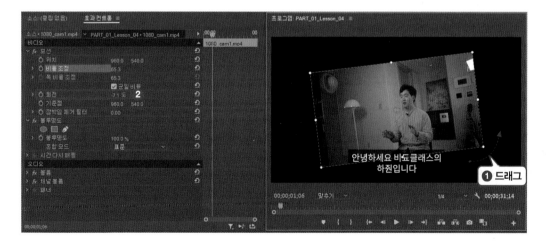

06 [불투명도(Opacity)] 옵션도 있습니다. 해당 옵션의 값을 조절하면 비디오의 불투명도가 변화하는 것을 [프로그램(Program)] 패널에서 확인할 수 있습니다.

07 수정한 옵션을 리셋(초기화)할 수도 있습니다. 각 항목 오른쪽에는 효과 재설정/매개 변수 재설정 (Reset Effect/Reset Parameter)◙이 있습니다. [모션(Motion)] 항목의 효과 재설정(Reset)◙을 클릭 해 하위 옵션 전체를 리셋할 수도 있고 개별 옵션의 리셋도 가능합니다. [불투명도(Opacity)] 옵션은 [모션 (Motion)]에 포함되지 않으므로 별도로 리셋해야 합니다. ❶❷ [모션(Motion)]과 [불투명도(Opacity)] 항 목의 ◙을 각각 클릭해 변경한 옵션을 모두 리셋합니다. 클립이 초기화됩니다.

08 이제 기존 장면에서 영상 주위에 있는 잡다한 물건이 나오지 않도록 위치와 비율을 적절히 조절하겠습니다. 예제에서는 [위치(Position)] 옵션을 **1018, 540**으로 설정하고, [비율 조정(Scale)] 옵션은 **140**으로 설정했습니다.

유캔유브 태크닉

초보 유튜브 가이드

프리미어 프로 기초

영상 편집 기본

프리미어 프로 효과

영상 특수 효과

비됴클래스 작업 꿀팁 〉 효과 컨트롤 패널 옵션

[효과 컨트롤(Effect Controls)] 패널에는 다양한 옵션이 있습니다. 영상 컷 편집 작업이 끝난 뒤에 진행하는 각종 옵션 설정은 이 패널에서 모두 이루어집니다. 따라서 다양한 옵션에 대해 꼭 이해해야 합니다. 또한 비디오와 오디오에 적용한 특수 효과도 모두 이 패널에서 조정할 수 있습니다.

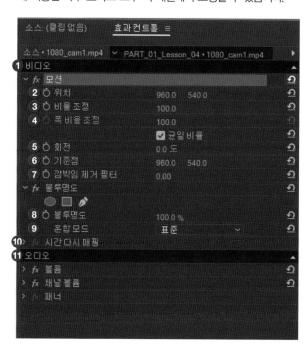

❶ 비디오(Video) | 동영상 또는 이미지, 자막 클립의 경우 비디오 옵션이 존재합니다. 참고로 자막 클립은 [그래픽(Graphic)] 항목이 추가되고 음성 클립에는 [오디오(Audio)] 항목만 나타납니다.

❷ 위치(Position) | 비디오 상의 2D 좌표를 픽셀(px)로 표현한 옵션입니다. 화면의 왼쪽 맨 위는 **0, 0**이며, **960, 540**은 가로로 960px, 세로로 540px '기준점'이 위치했다는 뜻입니다.

❸ 비율 조정(Scale) | 소스 크기를 퍼센트(%)로 표시하는 옵션입니다. 기본 크기는 100%이며, 200%는 두 배 확대한 크기입니다.

❹ **폭 비율 조정(Scale Width)** | 아래 [균일 비율(Uniform Scale)]에 체크 해제해야 활성화되는 옵션입니다. 기본적으로 가로/세로의 비율은 고정이지만 해당 옵션에서 가로/세로 비율을 따로 조정할 수 있습니다.

❺ **회전(Rotation)** | 소스의 회전을 조절하는 옵션입니다. 음수(마이너스) 값으로 설정하면 반시계 방향으로 회전하며 360도가 넘어가면 앞에 1x 단위로 숫자가 늘어납니다. 예를 들어 3바퀴 이상 시계방향으로 회전한 후 30도가 되면 **3x 30**으로 표시됩니다. 한 바퀴 이상 회전하는 경우는 보통 애니메이션에 사용합니다.

❻ **기준점(Anchor Point)** | 위치, 비율, 회전의 기준점을 정하는 옵션입니다. 기본적으로 소스의 정가운데로 설정된 상태입니다. [프로그램(Program)] 패널에서 선택된 소스에 ⊕로 표시되는 것이 기준점이며, 드래그해 옮길 수도 있습니다.

❼ **깜빡임 제거 필터(Anti-flicker Filter)** | 과거에 사용하던 인터레이스(Interlaced) 방식의 영상을 사용할 때 영상이 깜빡이는 증상을 없애는 기능으로 현재는 거의 사용하지 않는 기능입니다.

❽ **불투명도(Opacity)** | 소스의 투명도를 설정합니다. 0은 완전히 투명한 상태, 100은 완전히 보이는 상태입니다.

❾ **혼합 모드(Blending Mode)** | 두 개 이상의 비디오가 겹쳐져 있을 때 두 비디오의 혼합 상태를 변경할 수 있습니다. [표준(Normal)]은 아무 효과도 없는 기본 상태이며, 다양한 혼합이 가능합니다.

❿ **시간 다시 매핑(Time Remapping)** | 비디오의 시간 흐름(속도)을 수정하거나 애니메이션을 적용할 수 있습니다.

⓫ **오디오(Audio)** | 소리가 포함된 동영상 클립을 선택했거나 오디오 클립을 선택했을 때 나타나는 옵션입니다. 자세한 사항은 다음 LESSON 05에서 알아보겠습니다.

> **TIP** 시간 다시 매핑(Time Remapping)에 대한 자세한 사항은 비됴클래스 유튜브 영상을 참고하세요!
> 접속 주소 https://youtu.be/pR_a2tYlPxY

⚡STEP 02   수정된 효과를 다른 클립에 적용하는 방법

01 기본적으로 프리미어 프로는 여러 개의 클립 옵션을 동시에 수정할 수 없습니다. ❶ 타임라인에서 한 번에 여러 개의 클립을 드래그해 선택해보겠습니다. 그리고 ❷ [효과 컨트롤(Effect Controls)] 패널을 확인하면 '클립을 여러 개 선택함'이란 메시지가 표시되고 옵션은 나타나지 않는 것을 확인할 수 있습니다.

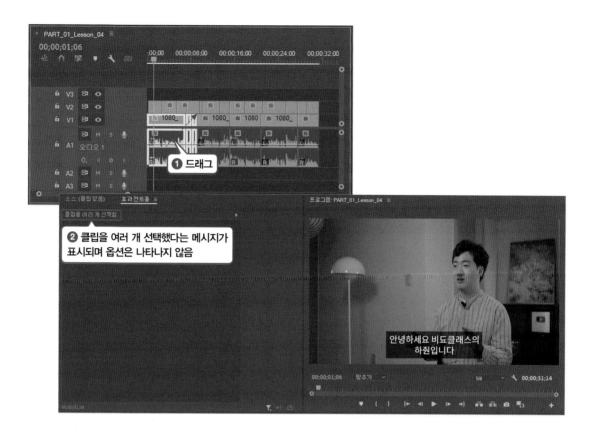

02 여러 클립에 동일한 옵션값을 적용하고 싶을 때는 값을 복사해서 다른 클립에 붙여 넣는 방식으로 작업해야 합니다. ❶ 수정한 클립을 타임라인에서 클릭한 후 ❷ [효과 컨트롤(Effect Controls)] 패널의 [모션(Motion)] 항목을 클릭합니다. ❸ `Ctrl` + `C` 를 눌러 복사합니다.

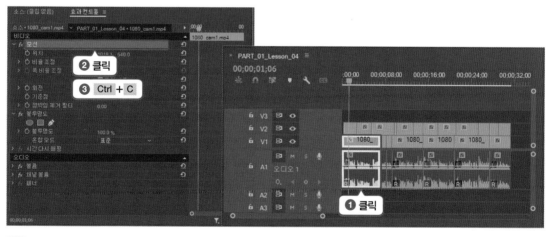

> **TIP** 복사할 옵션을 마우스 오른쪽 버튼으로 클릭한 후 단축 메뉴에서 [복사(Copy)]를 클릭해도 됩니다.

유캔트브 테크닉

초보 유튜버 가이드

프리미어 프로 기초

영상 편집 기본

프리미어 프로 효과

영상 특수 효과

03 옵션을 적용할 나머지 다른 클립을 타임라인에서 모두 선택합니다. 예제에서는 드래그해 선택했습니다.

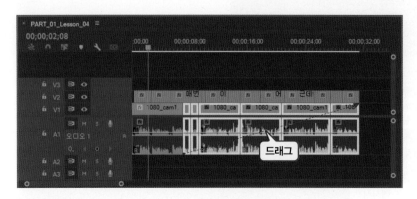

04 ❶ Ctrl + V 를 눌러 복사한 옵션을 붙여 넣습니다. 그러면 선택했던 클립의 ❷ Fx 배지가 [fx]에서 [fx]으로 바뀌며 효과가 적용된 것을 알 수 있습니다.

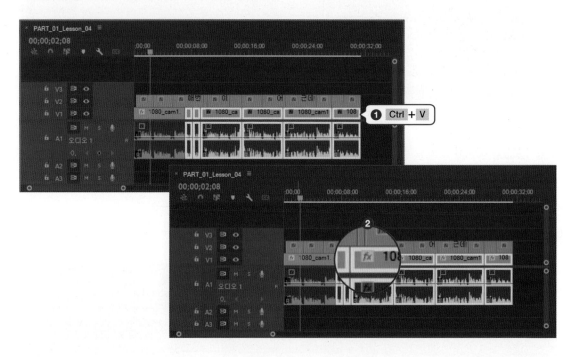

 비됴클래스 문제 해결 | **옵션값이 붙여 넣어지지 않아요!**

만약 Ctrl + C , Ctrl + V 로 복사한 후 옵션값이 붙여 넣어지지 않는다면 한/영 을 눌러 영어 입력 상태로 만든 후, 복사를 다시 한 번 시도해봅니다. 프리미어 프로의 자체적인 버그로 간혹 선택한 클립의 옵션이 복사되지 않는 경우도 있습니다. 만약 잘못 붙여 넣었을 경우, Ctrl + Z 를 눌러 작업을 취소하고 다시 시도합니다.

05 Enter 를 눌러 처음부터 영상을 재생하여 확인해보면 전체 클립에 크기 효과가 잘 적용된 것을 확인할 수 있습니다.

TIP 여러 클립의 [모션(Motion)] 옵션을 한번에 리셋하고 싶다면 아무런 변경을 적용하지 않은 클립의 [모션(Motion)] 옵션을 복사한 후 붙여 넣는 식으로 편리하게 리셋할 수 있습니다. 단, 동일한 크기가 아닌 클립의 경우 옵션이 상이하게 적용될 수 있습니다.

06 추가로 영상 흐름에 약간의 임팩트를 주어야 하는 경우 아래 그림처럼 특정 클립을 조금 더 확대하는 식으로 수정하는 것도 괜찮은 방법입니다. 대사에 맞게 적절히 확대/축소해주면 영상이 덜 단조롭게 느껴지고 시청자의 집중도도 올릴 수 있습니다.

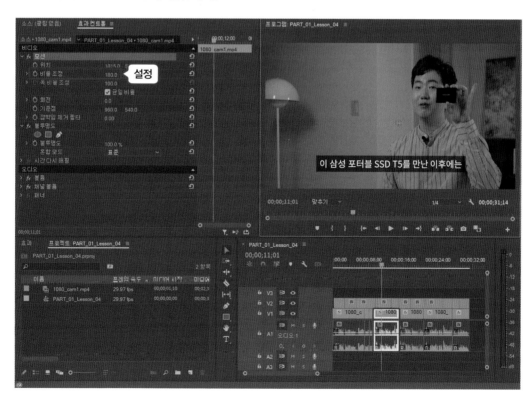

유캔두 브 테크닉

초보 유튜버 가이드

프리미어 프로 기초

영상 편집 기본

프리미어 프로 효과

영상 특수 효과

영상에 적용된 모션 옵션을 일괄적으로 리셋할 때 간단히 아무런 옵션 변경을 적용하지 않는 클립을 복사해 붙여 넣는 방식으로 처리할 수 있습니다. 하지만 삽입된 소스가 서로 상이하거나 특수 효과, 색 보정 등의 작업은 '리셋'이 아닌 '삭제'가 필요하기 때문에 이런 방식으로 진행하기 어렵습니다. 이때는 '특성 제거' 기능을 사용하면 됩니다. 옵션을 리셋할 클립을 타임라인에서 선택한 후 마우스 오른쪽 버튼으로 클릭하고 단축 메뉴에서 [특성 제거(Remove Attributes)]를 클릭하면 [특성 제거(Remove Attributes)] 대화상자가 나타납니다. 여기에서 리셋할 옵션을 선택하고 [확인(OK)]을 클릭하면 설정된 옵션이 모두 리셋되거나 삭제됩니다.

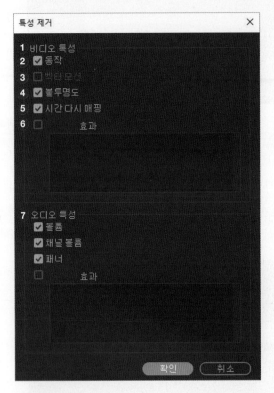

❶ **비디오 특성(Video Attributes)** | 비디오 클립에서 확인할 수 있는 옵션에 대한 목록입니다.

❷ **동작(Motion)** | 비디오 클립에서 모션(동작, Motion)에 적용된 모든 옵션을 제거합니다.

❸ **벡터 모션(Vector Motion)** | 도형, 텍스트 등 그래픽 클립에 적용된 특정 벡터 모션 옵션을 모두 제거합니다.

❹ **불투명도(Opacity)** | 비디오 클립에 적용된 불투명도 옵션을 모두 제거합니다.

❺ **시간 다시 매핑(Time Remapping)** | 비디오 클립에 적용된 재생 속도 변화 옵션을 모두 제거합니다. 하지만 [클립 속도/지속 시간(Speed/Duration)]으로 적용된 속도 변경은 제거되지 않습니다.

❻ **효과(Effects)** | 각각의 비디오 클립에 적용한 특수 효과 목록이 나타납니다. 직접 체크하여 특수 효과 전체를 삭제할 수도 있고 적용된 효과를 개별적으로 체크해 특수 효과를 삭제합니다.

❼ **오디오 특성(Audio Attributes)** | 오디오가 포함된 동영상 클립 혹은 개별 오디오 클립의 다양한 옵션 특성 중 제거할 목록입니다.

영상 오디오 볼륨 조절하기

▶ 적절한 배경음악과 목소리 볼륨 조절하기

영상에서 오디오는 정말 중요합니다. 여러분도 편집이 어색한 비디오는 그럭저럭 시청해도, 오디오가 고르지 않거나 말소리가 잘 들리지 않는 비디오는 대부분 참기 힘들어 했던 경험이 있을 것입니다. 아무리 좋은 정보라도 말소리가 제대로 들리지 않는다면 시청자가 이탈할 가능성이 큰 만큼 오디오는 정말 중요합니다. 이번 LESSON에서는 오디오 편집의 첫 단계로 오디오의 볼륨을 조절해 배경음악과 목소리 볼륨을 맞추는 방법에 대해 알아보겠습니다.

PREVIEW

예제 파일 CHAPTER_01\LESSON_05_Before.prproj
완성 파일 CHAPTER_01\LESSON_05_After.prproj

◀ 기본적인 편집만 끝나 볼륨 조절이 되지 않은 비디오 클립의 오디오

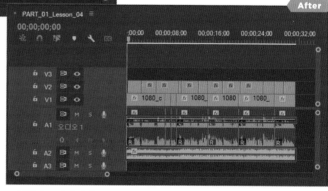

▲ 볼륨이 조절된 비디오 클립의 오디오와 삽입된 배경음악 클립(초록색)

한눈에 확인하는 작업 순서	배경음악 삽입	>	배경음악 볼륨 조절	>	배경음악 볼륨에 맞춰 목소리 볼륨 조절

STEP 01 | 음악 파일 삽입하기

01 먼저 배경음악을 삽입해보겠습니다. ❶ Ctrl + I 를 눌러 [가져오기(Import)] 대화상자가 나타나면
❷ 예제 파일 폴더에서 Geek (Long Version).mp3 파일을 찾아 더블클릭합니다. ❸ [프로젝트(Project)]
패널에 오디오 소스가 추가됩니다.

> **TIP** [파일(File)]–[가져오기(Import)] 메뉴로 파일을 가져올 수도 있고, 예제 폴더에서 [프로그램(Program)] 패널로 직접 드래그해 가져올 수도 있습니다.

> **TIP** 오디오 파일을 소스로 불러오면 ▦ 와 같은 아이콘으로 표시됩니다.

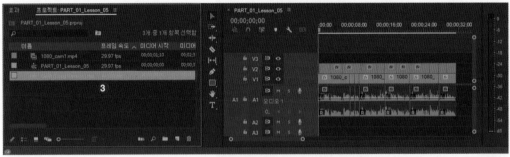

02 [프로젝트(Project)] 패널에 삽입한 음악 소스 파일을 드래그하여 타임라인의 비어 있는 A2 트랙에 삽
입합니다.

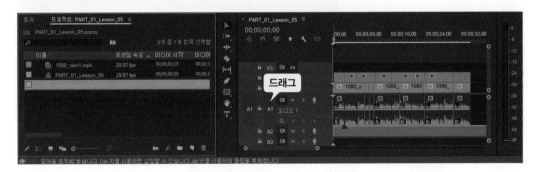

03 삽입한 오디오 클립의 길이가 편집된 동영상에 비해 매우 긴 상태입니다. 오디오 클립의 오른쪽 끝 부분을 드래그해 영상 길이만큼 줄여줍니다.

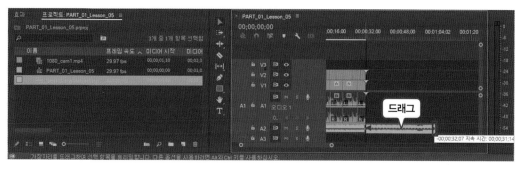

TIP 스냅(Snap) 🔲 기능이 활성화된 상태면 오디오 클립의 길이를 동영상 클립의 오른쪽 끝 부분에 딱 맞게 줄일 수 있습니다.

04 Spacebar 를 눌러 재생해보면 음악 볼륨이 너무 커서 상대적으로 대사가 잘 안 들리는 상태입니다. 이런 상황은 자주 발생합니다. 대부분 직접 녹음한 목소리보다 배경음악의 볼륨이 상대적으로 크기 때문에 반드시 적절하게 조절해주는 작업이 필요합니다.

01 삽입된 배경음악의 볼륨을 조절하기 위해 배경음악 오디오 클립을 클릭합니다. [효과 컨트롤(Effect Controls)] 패널의 [볼륨(Volume)]-[레벨(Level)] 옵션을 확인합니다. 왼쪽에 🕙 아이콘을 클릭해 🕙로 바꿔줍니다. 해당 아이콘은 키프레임을 설정하는 옵션으로 볼륨을 조절하기 전 반드시 해제해야 합니다.

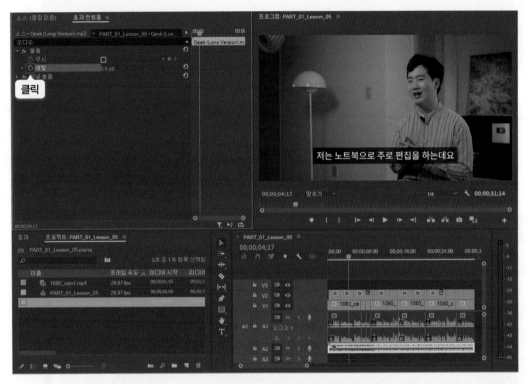

TIP 키프레임에 대한 내용은 CHAPTER 02의 LESSON 03에서 알아보겠습니다. 지금은 키프레임이 설정된 상태에서는 정상적인 볼륨 조절이 어렵다고만 이해하고 넘어가도 좋습니다.

02 [레벨(Level)]의 옵션값으로 볼륨을 조절할 수 있습니다. 직접 들어보면서 적절한 값을 찾습니다.

 **STEP 03** | **단축키로 오디오 볼륨 조절하기**

이제 목소리 볼륨을 조절해보겠습니다. 목소리 볼륨은 클립이 여러 개로 나뉘어 있어 앞의 방법으로는 전부 조절하기 번거롭습니다. 이때 전체 클립을 선택하고 단축키를 활용하면 아주 간편하게 작업할 수 있습니다.

01 A1 트랙의 목소리가 있는 오디오 클립을 드래그하여 전부 선택합니다. 이때 비디오 클립도 같이 선택되지만 오디오가 포함된 동영상이므로 같이 선택되어도 상관없습니다.

TIP 각 트랙에 위치한 🔒 을 클릭하면 🔒 모양으로 바뀌며 클립이 편집 불가 상태(트랙 잠금 상태)가 됩니다. 특정 클립을 전체 선택할 때 변경되지 않아야 하는 트랙이 있다면 트랙을 잠그는 것도 좋은 방법입니다.

02 볼륨을 조정할 때 [는 -1dB,] 는 +1dB 단위로 조정할 수 있습니다. 단축키를 눌러 볼륨을 적당히 조절해봅니다.

유캔튜브 테크닉

초보 유튜버 가이드

프리미어 프로 기초

영상 편집 기본

프리미어 프로 효과

영상 특수 효과

03 처음에는 '적당한 볼륨'이 어느 정도인지 알기 어려울 수 있습니다. 이때 프리미어 프로 오른쪽 아래에 있는 [오디오 미터(Audio Meter)] 패널을 확인합니다. 맨 위는 0dB이고 마이너스 dB에서 오디오에 따라 움직이는 것을 확인할 수 있습니다. [오디오 미터(Audio Meter)] 패널을 확인해야 하는 이유는 오디오 출력 장치(스피커, 헤드폰)와 같은 사용 환경과 사용자가 지정한 설정(볼륨)에 따라 동일한 볼륨도 모두 다르게 들리기 때문입니다.

오디오 볼륨이 기준점인 0dB 이상 넘어가면 볼륨의 임계점을 넘어 흔히 '깨진다'고 표현 하는 오디오 손실이 발생합니다. 따라서 0dB을 넘는 피크(Peak) 상태가 가급적 일어나 지 않도록 조절해주는 것이 중요합니다. 오디오 볼륨은 대략 **-12~-4dB 정도**로 맞추면 됩니다. 참고로 [오디오 미터(Audio Meter)] 패널에서 ❶ 노란색 표시는 현재까지 재생 된 시퀀스의 최대 볼륨을 의미하고 ❷ 빨간색 표시는 0dB을 넘는 피크(Peak) 상태가 발 생했음을 의미합니다.

> **TIP** 영화나 상업 영상 제작에서는 오디오의 전반을 적절하게 다듬는 믹싱 과정이 필요하나, 유튜브에 업로드하는 개인 영상의 경우에는 적당히 조절하면 충분합니다. 볼륨이 너무 낮지 않도록 평균 -12~-4dB 정도만 설정한다면 유 튜브에서 오디오를 자동으로 후가공하기도 하고, 시청자가 필요에 따라 볼륨을 조절할 수 있기 때문입니다.

🔔 비됴클래스 작업 꿀팁 | 타임라인에서 오디오 볼륨 바로 조절하기

아래 그림처럼 오디오 트랙 파형을 자세히 볼 수 있을 정도로 확대하면 오디오 클립을 가로지르는 하얀색 가로줄을 확인할 수 있습니다. 이 가로줄을 위/아래로 드래그해 해당 오디오 클립의 볼륨을 편리하게 조절할 수 있습니다. 가 로줄을 드래그할 때 옆에 몇 dB이 조절되는지 확인할 수도 있습니다.

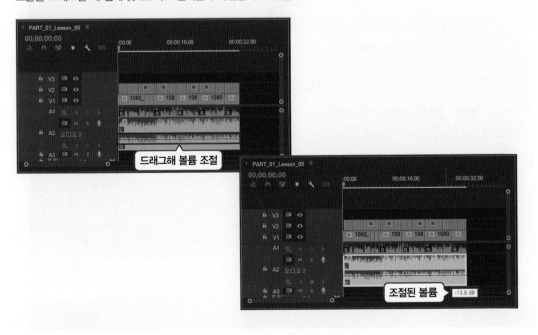

드래그해 볼륨 조절

조절된 볼륨 -13.8 dB

하나의 클립에서 오디오 볼륨이 커지거나 작아지게 만들고 싶다면 '키프레임 애니메이션'을 사용하면 됩니다. 하지만 '키프레임 애니메이션'은 CHAPTER 02의 LESSON 03에서 자세히 다룰 것이기 때문에 여기서는 간단히 오디오 트랙을 확장하여 볼륨을 조절하는 하얀색 가로줄을 활용하는 방법으로 알아보겠습니다.

오디오 볼륨을 조절하는 가로선에서 원하는 위치에 Ctrl 을 누른 상태로 클릭하면 아래 그림과 같은 조절점이 추가 됩니다. 이것을 두 개 이상 만들고 드래그하면 꺾은 선 그래프처럼 볼륨을 조절할 수 있습니다.

또한 조절점을 여러 개 추가해 더욱 다양하게 볼륨을 조절할 수 있습니다. 점과 점 사이의 선이 가파르면 급격하게, 완만하면 볼륨이 천천히 변하므로 이를 활용해 다양한 볼륨 효과도 구현할 수 있습니다. 이 상태에서 재생해보면 그래프의 높이게 맞게 볼륨이 조절되는 것을 확인할 수 있습니다.

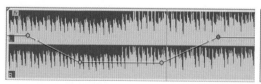

▲ 천천히 변하는 볼륨 예시

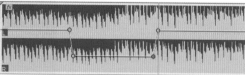

▲ 급격하게 변하는 볼륨 예시

시퀀스를 동영상 파일로 내보내기

▶ 내보내기(Export) 기능으로 유튜브에 업로드 가능한 동영상 파일로 출력하기

프리미어 프로에서 편집 작업이 모두 끝난 시퀀스는 반드시 내보내기(Export) 작업을 통해 영상 파일로 출력해야 합니다. 내보내기 작업을 통해 프로젝트의 시퀀스를 MP4 포맷의 동영상 파일로 출력해야 유튜브나 웹사이트에 업로드할 수 있습니다.

PREVIEW

예제 파일 CHAPTER_01\LESSON_06_Before.prproj
완성 파일 CHAPTER_01\LESSON_06_After.mp4

◀ 프리미어 프로에서 편집한 영상을 내보내기 기능으로 출력하기

▲ 출력된 영상을 동영상 재생 프로그램으로 확인

한눈에 확인하는 작업 순서 | 편집 완료된 시퀀스 선택 ＞ 내보내기 실행 ＞ 출력된 동영상 확인

 **STEP 01** 시퀀스 출력하기

편집이 완료된 프로젝트의 시퀀스를 영상 파일로 출력하는 방법에 대해 알아보겠습니다. 간단한 편집이 완료되어 영상 파일로 내보낼 프로젝트 파일 혹은 예제 파일을 열고 실습을 진행합니다.

01 출력할 준비가 완료된 프로젝트 파일을 열고 화면 좌측 상단의 ❶ [내보내기(Export)]를 클릭합니다. ❷ [내보내기(Export)] 화면이 나타납니다.

TIP [내보내기]를 클릭하는 대신 간단히 Ctrl + M 을 눌러도 됩니다.

유캐르트브 테크닉

초보 유튜버 가이드

프리미어 프로 기초

영상 편집 기본

프리미어 프로 효과

영상 특수 효과

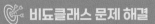
[내보내기(Export)]를 클릭하기 전, 우선 출력할 대상 시퀀스를 선택해야 합니다. [프로젝트(Project)] 패널에서 대상 시퀀스가 선택(회색 음영) 표시되거나, [타임라인(Timeline)] 패널이 대상 시퀀스가 편집 중인 상태로 선택(파란색 테두리 선 표시)되어야 합니다.

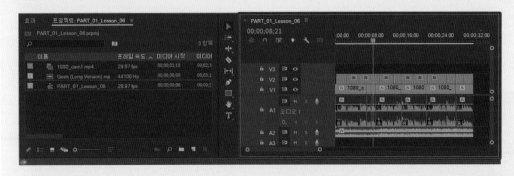

02 [내보내기(Export)] 화면에서 다양한 출력 설정이 가능합니다. 대략적인 기능을 알아보겠습니다.

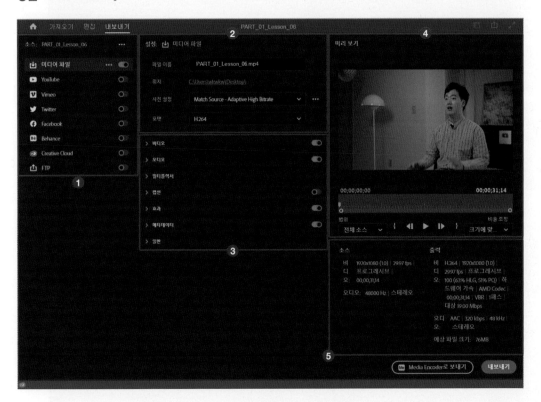

① **소스(Source)** | 출력할 방식을 선택합니다. 보통은 기본값인 [미디어 파일(Media file)]만 활성화된 상태로 사용합니다. 필요에 따라 지정된 소셜 미디어(유튜브, 비메오, 트위터 등) 및 FTP 서버에 바로 업로드할 수도 있습니다.

② **설정(Settings)** ｜ 출력할 영상의 포맷(Format), 사전 설정(Preset) 및 파일 이름(Name)과 위치 (Location)를 설정합니다.

③ 출력 상세 설정입니다. 여기에서 동영상 화질과 해상도, 프레임레이트 등 영상 규격에 대한 핵심적인 설정을 변경할 수 있습니다. 보통 사전 설정(Preset)에 맞게 출력해도 문제없습니다.

④ **미리 보기(Preview)** ｜ 출력 결과를 미리 확인하고 영상 길이 등을 조절할 수 있습니다. 특수한 경우를 제외하면 거의 사용하지 않습니다.

⑤ 출력 규격의 각종 요약 사항을 보여줍니다. 여기서 원본인 소스(Source)와 출력(Output) 해상도, 프레임레이트 등 세부 사항을 확인할 수 있습니다.

03 복잡해 보이지만 유튜브에 업로드하는 경우 딱 두 가지만 설정해도 문제없습니다. 아래 그림처럼 ❶ [포맷(Format)]을 [H.264]로 설정하고 ❶ [위치(Location)]의 파란색 글씨로 된 경로를 클릭합니다.

TIP [사전 설정(Preset)]은 [Match Source-Adaptive High Bitrate]를 유지합니다. 동영상 화질에 적절한 가장 높은 품질을 유지하는 설정입니다.

유캔튜브 테크닉

초보 유튜버 가이드

프리미어 프로 기초

영상 편집 기본

프리미어 프로 효과

영상 특수 효과

04 [다른 이름으로 저장] 대화상자가 나타납니다. ❶ 원하는 경로를 지정한 후 ❷ 파일 이름을 입력하고 ❸ [저장]을 클릭합니다.

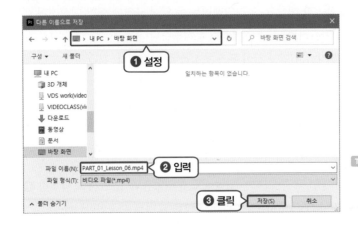

> **TIP** 파일을 내보낸 후 어디에 출력했는지 기억나지 않을 때는 [위치(Location)]를 확인하면 됩니다. 가장 마지막에 내보낸 영상의 위치가 설정되어 있으므로 쉽게 확인할 수 있습니다.

05 [내보내기(Export)]를 클릭하면 아래 그림처럼 인코딩이 진행됩니다. 동영상의 길이, 컴퓨터 사양에 따라 출력 인코딩 진행 속도가 다를 수 있습니다.

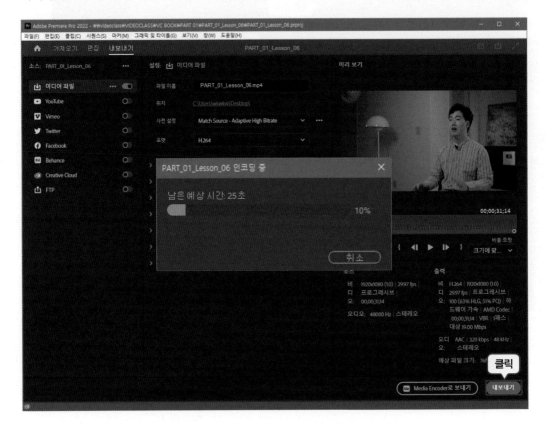

06 시퀀스 출력이 완료되면 대화상자가 사라지고 화면 오른쪽 아래에 다음과 같은 메시지가 나타납니다.

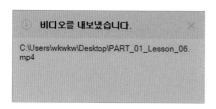

07 앞서 지정한 출력 위치로 이동하면 동영상 파일이 생성된 것을 확인할 수 있습니다. 더블클릭해 출력된 동영상 파일을 확인하고 이상이 없다면 유튜브나 다른 소셜 미디어에 업로드하면 됩니다. 포맷을 [H.264]로 선택하면 양질의 영상을 얻을 수 있습니다.

TIP 화질과 프레임레이트를 비롯해 영상 내보내기와 관련된 더욱 자세한 설명은 비됴클래스 유튜브 영상을 참고하세요!
접속 주소 https://youtu.be/SvxJwtX46Fk

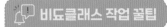

출력하려는 시퀀스의 길이는 '마지막 클립(영상, 음성, 이미지 등 모두)이 끝나는 부분'으로 정해집니다. 만약 아래와 같은 경우에는 강조된 부분이 시퀀스의 끝이 되므로 영상 중간에 검은색 화면과, 마지막에 의도치 않은 영상이 나타날 수 있으므로 주의합니다. 시퀀스 뒷부분에 편집 중인 클립을 삭제하지 않고 모아두는 버릇이 있다면 자주 겪는 실수입니다. 이처럼 의도된 클립 외에 다른 클립이 있다면 출력 전 지우는 것이 좋습니다.

아래와 같이 시작과 끝 지점에서 각각 I 와 O 를 눌러 내보낼 구간을 직접 선택할 수도 있습니다. 하지만 이런 방법은 편집할 때 실수를 유발할 수도 있습니다. 구간 선택 이후 다시 작업할 때는 반드시 시간 눈금자의 선택된 구간에서 마우스 오른쪽 버튼을 클릭한 후 [시작 및 종료 지우기(Clear In and Out)]를 클릭합니다.

많이 하는 실수가 있습니다. 타임라인에서 편집하는 도중 X 를 누르면 타임바가 위치한 곳의 클립에 구간을 지정합니다. 실수로 누르게 되는 경우가 많으므로 바로 Ctrl + Z 를 눌러 취소하거나, 나중에 확인했다면 위와 동일하게 [시작 및 종료 지우기(Clear In and Out)]를 이용해 구간 선택을 해제하면 됩니다.

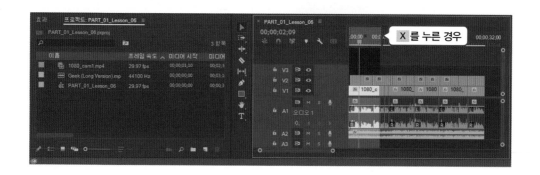

유캔두 브 테크닉

초보 유튜버 가이드

프리미어 프로 기초

영상 편집 기본

프리미어 프로 효과

영상 특수 효과

프리미어 프로에서 자주 사용하는 영상 편집 기술

CHAPTER

02

세로로 촬영한 동영상 회전하기

▶ 화면 비율 조정으로 세로로 길쭉한 영상 만들기

보통 영상은 가로/세로가 16:9인 화면 비율(종횡비, Aspect Ratio)을 많이 사용하지만 인스타그램 스토리, 릴스(Reels), 유튜브 쇼츠(Shorts)의 경우 영상을 업로드할 때 '세로 동영상'인 9:16 비율을 많이 사용합니다. 이러한 비율에 맞게 세로로 촬영된 영상을 프리미어 프로에서 9:16으로 편집하는 방법에 대해 알아보겠습니다.

PREVIEW

예제 파일 CHAPTER_02\LESSON_01_Before.prproj
완성 파일 CHAPTER_02\LESSON_01_After.prproj

◀ 영상을 회전하기 전

영상을 회전한 후 ▶

한눈에 확인하는 작업 순서	시퀀스 설정 화면 비율 변경	>	동영상 클립 회전	>	세로 동영상 시퀀스 출력

STEP 01   시퀀스 설정 변경하기

01 예제 파일을 열면 세로(9:16 비율)로 촬영한 영상이 가로(16:9 비율)로 삽입되어 있습니다. 또한 시퀀스 역시 16:9 비율로 설정되어 있습니다. 시퀀스와 영상을 모두 9:16 비율로 변경해보겠습니다.

02 우선 변경할 시퀀스를 선택해야 합니다. 오른쪽 아래에 위치한 [프로젝트(Project)] 패널에서 지금 편집 중인 시퀀스를 클릭합니다.

TIP 미디어 목록에서 무엇이 시퀀스인지 모를 때에는 시퀀스 아이콘 🟦🟦 으로 구분할 수 있습니다.

예제 파일처럼 하나의 프로젝트 파일에 한 개의 시퀀스만 있을 때에는 찾기 쉽지만 여러 개의 시퀀스가 있는 경우나 미디어 파일이 너무 많을 경우에는 원하는 시퀀스를 찾기 힘들 때가 있습니다. 이때는 ❶ [타임라인(Timeline)] 패널의 ☰을 클릭한 후 ❷ [프로젝트에 시퀀스 표시(Reveal Sequence in Project)]를 클릭합니다. ❸ [프로젝트(Project)] 패널에서 현재 시퀀스가 자동으로 선택됩니다.

03 현재 작업 중인 시퀀스에서 ❶ 마우스 오른쪽 버튼을 클릭하고 ❷ 단축 메뉴에서 [시퀀스 설정(Sequence Settings)]을 클릭합니다.

TIP [시퀀스(Sequence)]-[시퀀스 설정(Sequence Settings)] 메뉴를 클릭해도 됩니다.

04 [시퀀스 설정(Sequence Settings)] 대화상자가 나타납니다. ❶ [프레임 크기를 변경할 때⋯(Scale motion effects proportionally⋯)]의 체크를 해제하고 ❷ [프레임 크기(Frame Size)]를 1080×1920으로 변경한 후 ❸ [확인(OK)]을 클릭합니다. 시퀀스에 대한 미리 보기를 모두 삭제한다는 경고 메시지가 나타나면 ❹ [확인(OK)]을 클릭합니다.

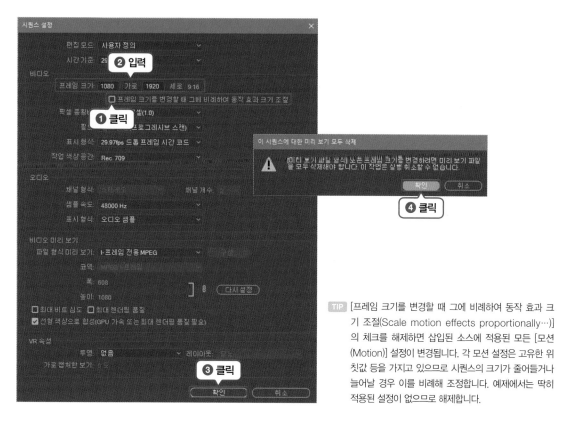

TIP [프레임 크기를 변경할 때 그에 비례하여 동작 효과 크기 조절(Scale motion effects proportionally⋯)]의 체크를 해제하면 삽입된 소스에 적용된 모든 [모션(Motion)] 설정이 변경됩니다. 각 모션 설정은 고유한 위칫값 등을 가지고 있으므로 시퀀스의 크기가 줄어들거나 늘어날 경우 이를 비례해 조정합니다. 예제에서는 딱히 적용된 설정이 없으므로 해제합니다.

05 시퀀스의 비율은 바뀌었지만 영상 클립은 그대로이므로 영상 클립도 회전해보겠습니다.

STEP 02 | 비디오 클립 회전하기

01 타임라인에 삽입된 ❶ 첫 번째 비디오 클립을 클릭하고 ❷ [효과 컨트롤(Effect Controls)] 패널을 확인합니다.

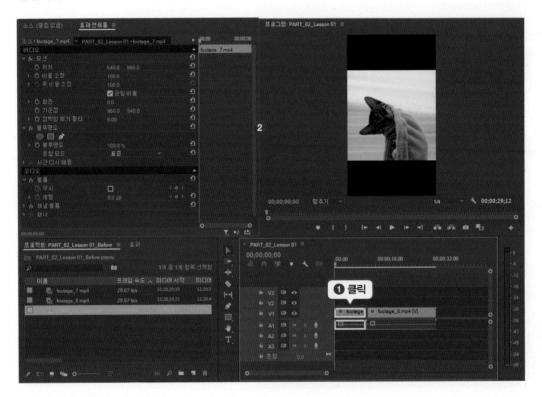

02 [모션(Motion)]-[회전(Rotation)]의 옵션값을 조정합니다. 고양이의 귀가 위쪽 방향으로 올라오게 회전하려면 **90도**로 수정합니다.

TIP 만약 비디오 클립을 회전했을 때 크기가 작아 위아래로 검은색이 나타나면 비율 조정(Scale)에서 확대해 조절합니다.

03 보통 시퀀스에는 비디오 클립이 여러 개 있으므로 나머지 영상도 회전합니다. 이때 일일이 회전하는 것이 아니라 CHAPTER 01의 LESSON04에서 배운 효과 복사 기능을 이용해 간단하게 작업합니다. ❶ [효과 컨트롤(Effect Controls)] 패널의 [모션(Motion)] 항목을 클릭한 후 ❷ Ctrl + C 를 눌러 회전값을 복사합니다.

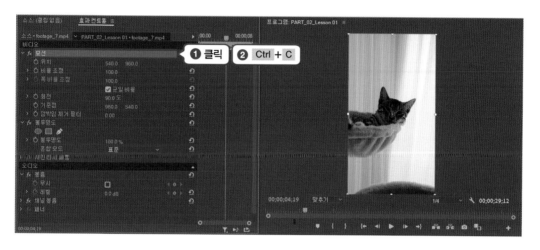

04 타임라인에서 ❶ 나머지 클립을 선택한 후 ❷ Ctrl + V 를 누릅니다. ❸ [효과 컨트롤(Effect Controls)] 패널에서 적용된 회전값을 확인합니다.

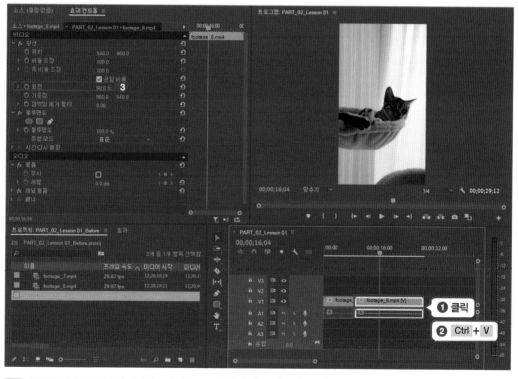

TIP 선택할 비디오 클립이 여러 개라면 드래그해 모두 선택할 수 있으며, [도구(Tools)] 패널에서 앞으로 트랙 선택 도구(Track Select Forward Tool)를 선택한 후 모든 클립을 한번에 선택할 수도 있습니다.

영상에 이미지 파일 삽입하기

▶ 배경이 투명한 이미지 파일 불러와 영상에 삽입하기

동영상을 편집하면 비디오 클립 외에도 이미지 파일을 불러와 삽입한 후 수정하는 작업도 해야 합니다. 이미지를 삽입하는 방법은 비디오를 삽입하는 방법과 동일합니다. 이번 LESSON에서는 아주 간단하게 이미지 파일을 삽입하고 위치, 크기 등을 수정하는 방법을 알아보겠습니다.

PREVIEW

예제 파일 CHAPTER_02\LESSON_02_Before.prproj
완성 파일 CHAPTER_02\LESSON_02_After.prproj

◀ 영상에 이미지 클립을 삽입하기 전

영상에 이미지 클립을 삽입한 후 ▶

한눈에 확인하는
작업 순서 ┆ 이미지 파일
불러오기 > 타임라인
삽입하기 > 위치, 크기
수정하기

STEP 01　이미지 파일 불러오기

01 예제 파일을 열고 이미지를 불러오기 위해 Ctrl + I 를 누릅니다.

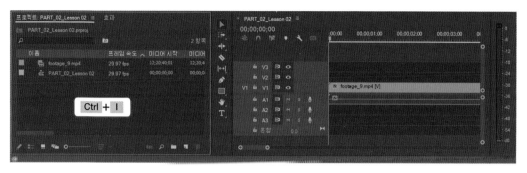

> **TIP** [프로젝트(Project)] 패널의 빈 공간을 더블클릭해도 됩니다.

02 [가져오기(Import)] 대화상자가 나타납니다. ❶ 예제 파일 폴더에서 PART_02_2754_color.png 파일을 클릭하고 ❷ [열기]를 클릭합니다. ❸ [프로젝트(Project)] 패널에 이미지 파일이 삽입된 것을 확인할 수 있습니다.

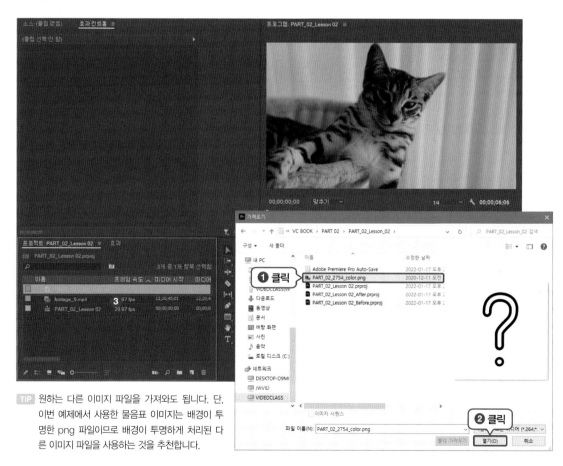

> **TIP** 원하는 다른 이미지 파일을 가져와도 됩니다. 단, 이번 예제에서 사용한 물음표 이미지는 배경이 투명한 png 파일이므로 배경이 투명하게 처리된 다른 이미지 파일을 사용하는 것을 추천합니다.

STEP 02 이미지 삽입하기

01 불러온 이미지를 미리 보고 싶을 때는 [프로젝트(Project)] 패널에서 **①** 이미지 소스를 더블클릭합니다. 이때 이미지 소스의 이름 부분을 더블클릭하면 이름 변경 상태가 되기 때문에 아이콘 부분을 더블클릭합니다. 왼쪽 위의 **②** [소스(Source)] 패널에서 이미지를 미리 확인할 수 있습니다.

02 이미지의 투명한 부분을 확인하려면 **①** [소스(Source)] 패널 오른쪽 아래에 스패너 모양의 설정(Settings) ◣을 클릭하고 **②** [투명도 격자(Transparency Grid)]를 클릭해 체크합니다.

> TIP 그래픽 작업에서는 투명도를 알파값이라고 합니다. 보통 png와 같은 이미지 파일 외에도 일부 영상 소스의 경우 투명 혹은 반투명한 부분이 존재하는데 이런 경우 알파값으로 조절합니다. 쉽게 '투명도=알파값'으로 이해하면 됩니다.

03 ❶ [소스(Source)] 패널에서 격자무늬 배경으로 이미지의 투명도를 확인할 수 있습니다. ❷ [소스(Source)] 패널의 이미지를 타임라인의 V2 트랙으로 드래그해 배치합니다.

TIP [투명도 격자(Transparency Grid)]를 한 번 설정하면 다시 변경할 때까지 계속 유지됩니다.

04 이미지의 위치와 회전값을 변경해보겠습니다. ❶ 타임라인에서 삽입한 이미지 클립을 클릭하고 [효과 컨트롤(Effect Controls)] 패널의 ❷ [모션(Motion)] 항목에서 [위치(Position)], [회전(Rotation)] 옵션을 영상에 맞게 적절히 변경합니다. 해당 항목에 직접 값을 입력해도 좋고 [프로그램(Program)] 패널에서 직접 화면을 보며 수정해도 좋습니다.

유캔두 비 테크닉

초보 유튜버 가이드

프리미어 프로 기초

영상 편집 기본

프리미어 프로 효과

영상 특수 효과

05 타임라인에 삽입된 이미지 클립의 지속 길이를 영상에 맞게 적절히 수정합니다.

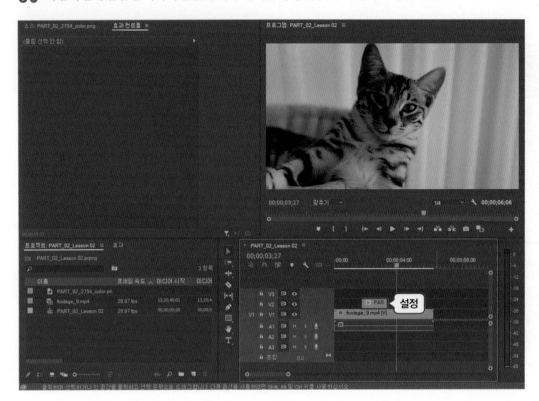

이미지 색상을 바꾸는 경사 효과

예제 파일 CHAPTER_02\LESSON_02_YT.prproj | 완성 파일 없음

프리미어 프로에서 불러온 이미지를 작업할 때 아이콘이나 기호 같은 간단한 모양을 가진 흑백 이미지는 다른 색상을 적용해 변경하면 효과적입니다. 이때 원본 이미지를 다른 그래픽 프로그램에서 수정하는 대신 프리미어 프로에서 자체적으로 제공하는 경사(Ramp) 효과를 적용해 원하는 색상으로 빠르게 변경할 수 있습니다.

01 프리미어 프로 화면 왼쪽 아래의 [효과(Effects)] 패널의 ❶ 검색란에 **경사**를 입력하고 ❷ [생성 (Generate)]-[경사(Ramp)]를 타임라인에 삽입된 이미지 클립으로 드래그해 효과를 적용합니다.

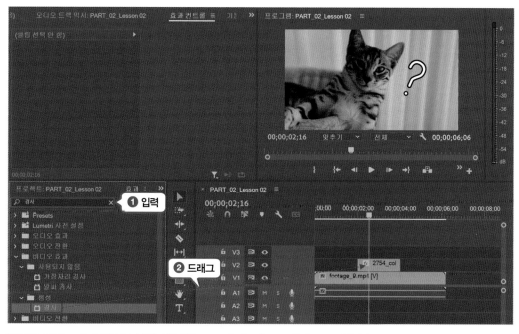

TIP [효과(Effects)] 패널이 보이지 않을 경우 [창(Window)]-[효과(Effects)] 메뉴를 클릭합니다.

02 [효과 컨트롤(Effect Controls)] 패널에서 ❶ [경사(Ramp)]를 클릭하고 옵션을 조정합니다. 그라디언트의 모양과 색상을 조정하려면 ❷ [경사 시작]부터 [경사 끝] 옵션까지 조정합니다. ❸ [프로그램(Program)] 패널의 두 핸들을 조정하여 그라디언트 시작점, 끝점을 조절할 수도 있습니다.

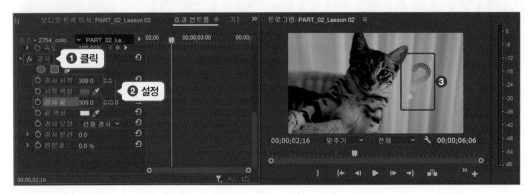

TIP 프리미어 프로에는 포토샵과 같은 이미지 편집 프로그램처럼 단색만 바꾸는 색상 오버레이(Color Overlay) 기능이 없는 대신 그라디언트로 이미지를 덮는 경사(Ramp) 기능이 있습니다. 이 기능을 이용하면 투명한 부분(알파값이 없는 부분)을 제외한 모든 부분이 그라디언트로 색칠됩니다. 이것을 이용해 [시작 색상(Start Color)]과 [끝 색상(End Color)]을 동일한 색상으로 설정하면 같은 색으로 채워지는 색상 오버레이 효과를 만들 수 있습니다.

03 아래 그림처럼 [시작 색상(Start Color)]과 [끝 색상(End Color)]을 동일한 색상으로 설정하면 그라디언트가 아닌 단색으로 설정되는 것을 확인할 수 있습니다. 물론 경사 효과를 이용하여 그라디언트 효과를 더욱 다채롭게 적용하는 것도 좋습니다.

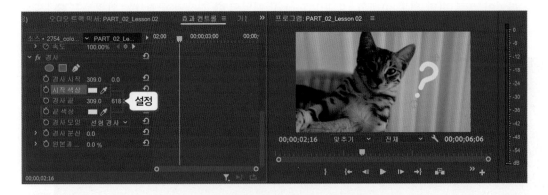

LESSON 03

텍스트가 위로 올라가는 모션 만들기

▶ 키프레임 기능으로 애니메이션 효과 만들기 1

프리미어 프로는 컷 편집은 물론 간단한 애니메이션을 제작할 수 있는 기능이 있습니다. 이번 LESSON에서 배울 **키프레임 애니메이션** 기능을 익히면 텍스트나 이미지가 이동하는 간단한 애니메이션 효과까지 만들 수 있습니다. 키프레임을 처음 배울 때는 조금 헷갈릴 수 있지만 천천히 익혀보면 어렵지 않습니다.

PREVIEW

예제 파일 CHAPTER_02\LESSON_03_Before.prproj
완성 파일 CHAPTER_02\LESSON_03_After.prproj

◀ 움직이는 자막을 적용하기 전 원본 영상

▲ 모션이 적용되어 서서히 올라가며 사라지는 자막

| 한눈에 확인하는 작업 순서 | 텍스트 모션 설정 | > | 모션 키프레임 설정 | > | 키프레임 수정 | > | 애니메이션 효과 복사 |

애니메이션 타임라인 알아보기

01 먼저 예제 파일을 불러옵니다. 해당 프로젝트 파일에 준비된 시퀀스에는 고양이 영상 위에 두 개의 자막이 삽입되어 있습니다. 삽입된 자막에 '위로 움직이는 애니메이션'을 추가해보겠습니다.

02 첫 번째 자막 클립이 선택된 상태에서 [효과 컨트롤(Effect Controls)] 패널을 확인합니다. 현재 [그래픽(Graphic)] 항목 아래에 [벡터 모션(Vector Motion)], [텍스트(Text)] 등 너무 많은 항목이 나열되어 있기 때문에 각 항목의 왼쪽에 위치한 ☑️을 클릭해 모두 접겠습니다.

03 ❶ [효과 컨트롤(Effect Controls)] 패널의 강조 표시된 공간을 확인해보면 타임라인과 동일하게 시간 표시자와 타임바가 있는 것을 확인할 수 있습니다. '해당 클립의 길이'만큼 표시되는 일종의 작은 타임라인 이라고 할 수 있습니다. ❷ 타임바 헤드를 가장 왼쪽으로 드래그하면 ❸ 타임라인의 타임바도 이동하는 것을 확인할 수 있습니다.

04 ❶ 반대로 가장 오른쪽으로 타임바 헤드를 드래그해보면 ❷ 타임라인의 타임바가 클립의 가장 끝 부 분으로 이동합니다. 이렇듯 [효과 컨트롤(Effect Controls)] 패널의 작은 타임라인은 '해당 클립만의 타임라 인'이라고 할 수 있습니다. 이 작은 타임라인의 용도는 키프레임 애니메이션 작업을 위한 공간입니다.

유캔두 잇 테크닉

초보 유튜버 가이드

프리미어 프로 기초

영상 편집 기본

프리미어 프로 효과

영상 특수 효과

 **STEP 02** 애니메이션 키프레임 만들기

01 본격적으로 [위치(Position)] 옵션에 애니메이션을 적용해보겠습니다. ❶ 우선 [효과 컨트롤(Effect Controls)] 패널의 작은 타임라인에서 타임바를 맨 앞으로 이동합니다. ❷ [위치(Position)] 옵션의 왼쪽에 있는 스톱워치 ◙를 클릭합니다.

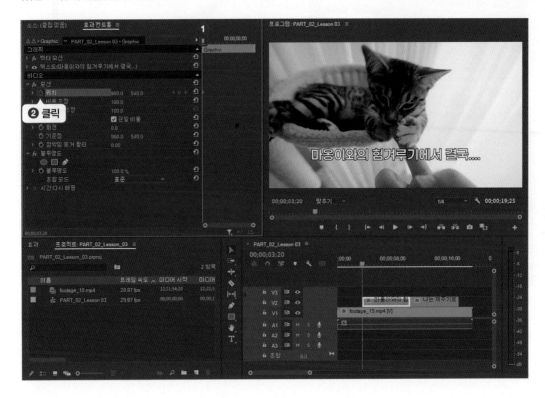

02 [위치(Position)]의 작은 타임라인에 아이콘이 하나 생성됩니다. 반이 잘려서 잘 보이지 않지만 마름모 모양 ◆ 의 아이콘이며 이것을 '키프레임(Keyframe)'이라고 합니다.

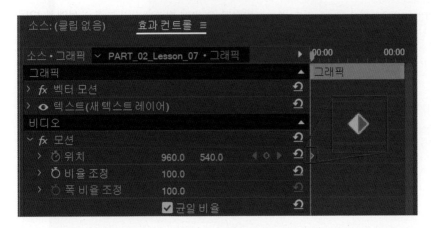

03 키프레임에 대해 설명하기 전 직접 애니메이션을 적용해보겠습니다. ❶ 타임바를 클립의 중간쯤 위치시키고 ❷ [위치(Position)]의 Y값(오른쪽 값)을 마이너스로 조절하여 텍스트가 위로 올라가게 만들어봅니다. ❸ 새로운 키프레임이 추가됩니다.

> **TIP** Y값을 직접 수정하는 대신 [프로그램(Program)] 패널에서 Shift 를 누른 상태로 텍스트 박스를 직접 위쪽 방향으로 드래그해도 됩니다. 키프레임 삽입 위치는 얼마든지 수정이 가능하므로 처음부터 정확한 위치에 배치할 필요는 없습니다.

04 스톱워치가 활성화🔘된 상태는 '이 항목에 값의 변화가 일어나면 자동으로 키프레임을 기록한다'는 의미입니다. 이 상태에서 값이 변경되면 해당 시간대에 키프레임◆이 자동으로 생성됩니다. 이렇게 생성된 키프레임에는 변경된 값이 각각 기록되고 애니메이션이 서로 값이 다른 키프레임 사이에서 일어납니다. 이것이 바로 '키프레임 애니메이션'입니다. 예를 들어 아래 그림처럼 첫 번째 키프레임이 특정 옵션에서 1이라는 값을 가지고, 두 번째 키프레임이 5라는 값을 가진다면 타임바가 이동하며 2, 3, 4 차례대로 값이 변하는 것입니다.

05 애니메이션이 어떻게 적용되었는지 ❶ Spacebar 를 눌러 직접 확인해봅니다. ❷ [프로그램(Program)] 패널에서 자막이 어떻게 움직이는지 확인하고 ❸ [효과 컨트롤(Effect Controls)] 패널에서 [위치 (Position)]의 옵션값이 어떻게 변화하는지도 같이 확인해보면 이해가 쉽습니다.

⚡ STEP 03 ｜ 키프레임 수정하기

01 생성한 키프레임의 시점을 이동할 수도 있습니다. [효과 컨트롤(Effect Controls)] 패널에서 [위치 (Position)] 옵션의 두 번째 키프레임을 해당 타임라인 오른쪽 끝으로 드래그해 이동합니다. 클립 지속 시간 의 처음부터 끝까지 애니메이션이 적용됩니다.

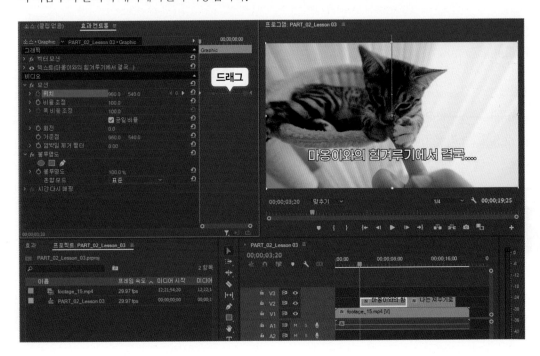

02 이번엔 키프레임의 값을 변경해보겠습니다. 키프레임 값을 따로 변경하는 기능은 없지만, 타임바가 키프레임 시점에 정확히 위치할 때 값을 변경하면 됩니다. ❶ 첫 번째 키프레임을 수정하기 위해 [효과 컨트롤(Effect Controls)] 패널에서 타임바를 클립 맨 앞으로 위치시킵니다. ❷ [위치(Position)]의 Y값을 수정하여 텍스트가 화면에서 안 보일 때까지 아래로 내립니다.

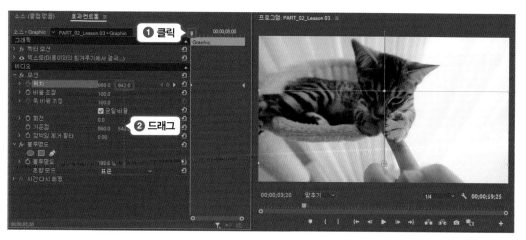

TIP 옵션값을 왼쪽/오른쪽 혹은 위/아래로 드래그해 조정할 수도 있습니다. Y값은 화면 가장 위가 0이므로 값이 커질수록 아래로 움직이고, 작아질수록 위로 움직입니다.

03 Spacebar 를 눌러 재생해보면 텍스트가 화면 아래에서 나타나 위로 올라가는 애니메이션 완성된 것을 확인할 수 있습니다.

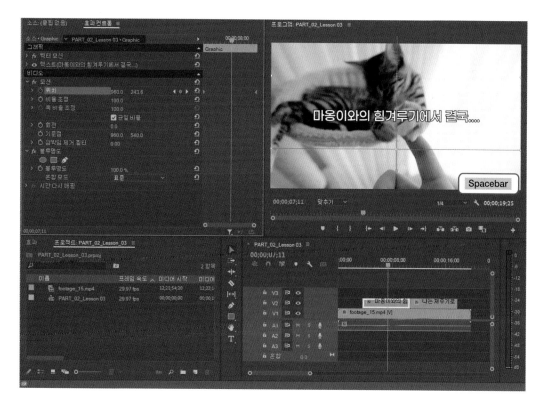

유캔두 프리미어 테크닉

초보 유튜버 가이드

프리미어 프로 기초

영상 편집 기본

프리미어 프로 효과

영상 특수 효과

 **STEP 04** | **애니메이션 복사하기**

01 두 번째 텍스트 클립에도 똑같은 애니메이션 효과를 적용해보겠습니다. 먼저 첫 번째 텍스트 클립이 선택된 상태에서 [효과 컨트롤(Effect Controls)] 패널의 ❶ [모션(Motion)] 옵션을 클릭하고 ❷ Ctrl + C 를 누릅니다.

TIP [위치(Position)] 옵션만 복사하면 해당 값만 복사되고, [모션(Motion)] 항목을 복사하면 모션에 포함된 모든 옵션이 복사됩니다.

02 타임라인에서 ❶ 두 번째 텍스트 클립을 클릭한 후 ❷ Ctrl + V 를 누릅니다.

TIP 효과 복사, 붙여넣기가 적용되지 않는다면 한글/영문 입력 상태를 확인하고 다시 시도해봅니다.

03 ❶ 두 번째 텍스트 클립을 V3 트랙으로 이동해 V2 트랙의 첫 번째 텍스트 클립과 지속 시간이 살짝 겹치도록 배치합니다. ❷ 텍스트 클립을 아래 그림처럼 쌓아서 배치하면 두 텍스트의 애니메이션이 겹쳐서 재생됩니다. 키프레임이 적용된 옵션을 복사한 후 붙여 넣으면 애니메이션도 적용됩니다.

 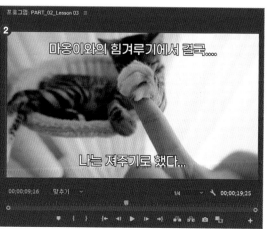

> 🔔 **비도클래스 작업 꿀팁** ▶ **키프레임의 다양한 기능**

[효과 컨트롤(Effect Controls)] 패널에는 키프레임의 다양한 기능을 조절할 수 있는 아이콘이 있습니다. 애니메이션을 적용하기 위해서는 해당 아이콘과 기능 활용 방법에 대해 간단하게 이해하는 것이 좋습니다.

❶ **애니메이션 켜기/끄기** | 현재 옵션의 애니메이션을 켜고/끕니다. 애니메이션이 활성화된 상태에서는 특정 위치에서 옵션값이 수정되면 자동으로 키프레임이 생성됩니다. 단, 키프레임이 설정된 상태에서 애니메이션을 끄면 해당 옵션의 전체 키프레임이 삭제되니 주의합니다.

❷ **이전 키프레임으로 이동** | 현재 타임바 위치에서 이전에 위치한 키프레임 위치로 이동합니다.

❸ **키프레임 추가/제거** | 현재 타임바 위치에 새로운 키프레임을 추가합니다. 이때 새로 추가된 키프레임은 현재 설정된 옵션값을 기준으로 추가됩니다. 현재 타임바가 위치한 곳과 키프레임 위치가 딱 맞으면 파란색💠으로 활성화됩니다.

❹ **다음 키프레임으로 이동** | 현재 타임바 위치에서 다음에 위치한 키프레임 위치로 이동합니다.

❺ **선택된 키프레임** | 현재 선택된 키프레임입니다. 참고로 선택된 키프레임과 타임바 위치가 다른 상태에서 옵션값을 수정하면 엉뚱한 곳에 키프레임이 추가됩니다. 키프레임 선택은 키프레임의 타이밍(위치)을 조정하거나 삭제, 복사하는 작업일 때만 사용합니다.

키프레임 애니메이션 두 가지 기본 스킬

예제 파일 CHAPTER_02\LESSON_03_YT.prproj | 완성 파일 없음

키프레임을 두 개 이상 적용하면 다양한 애니메이션 효과를 만들 수 있습니다. 프리미어 프로를 이용해 애니메이션을 만든다면 꼭 알아야 할 두 가지 기본 스킬을 알아보겠습니다. 하나는 멈췄다가 다시 이동하는 키프레임 애니메이션, 두 번째는 키프레임 애니메이션을 한번에 삭제하는 방법입니다.

멈췄다가 다시 이동하는 키프레임 만들기

01 유캔튜브 예제 파일을 열면 타임라인에 자막 클립 한 개가 삽입되어 있습니다. 해당 자막 클립을 클릭합니다.

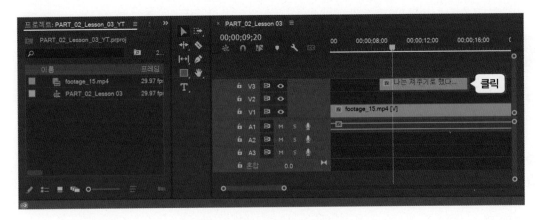

02 [효과 컨트롤(Effect Controls)] 패널을 확인해보면 [위치(Position)] 옵션에 간단한 애니메이션이 적용되어 있습니다. 해당 텍스트 클립의 전체 지속 길이에서 ❶ 1/4 지점에 타임바를 위치시킵니다. 키프레임을 하나 추가하겠습니다. ❷ 간단히 ◉을 클릭하면 됩니다.

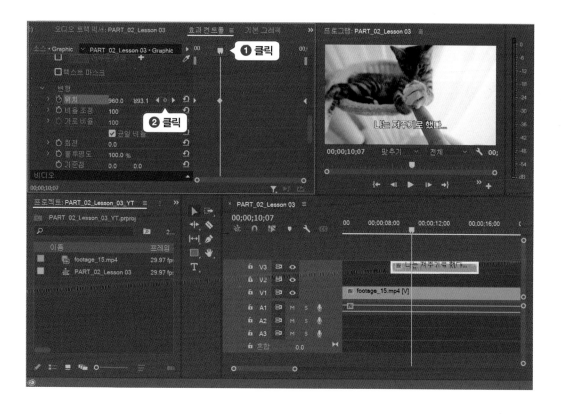

03 마지막 키프레임은 삭제하겠습니다. ❶ 마지막 키프레임을 클릭하고 ❷ Delete 를 누릅니다.

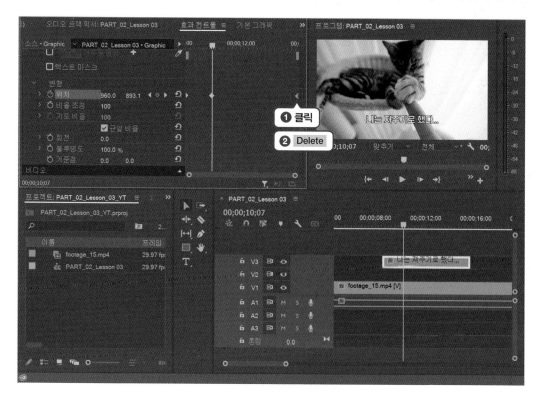

04 텍스트는 클립 전체 지속 시간 3/4 정도 지점까지 정지하도록 설정하겠습니다. ❶ 해당 지점에 타임바를 위치시키고 ❷ 🔘을 클릭해 키프레임을 추가합니다.

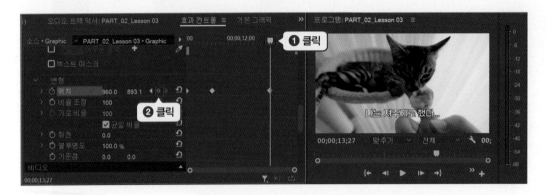

05 이번엔 텍스트가 사라지는 애니메이션을 적용해보겠습니다. ❶ 타임바를 세 번째 키프레임 오른쪽에 위치시킵니다. 이전에 만든 자막처럼 자막이 위로 올라가도록 적용하면 자막이 등장하는 것에 비해 퇴장하는 것이 너무 빨라 어색하게 느껴질 수 있습니다. 이번에는 등장과 동일하게 아래로 퇴장하도록 적용하겠습니다. ❷ [위치(Position)] 옵션의 Y값을 오른쪽으로 드래그해 위치를 내려줍니다.

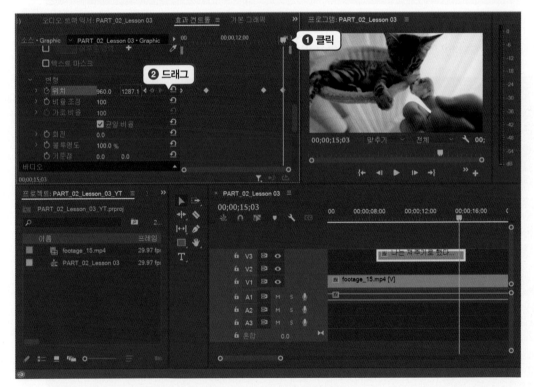

TIP [위치(Position)] 옵션의 Y값이 커질수록 아래로 움직이고 작아질수록 위로 움직입니다.

06 ❶ 재생해보면서 생성된 키프레임의 위치를 조정합니다. ❷ 마지막에 [Spacebar] 를 눌러 자막의 등장/
퇴장 타이밍이 어색한지 확인합니다. 이런 애니메이션의 경우 등장/퇴장 타이밍이 거의 동일하게 적용되어
야 어색하지 않습니다.

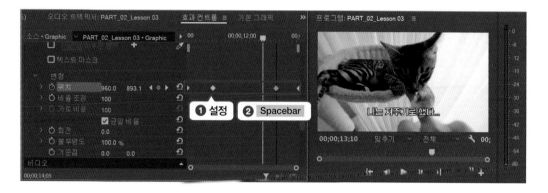

07 자막이 아래에서 나타난 후 잠시 멈췄다가 아래로 사라지는 애니메이션이 적용된 것을 확인할 수 있습
니다. 이렇게 값이 동일한 두 키프레임 사이에는 값이 변하지 않기 때문에 애니메이션이 정지된 효과를 만들
수 있습니다.

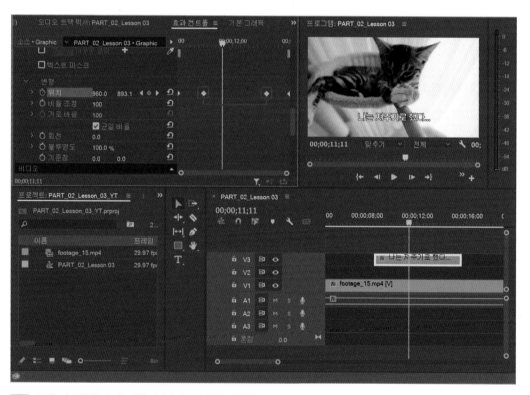

TIP 새로운 키프레임을 만드는 대신 이전에 만들었던 키프레임을 복사한 후 붙여 넣는 방식으로도 작업할 수 있습니다.

키프레임 애니메이션 삭제하기

01 이번에는 애니메이션을 삭제해보겠습니다. 개별 키프레임을 클릭하여 선택하거나 드래그해 여러 개를 선택한 후 Delete 를 누르면 쉽게 삭제할 수 있습니다. 클립에 적용된 키프레임 전체를 삭제하고 싶다면 ① 활성화된 스톱워치▣를 클릭합니다. 애니메이션이 적용된 키프레임 애니메이션을 비활성화하면 경고 메시지가 나타납니다. ② [확인(OK)]을 클릭합니다.

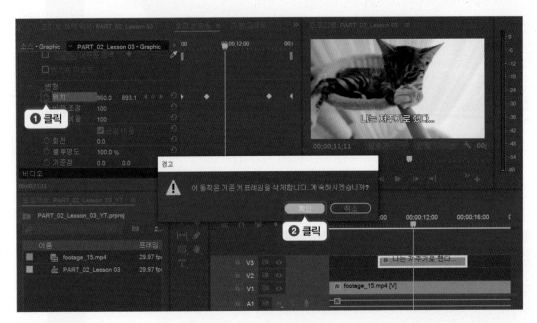

02 적용된 애니메이션 키프레임이 전부 삭제된 것을 확인할 수 있습니다.

점점 커지고 작아지는 역동적인 자막 만들기

▶ 키프레임 기능으로 애니메이션 효과 만들기 2

이번에는 바로 앞 LESSON에서 배웠던 키프레임 애니메이션을 이용해서 자막의 크기가 작아졌다, 커졌다 하는 애니메이션을 만들어보겠습니다. 위치와 크기 변화에 따른 애니메이션은 유튜브 영상에서 많이 사용되는 기법으로 지루함을 덜어주는 역할로도 쓰입니다. 크기 변화 애니메이션을 이용한 다양한 연출 방법을 알아보겠습니다.

PREVIEW

예제 파일 CHAPTER_02\LESSON_04_Before.prproj
완성 파일 CHAPTER_02\LESSON_04_After.prproj

◀ 애니메이션이 적용되기 전

▲ 애니메이션이 적용되어 역동적으로 등장하고 사라지는 자막

한눈에 확인하는
작업 순서

키프레임 빠르게
적용하기

>

역동적으로 등장하는
자막 만들기

>

점점 커지는
자막 만들기

01 ❶ 예제 파일을 열고 `Spacebar` 를 눌러 영상을 재생해봅니다. ❷ 영상에는 여러 개의 텍스트 클립이 삽입되어 있고 여기에 [비율 조정(Scale)] 옵션을 변경해 확대/축소 애니메이션을 적용할 예정입니다.

02 ❶ 타임라인에서 첫 번째 텍스트 클립을 클릭합니다. ❷ [효과 컨트롤(Effect Control)] 패널에서 선택된 텍스트 클립의 처음 부분에 타임바를 위치시킵니다.

03 선택한 클립의 시작점에서 조금 떨어진 지점에 타임바를 위치시킵니다. ❶ [모션(Motion)] 항목의 [비율 조정(Scale)] 옵션에서 ❷ 스톱위치 ⏱를 클릭합니다. 해당 시간대에 [비율 조정(Scale)] 키프레임이 생성됩니다. 현재 값은 **100**입니다.

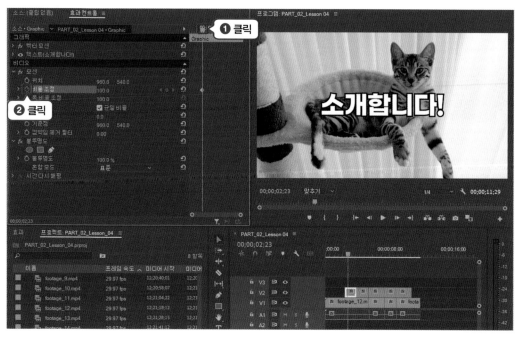

TIP 키프레임 위치는 나중에 수정이 가능하므로 꼭 정확한 위치에 있을 필요는 없습니다.

04 [비율 조정(Scale)] 옵션값이 **0**인 키프레임을 생성해보겠습니다. ❶ 클립 시작점에 타임바를 위치시키고 ❷ [비율 조정(Scale)] 옵션값을 **0**으로 변경합니다. ❸ 해당 위치에도 키프레임이 생성됩니다.

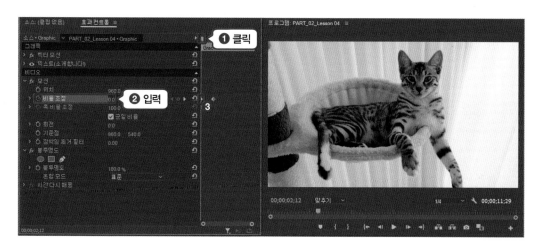

유겐튜브 테크닉

초보 유튜버 가이드

프리미어 프로 기초

영상 편집 기초

프리미어 프로 효과

영상 특수 효과

키프레임 애니메이션은 두 개의 다른 값을 가진 키프레임 사이에서 값이 점차적으로 변하면서 애니메이션 효과가 구현된다고 배웠습니다. 따라서 이번 예제처럼 1초에 30프레임을 가진 시퀀스에서 0에서 100으로 변하는 옵션값이 있다고 가정해보겠습니다. 이때 만약 두 키프레임 사이의 간격이 1초(30프레임)라면 15프레임 위치에서 크기는 50이 되고, 1프레임 마다 약 3.3씩(100÷30) 크기가 커지는 셈입니다.

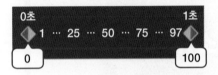

이런 변화를 그래프로 그려보면 오른쪽과 같은 모양이 됩니다. 얼핏 보면 이해가 안 될 수 있지만 그래프에서 기울기는 곧 속력입니다. 0에서 100으로 동일한 값이 변한다고 가정할 때 그래프의 기울기를 조절하려면 X축 즉, 시간의 값을 더욱 촘촘하게 설정하거나, 비율(크기)을 더욱 큰 숫자로 설정하면 더욱 빠르게 변할 것입니다.

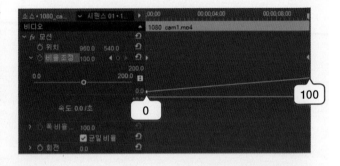

비율(크기)의 값은 그대로 두고 키프레임의 **속도(타이밍)를 조절하고 싶다면 키프레임의 간격을 늘이거나 줄이는 방식으로 손쉽게 조절할 수 있습니다.** 애니메이션에서는 이렇게 키프레임의 값과 타이밍을 조절하는 작업을 '키를 잡는다'고 표현합니다.

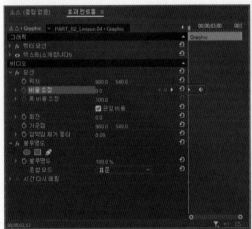

▲ 키프레임 간격이 좁음(빠른 애니메이션)

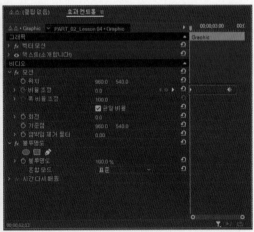

▲ 키프레임 간격이 넓음(느린 애니메이션)

물론 이렇게 직선을 그리며 값이 변하는 것은 '등속도 애니메이션(운동)'이라고 하며 기계적인 움직임을 보여주는 특성을 가집니다. 가속도를 가지며 천천히 시작해 빠르게 끝나거나, 반대로 빠르게 시작해 천천히 끝나는 애니메이션을 위한 효과는 이번 LESSON의 [유캔튜브 테크닉]에서 알아보겠습니다.

STEP 02 역동적으로 등장하는 텍스트 애니메이션 만들기

01 ❶ 먼저 타임라인에서 두 번째 텍스트 클립을 클릭합니다. [효과 컨트롤(Effect Controls)] 패널의 작은 타임라인을 확인합니다. ❷ 클립 시작점에서 약간 떨어진 곳에 타임바를 위치시키고 ❸ [비율 조정 (Scale)] 옵션의 스톱워치🔘를 클릭합니다.

02 ❶ 타임바를 클립의 맨 앞부분으로 이동한 후 ❷ [비율 조정(Scale)] 옵션의 값을 매우 높게 설정해보겠습니다. 예제에서는 3600으로 설정했습니다. ❸ Spacebar 를 눌러 재생해보면 역동적으로 등장하는 텍스트 애니메이션을 확인할 수 있습니다.

01 앞서 설정한 애니메이션을 다른 클립에도 똑같은 적용해보겠습니다. ❶ 타임라인에서 첫 번째 텍스트 클립을 클릭하고 [효과 컨트롤(Effect Controls)] 패널에서 ❷ [비율 조정(Scale)] 옵션을 클릭한 후 ❸ Ctrl + C 를 누릅니다.

TIP [비율 조정(Scale)]처럼 한 옵션만 복사하면 해당 옵션값만 복사되고, [모션(Motion)] 항목을 복사하면 모션에 포함된 모든 옵션이 복사됩니다.

02 타임라인에서 ❶ 세 번째 텍스트 클립을 클릭한 후 ❷ Ctrl + V 를 누릅니다. [비율 조정(Scale)] 옵션에 애니메이션이 적용됩니다. ❸ [위치(Position)] 옵션의 Y값을 842로 수정해 텍스트를 아래로 내려줍니다. ❹ [모션(Motion)] 항목을 클릭하고 ❺ Ctrl + C 를 누릅니다.

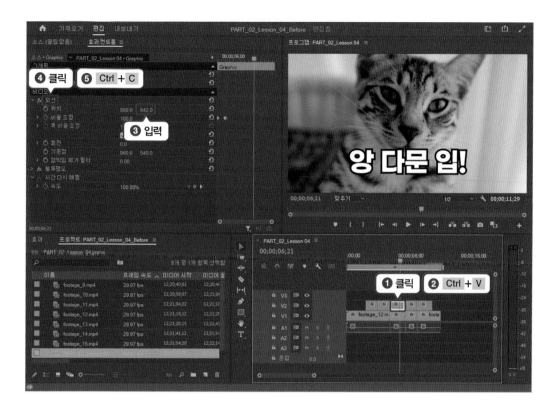

03 타임라인에서 ❶ 네 번째, 다섯 번째 텍스트 클립을 같이 선택하고 ❷ Ctrl + V 를 눌러 복사한 [모션 (Motion)] 항목을 붙여 넣습니다.

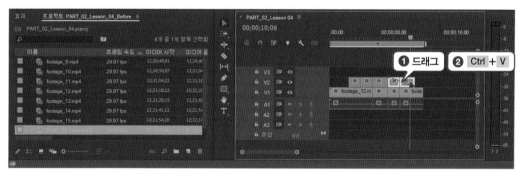

TIP 클립을 여러 개 선택할 때는 타임라인에서 드래그해도 되고 Shift 를 누른 상태에서 각각 클릭해도 됩니다.

01 이번에는 크기가 점점 커지는 애니메이션을 동영상에도 적용해보겠습니다. 우선 첫 번째 동영상 클립의 도입부부터 텍스트 등장까지의 시간이 너무 길어 텍스트와 동시에 영상이 시작되도록 줄여보겠습니다. ❶ 첫 번째 클립의 왼쪽 모서리를 드래그해 텍스트 클립과 동일한 길이로 맞추고 ❷ 빈 공간을 클릭한 후 ❸ `Delete` 를 눌러 삭제합니다.

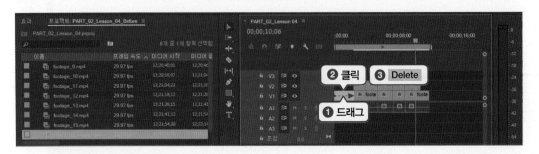

02 ❶ 타임라인에서 첫 번째 비디오 클립을 클릭합니다. [효과 컨트롤(Effect Controls)] 패널에서 위치와 크기를 동시에 조절해보겠습니다. ❷ [효과 컨트롤(Effect Controls)] 패널의 타임바를 클립의 맨 앞에 위치시킨 후 ❸ [위치(Position)]와 [비율 조정(Scale)] 옵션의 스톱워치 🕙 를 각각 클릭해 활성화합니다.

03 타임바를 비디오 클립 끝에 놓고 키프레임을 만들 차례인데 한 가지 문제가 있습니다. 우선 아래 예시를 보겠습니다. 파란색을 가진 A클립, 빨간색을 가진 B클립입니다. 만약 타임바가 아래 그림처럼 ❶ A와 B 클립 사이에 정확하게 위치하면 ❷ [프로그램(Program)] 패널 화면에는 파란색의 A클립이 아닌 빨간색의 B클립 화면이 나타납니다. 해당 위치에서 A클립의 [모션(Motion)] 옵션값을 수정해도 얼마나 수정되는지 시각적으로 알기 어렵습니다.

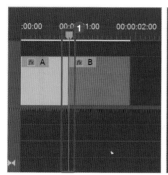
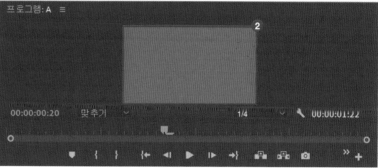

04 다시 예제로 돌아옵니다. 비디오 클립의 마지막 위치에 키프레임 애니메이션을 적용할 때 모션을 수정하면서 변경되는 점을 확인하려면 타임바를 중간에 위치시키고 작업합니다. 키프레임 위치는 나중에 수정이 가능하므로 상관없습니다. 비율 및 위치를 조정하는 키프레임을 만들어보겠습니다. ❶ 우선 임의의 위치에 타임바를 위치시킵니다. ❷ [위치(Position)] 옵션을 **996.7, 662.4**로 설정하고 ❸ [비율 조정(Scale)] 옵션은 **139**로 설정합니다. 천천히 비디오가 확대되고 위치가 바뀌며 고양이의 얼굴로 화면이 점점 확대되도록 설정하였습니다. ❹ 생성된 키프레임 두 개를 드래그해 선택합니다.

유캔두 테크닉

초보 유튜버 가이드

프리미어 프로 기초

영상 편집 기본

프리미어 프로 효과

영상 특수 효과

05 ❶ 선택한 키프레임 두 개를 드래그하여 클립의 오른쪽 끝으로 이동합니다. ❷ Spacebar 를 눌러 적용된 애니메이션을 확인합니다.

역동적인 움직임을 위한 키프레임 그래프

예제 파일 CHAPTER_02\LESSON_04_YT.prproj | 완성 파일 없음

이번에는 프리미어 프로에서 애니메이션을 더욱 역동적으로 만들 수 있는 고급 기술인 키프레임 그래프 조정 방법에 대해 알아보겠습니다. 이 기술을 응용하면 프리미어 프로에서도 마치 애프터 이펙트처럼 자연스럽고 다양한 움직임을 만들 수 있습니다. 프리미어 프로의 기능적 한계 때문에 복잡한 애니메이션 조절 작업이 쉬운 것은 아니지만 이 기능만 알아도 간단한 애니메이션을 얼마든지 멋지게 만들 수 있습니다.

01 예제 파일을 열고 타임라인을 확인해보면 비디오 클립과 자막 클립이 삽입되어 있는 것을 확인할 수 있습니다. 먼저 첫 번째 자막 클립을 클릭합니다.

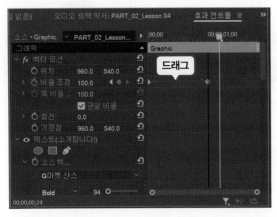

02 [효과 컨트롤(Effect Controls)] 패널을 확인 해보면 [비율 조정(Scale)] 옵션에 애니메이션이 적용되어 있습니다. 키프레임 그래프를 조절하기에 앞서 두 번째 키프레임을 오른쪽으로 드래그해 간격을 넓게 벌려주겠습니다. 키프레임 간격이 좁은 상태에서는 그래프를 조절하기 힘들뿐더러 애니메이션이 빠르게 지나가면 큰 차이를 느끼기 힘들기 때문입니다.

TIP 이번 예제는 [비디오(Video)]–[모션(Motion)] 항목이 아닌 [그래픽(Graphic)]–[벡터 모션(Vector Motion)] 항목의 [비율 조정(Scale)] 옵션을 설정했습니다. [비디오(Video)]–[모션(Motion)] 항목을 조절하면 텍스트 박스 자체가 움직이고 [그래픽(Graphic)]–[벡터 모션(Vector Motion)] 옵션을 조절하면 텍스트 박스 안의 텍스트가 움직인다고 이해하면 편리합니다.

03 ❶ [비율 조정(Sacle)] 옵션의 ▶을 클릭하면 아래 그림처럼 그래프가 나타납니다. 그래프는 두 종류가 있습니다. ❷ 하나는 해당 옵션의 값 변화를 나타내는 그래프, ❸ 다른 하나는 변화 속도를 나타내는 그래프입니다.

04 그래프를 직접 수정하기 전 기본적으로 제공하는 그래프 모양을 우선 적용해보겠습니다. ❶ 첫 번째 키프레임을 마우스 오른쪽 버튼으로 클릭한 후 ❷ [감속 프레임(Ease Out)]을 클릭합니다.

TIP 단축 메뉴에서 가속, 감속으로 표현되었지만 중요한 것은 영어 이름입니다. Ease는 '천천히 완만하게 움직이다'라는 뜻으로 감속 프레임인 Ease Out은 Out(바깥, 오른쪽) 부분의 그래프가 완만해지는 것을 의미합니다. 가속 프레임인 Ease In은 In(안쪽, 왼쪽) 부분의 그래프가 완만해지는 것을 의미합니다. 따라서 지금처럼 키프레임의 오른쪽에만 애니메이션이 적용된 경우에는 미리 보기를 재생해도 다른 변경 사항을 확인하기 어렵습니다.

05 두 번째 키프레임을 ❶ 마우스 오른쪽 버튼으로 클릭한 후 ❷ [가속 프레임(Ease In)]을 클릭해 적용합니다.

06 아래 그림처럼 그래프가 변경된 것을 확인할 수 있습니다. ❶ Spacebar 를 눌러 미리 보기를 재생해 애니메이션의 달라진 느낌을 확인해봅니다. ❷ 위쪽의 값의 변화를 나타내는 그래프 모양처럼 부드럽게 크기가 커지고 ❸ 아래쪽의 속도 그래프 모양처럼 서서히 가속되다가 정점을 지나면 천천히 감속하는 애니메이션이 됩니다.

07 이번에는 그래프를 직접 조절하여 매끄러운 움직임을 만들어보겠습니다. 강조 표시된 핸들 중 어떤 것을 조절해도 상관없습니다. 하나를 조절하면 나머지 그래프도 그에 맞게 조절됩니다. ❶❷ 우선 왼쪽의 파란색 핸들을 오른쪽보다 조금 더 짧게 드래그해 조절합니다.

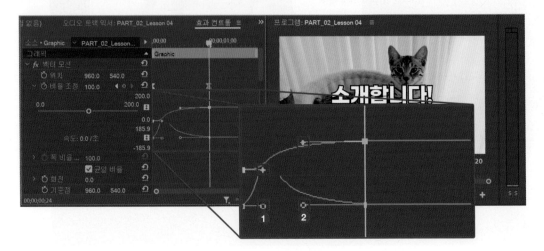

08 아래쪽 속력 그래프를 기준으로 ❶ ❷처럼 높이가 조절되었을 때 계단 모양의 각진 부분이 발생하면 안 됩니다. 이렇게 조절하면 애니메이션이 적용되어도 어딘가 어색한 느낌의 움직임이 됩니다. ❸처럼 반듯해야 매끄러운 움직임이 됩니다.

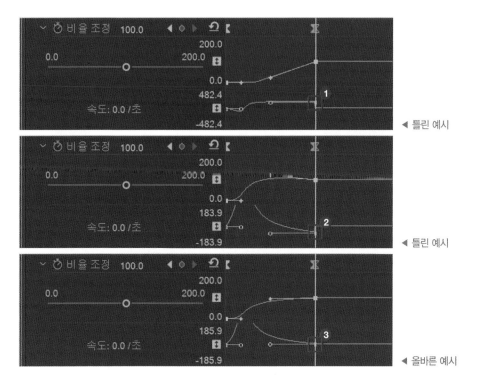

◀ 틀린 예시

◀ 틀린 예시

◀ 올바른 예시

09 이번에는 다른 움직임을 만들어보기 위해 속력 그래프를 초기화하겠습니다. ❶ 첫 번째 키프레임을 마우스 오른쪽 버튼으로 클릭하고 ❷ [선형(Linear)]을 클릭합니다.

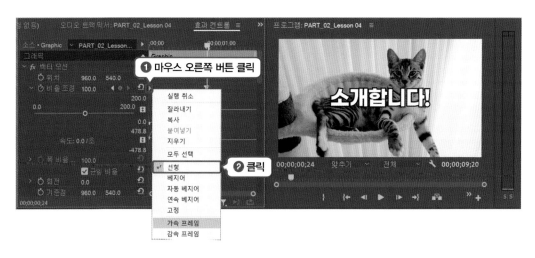

유캐스트 테크닉

초보 유튜버 가이드

프리미어 프로 기초

영상 편집 기본

프리미어 프로 효과

영상 특수 효과

10 ❶ 첫 번째 키프레임의 그래프를 조금 더 극단적으로 조절하여 아래 그림처럼 만들어봅니다. ❷ Spacebar 를 눌러 미리 보기를 재생해 이전과 어떤 다른 움직임이 나타나는지 확인합니다. 처음에는 빠르게 등장하며 크기가 커지다가 서서히 감속하는 형태로 표현됩니다.

TIP 키프레임 그래프를 처음 조작할 때 핸들을 어떻게 움직여야 할지 헷갈리는 것은 당연합니다. 키프레임 애니메이션을 생성하고 핸들을 자주 조절해봐야 키감을 잡을 수 있습니다. 나중에는 그래프만 보아도 대략적으로 어떻게 애니메이션이 구현될지 짐작할 수 있는 날도 올 것입니다.

유캔튜브 테크닉

초보 유튜버 가이드

프리미어 프로 기초

영상 편집 기본

프리미어 프로 효과

영상 특수 효과

LESSON 05 ⟫⟫⟫

4분할 화면 동영상 만들기

▶ 동영상 크기 조절한 후 타임라인에 배치해 분할 화면 장면 만들기

유튜브 영상을 제작하다 보면 가끔 화면 분할 장면이 필요할 때가 있습니다. 자주 쓰는 기능은 아니지만 이 번 LESSON에서는 [프로그램(Program)] 패널에서 스냅 기능을 활용해 영상, 오브젝트를 배치하는 방법과 영상 클립을 타임라인에 배치하는 방법에 대해 자세히 알아보겠습니다.

PREVIEW

예제 파일 CHAPTER_02\LESSON_05_Before.prproj
완성 파일 CHAPTER_02\LESSON_05_After.prproj

▲ 개별적으로 배치된 비디오 클립

▲ 4분할 화면으로 하나의 장면에 같이 배치된 비디오 클립

한눈에 확인하는
작업 순서

영상
불러오기
〉
영상 크기
조절하기
〉
영상
배치하기

01 예제 파일을 엽니다. 배치된 영상 클립들 맨 뒤에 4분할 영상을 넣을 예정입니다. 지금은 타임라인 뒤쪽이 잘 안보이기 때문에 ━를 눌러서 타임라인을 축소합니다.

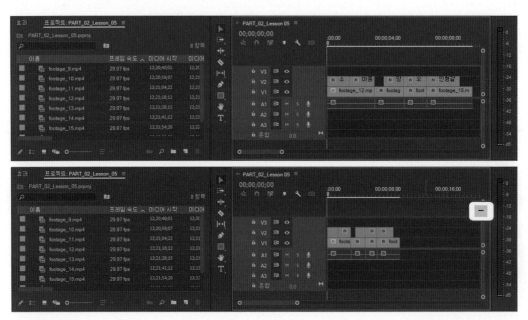

TIP **Alt** 를 누른 상태로 타임라인에서 마우스 휠을 스크롤하거나 타임라인 아래의 스크롤을 드래그해 크기를 조절해도 됩니다.

02 4분할 영상 중 첫 번째 영상을 타임라인 가장 끝으로 가져오겠습니다. [프로젝트(Project)] 패널에서 [footage_9.mp4]를 드래그하여 타임라인 제일 오른쪽에 배치합니다.

TIP 적당한 영상이 있다면 다른 임의의 영상을 배치해도 상관없습니다.

03 가져온 영상을 그대로 쓰기에는 길이가 조금 깁니다. ❶ 배치한 영상 클립의 오른쪽 끝을 드래그해 길이를 조절합니다. ❷ 조절된 클립은 현재 배치된 클립 오른쪽 끝에 딱 맞게 배치합니다.

04 ❶ [프로젝트(Project)] 패널의 [footage_10]도 타임라인의 V1 트랙으로 드래그해 가져온 후 같은 방법으로 ❷ 길이를 조절합니다.

05 방금 삽입한 비디오 클립을 V2 트랙으로 드래그해 영상이 겹쳐지도록 배치해보겠습니다. 이때 클립의 비디오 부분과 오디오 부분을 V2와 A2 트랙으로 각각 배치해야 합니다. ❶ 먼저 오디오 부분을 A2 트랙으로 드래그한 후 ❷ 비디오 부분도 V2 트랙으로 드래그합니다.

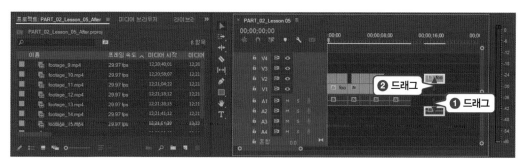

TIP 기본적으로 비디오 클립은 비디오/오디오 부분으로 나누어져 있지만 하나만 드래그해도 같이 이동합니다. 비디오 부분만 V2 트랙으로 드래그해 위치를 이동해도 오디오 부분은 A1 트랙에 위치하고 있으며, 이 상태에 다른 비디오 클립과 겹치게 배치하면 A1 트랙에 배치된 기존 오디오 부분에 덮어씌워집니다.

유캔튜브 테크닉

초보 유튜버 가이드

프리미어 프로 기초

영상 편집 기본

프리미어 프로 효과

영상 특수 효과

06 ❶ [footage_10.mp4] 비디오 클립을 기존에 배치한 [footage_9.mp4] 비디오 클립 위에 드래그합니다. ❷ 시작 지점이 동일하도록 배치한 후 전체 길이를 동일하게 조절합니다.

TIP 처음 영상 클립을 배치할 때 V2 클립에 미리 드래그하면 오디오도 따라서 A2 클립에 배치됩니다. 여기서는 클립을 중첩 배치할 때 주의사항을 확인하기 위해 V2, A2 트랙에 배치한 후 이동하였습니다. 또한 V2 트랙에 배치한 후 V1 트랙에 위치한 클립과 길이가 맞지 않는다면 똑같은 길이가 되도록 조절합니다.

07 ❶ [프로젝트(Project)] 패널에서 [footage_14.mp4]를 V3와 A3 트랙에 배치하고 마지막으로 [footage_15.mp4]를 배치하겠습니다. 마지막으로 영상을 겹쳐서 배치해야 하는데 빈 트랙이 겹쳐서 배치할 수 없는 것처럼 보입니다. ❷ [footage_15.mp4]를 드래그해 V1 트랙에 배치합니다.

08 [footage_15.mp4] 비디오 클립의 비디오 부분을 V3 트랙 위의 빈 공간으로 드래그하면 새로운 V4 트랙이 만들어집니다.

09 [footage_15.mp4] 비디오 클립의 오디오 부분 또한 마찬가지로 맨 아래로 배치하면 없었던 A4 트랙이 생성됩니다.

10 ❶ 다른 영상과 겹쳐지도록 시작 지점을 동일하게 배치하고 ❷ 길이도 동일하게 조절합니다. ❸ [프로그램(Program)] 패널을 확인하면 가장 상위에 있는 V4 트랙의 [footage_15.mp4] 비디오 클립의 영상만 출력되는 것을 확인할 수 있습니다.

01 비디오 클립의 크기를 줄여 4분할 영상으로 배치하겠습니다. ❶ 타임라인에서 V4 트랙의 비디오 클립을 클릭합니다. ❷ [효과 컨트롤(Effect Controls)] 패널에서 [비율 조정(Scale)] 옵션을 50으로 설정합니다. ❸ 영상의 가로세로가 1/2로 줄어들고 한 화면에 영상 네 개가 들어갈 수 있는 크기가 됩니다.

02 위치를 옮길 때 위칫값을 숫자로 직접 입력하지 않고 [프로그램(Program)] 패널에서 직접 이동해보겠습니다. Ctrl 을 누른 상태에서 왼쪽 위로 비디오를 드래그합니다. 이렇게 하면 스냅(Snap) 기능이 적용되어 빨간색 점선이 나타나고 화면 모서리에 딱 맞게 배치할 수 있습니다.

> **TIP** Ctrl 을 누른 상태가 아니라 항상 스냅 기능을 활성화하고 싶다면 [프로그램(Program)] 패널 하단의 🔲 을 클릭하고 [프로그램 모니터에서 스냅(Snap in Program Monitor)]을 클릭해 활성화합니다. 이 상태에서는 드래그할 때 스냅이 자동으로 활성화되고 Ctrl 을 누르고 드래그했을 때 스냅 기능이 비활성화됩니다.

TIP 비디오 클립을 직접 드래그해 배치할 때는 기준점 앵커⊕나 모서리가 아닌 비디오 영역 안쪽을 드래그합니다.

03 ❶ 타임라인에서 V3 트랙의 비디오 클립을 클릭합니다. ❷ [효과 컨트롤(Effect Controls)] 패널에서 [비율 조정(Scale)] 옵션을 **50**으로 설정합니다. ❸ [프로그램(Program)] 패널에서 Ctrl 을 누른 상태로 비디오를 드래그해 오른쪽 위에 배치합니다.

04 ❶❷❸ V2 트랙에 배치한 비디오 클립도 동일하게 [비율 조정(Scale)] 옵션을 **50**으로 설정하고 Ctrl 을 누른 상태에서 왼쪽 아래로 드래그합니다.

05 V1 트랙의 비디오 클립도 동일하게 적용해 오른쪽 아래에 배치합니다. 쉽게 4분할 영상을 만들 수 있습니다. 수치를 직접 입력하지 않고 4분할 영상을 간단히 만들 수 있는 스냅(Snap) 기능의 Ctrl +드래그를 기억하면 나중에 다른 그래픽 클립을 배치할 때도 매우 유용하게 사용할 수 있습니다.

06 이렇게 배치한 분할 영상은 ❶ 드래그해 한번에 같이 선택한 후 ❷ 지속 시간을 동시에 줄이거나 늘릴 수 있습니다.

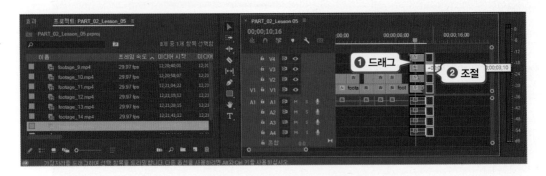

타임라인에 트랙을 추가하는 방법은 클립을 움직이는 것 외에도 다른 방법이 있습니다. ❶ 타임라인의 트랙 정보에서 오른쪽 빈 공간을 클릭하고 ❷ [트랙 하나 추가(Add Track)]를 클릭하면 트랙이 추가되고 ❸ [트랙 하나 삭제(Delete Track)]를 클릭하면 트랙이 삭제됩니다. 이때 마우스 오른쪽 버튼을 클릭한 위치를 기준으로 위쪽에 새 트랙이 삽입되거나 혹은 해당 트랙이 삭제된다는 점만 이해하면 사용하기는 어렵지 않습니다. 단, 트랙을 삭제할 때 해당 트랙에 클립이 남아 있는지 별도로 경고하지 않으므로 편집한 클립이 남아 있는지 잘 확인한 후 삭제해야 합니다.

트랙을 여러 개 추가할 때는 단축 메뉴에서 [여러 트랙 추가(Add Tracks)]를 클릭합니다. 그러면 [트랙 추가(Add Tracks)] 대화상자가 나타납니다. 여기서 추가할 비디오 트랙 수와 배치할 위치를 선택하고 [확인(OK)]을 클릭하면 여러 개의 트랙을 한번에 추가할 수 있습니다. 반대로 트랙을 여러 개 삭제할 때는 [여러 트랙 삭제(Delete Tracks)]를 클릭하면 될 것 같지만 실제로 트랙을 삭제할 때는 [트랙 하나 삭제(Delete Tracks)]를 사용합니다. [여러 트랙 삭제(Delete Tracks)] 기능은 보통 편집이 모두 완료된 후 빈 트랙을 일괄 삭제할 때 주로 사용합니다.

▲ [여러 트랙 추가(Add Tracks)] 기능

▲ [여러 트랙 삭제(Delete Tracks)] 기능

프로그램 패널을 똑똑하게 쓰는 두 가지 방법

예제 파일 없음 | 완성 파일 없음

프리미어 프로에는 자막이나 그래픽, 비디오 클립을 보다 편리하게 배치할 수 있도록 도와주는 다양한 기능이 있습니다. 앞에서 알아본 스냅(Snap) 기능 외에도 보호 여백(Safe Margin), 눈금자(Ruler), 안내선(Guide) 등 다양한 기능이 있습니다.

보호 여백 표시하기

자막이나 화면에 그래픽 디자인을 구성하는 등 레이아웃을 정갈하게 맞추기 위해 화면 상에 임의의 격자를 표시해주는 기능이 필요할 때가 있습니다. 프리미어 프로에는 격자 기능이 없지만 이와 비슷한 보호 여백(Safe Margin) 기능을 활용하면 됩니다.

01 ❶ [프로그램(Program)] 패널 작업 영역에서 마우스 오른쪽 버튼을 클릭한 후 ❷ [보호 여백(Safe Margin)]을 클릭합니다.

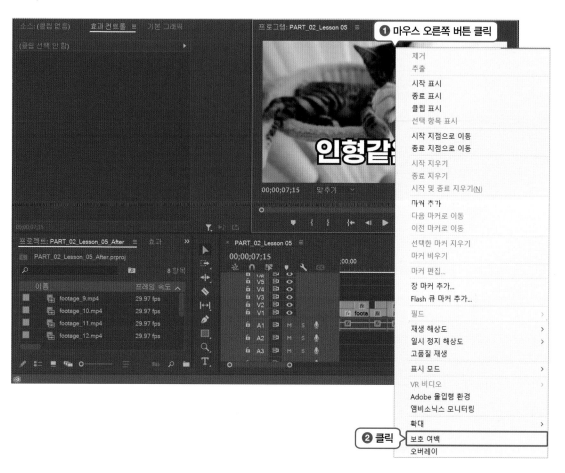

02 [프로그램(Program)] 패널 화면에 가로/세로 가운데와 화면 가장자리부터의 안쪽 영역을 표시해주는 보호 여백선이 표시됩니다.

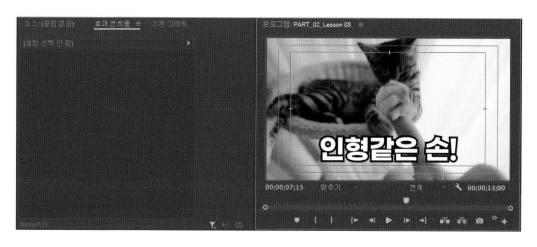

03 보호 여백 기능을 매번 적용하기 번거롭다면 간단히 토글 아이콘을 추가할 수 있습니다. [프로그램 (Program)] 패널 오른쪽 아래의 ❶ 단추 편집기(Button Editor)➕를 클릭합니다. ❷ [단추 편집기(Button Editor)]가 나타납니다.

04 [단추 편집기(Button Editor)]의 보호 여백(Safe Margin)▣ 아이콘을 드래그해서 패널 하단 아이콘 모음의 가장 왼쪽에 배치합니다. 원하는 위치에 배치해도 상관없습니다.

05 [프로그램(Program)] 패널 하단에 보호 여백(Safe Margin)▣이 추가됩니다. 클릭하여 활성화/비활 성화해 보호 여백 기능을 쉽게 켜고 끌 수 있습니다.

눈금자와 안내선 표시하기

영상에서 자막이나 디자인 요소가 자주 쓰이는 경우, 적절한 레이아웃 위치를 표시해야 자막 및 그래픽 디자인의 위치와 크기를 균일하게 배치할 수 있습니다. 이때 눈금자(Ruler)와 안내선(Guide) 기능을 활용하면 매우 편리합니다.

01 [프로그램(Program)] 패널에서 설정(Settings)✎을 클릭합니다.

02 [눈금자 표시(Show Rulers)]를 클릭해 눈금자를 활성화합니다.

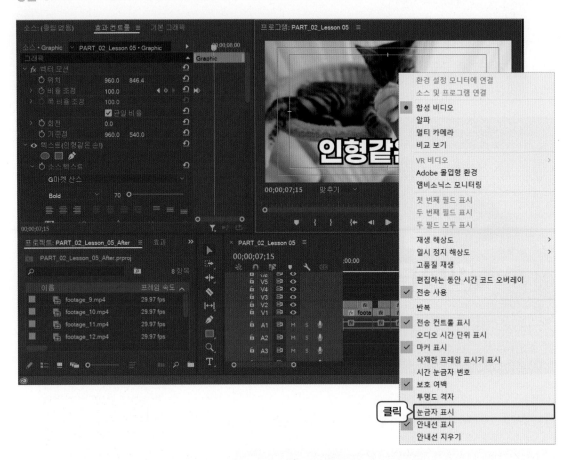

03 [프로그램(Program)] 패널에 화면을 픽셀 단위로 표시하는 눈금자가 나타납니다. 가로 눈금자 부분을 작업 화면 안쪽으로 드래그해 안내선을 자막 아래에 배치합니다.

04 하늘색 선이 표시됩니다. 이것이 안내선(Guide)입니다. 추가로 하나 더 드래그해 아래 그림처럼 자막이 들어갈 공간을 표시합니다. 세로도 동일한 방법으로 안내선을 배치할 수 있습니다. 안내선을 배치하면 위치를 확인하면서 자막을 배치할 수 있고 자막 크기를 조절할 때 기준선에 맞게 배치할 수 있습니다.

TIP 안내선을 삭제하려면 삽입한 안내선을 화면 바깥으로 드래그합니다.

유캔두 테크닉

초보 유튜버 가이드

프리미어 프로 기초

영상 편집 기본

프리미어 프로 응용

영상 특수 효과

LESSON 06

원하는 색으로 바탕 꾸미기

▶ 색상 매트(Color Matte)로 영상에 간단한 배경색 삽입하기

영상을 제작하다 보면 단순한 하얀색 또는 노란색 등 특정 색상의 배경이 필요할 때가 있습니다. 프리미어 프로에서는 그림판이나 포토샵 같은 그래픽 프로그램 없이 색상 매트(Color Matte) 기능을 활용하여 단색 배경을 쉽게 만들 수 있습니다. 참고로 프리미어 기본 배경색은 검은색으로 이때는 별도의 색상 매트를 삽입 할 필요는 없습니다.

예제 파일 CHAPTER_02\LESSON_06_Before.prproj
완성 파일 CHAPTER_02\LESSON_06_After.prproj

PREVIEW

◀ 영상에 색상 매트를 적용하기 전

▲ 영상에 색상 매트를 적용한 후

한눈에 확인하는 작업 순서	새 색상 매트 생성	>	새 색상 매트 삽입하기	>	색상 매트 위에 비디오 클립 삽입하기

STEP 01 | 새로운 색상 매트 생성하기

01 먼저 [프로젝트(Project)] 패널의 왼쪽 아래에 위치한 ❶ 새 항목(New Item)■을 클릭하고 ❷ [색상 매트(Color Matte)]를 클릭합니다.

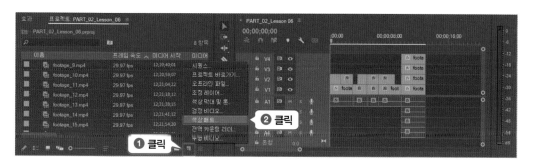

02 [새 색상 매트(New Color Matte)] 대화상자가 나타납니다. 기본적으로 시퀀스와 동일하게 설정되므로 바로 ❶ [확인(OK)]을 클릭합니다. 이어서 [색상 피커(Color Picker)] 대화상자가 나타납니다. ❷ 원하는 색상을 지정하고 ❸ [확인(OK)]을 클릭합니다.

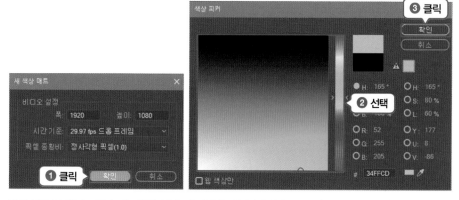

> **TIP** [색상 피커(Color Picker)] 대화상자에서 #에 해당하는 입력란에 색상 코드를 입력하거나 스포이트(Dropper)를 사용해 색을 지정할 수도 있습니다.

03 마지막으로 [이름 선택(Choose Name)] 대화상자가 나타납니다. ❶ 적당한 이름을 입력한 후 ❷ [확인(OK)]을 클릭합니다.

04 [프로젝트(Project)] 패널에 방금 전 추가한 색상 매트가 생성된 것을 확인할 수 있습니다.

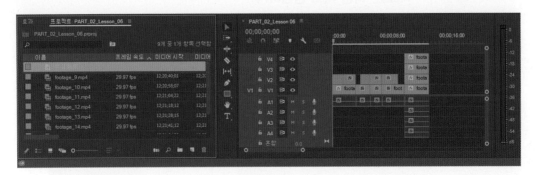

색상 매트 영상에 삽입하기

01 색상 매트(Color Matte)를 배치하는 방법은 비디오 클립 배치 방법과 동일합니다. [프로젝트(Project)] 패널에서 색상 매트를 타임라인의 영상 마지막 부분에 드래그해 삽입합니다.

02 ❶ 색상 매트 클립이 배치된 위치로 타임바를 이동합니다. ❷ [프로그램(Program)] 패널에서 앞서 설정한 색상과 동일한 색상의 매트를 확인할 수 있습니다.

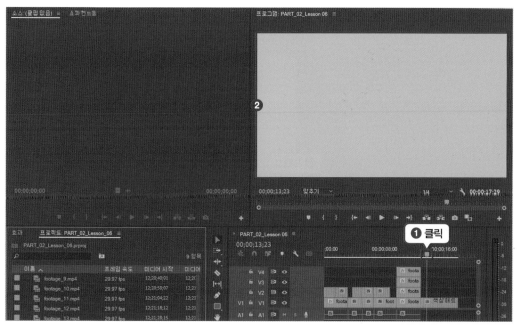

TIP 색상 매트의 색상을 변경하고 싶다면 색상 매트 클립 또는 미디어를 더블클릭하고 [색상 피커(Color Picker)] 대화상자에서 다시 설정할 수 있습니다.

03 색상 매트가 들어간 트랙 위에 다른 영상을 삽입해보겠습니다. [프로젝트(Project)] 패널에서 [footage_9.mp4]를 드래그하여 삽입한 색상 매트 클립의 윗부분에 삽입합니다.

04 ❶ 타임라인에서 삽입된 영상의 길이도 드래그해 색상 매트와 동일하게 맞춰줍니다. ❷ [프로그램 (Program)] 패널에서 영상을 더블클릭한 후 ❸ 모서리를 드래그해 크기를 조금 작게 조절합니다. 영상 여백에 색상 매트가 나타납니다.

영상이 정지된 고정 프레임 장면 추가하기

예제 파일 CHAPTER_02\LESSON_06_YT.prproj | 완성 파일 없음

유튜브 영상을 보면 영상 중간에 정지된 장면이 들어가는 연출을 종종 확인할 수 있습니다. 이러한 효과도 당연히 쉽게 구현할 수 있습니다. 이러한 기능을 프레임 고정(Frame Hold)이라고 합니다.

01 예제 파일을 열면 끝 지점에 색상 매트와 영상이 삽입되어 있습니다. 마지막 비디오 클립의 끝에 멈춘 장면을 추가해보겠습니다.

02 타임라인에서 Shift 를 누른 상태로 타임바를 비디오 클립 끝부분으로 드래그하면 스냅되면서 자동으로 달라붙습니다.

03 비디오 클립의 오른쪽 끝을 드래그해 비디오 클립의 지속 시간을 약간만 늘려줍니다.

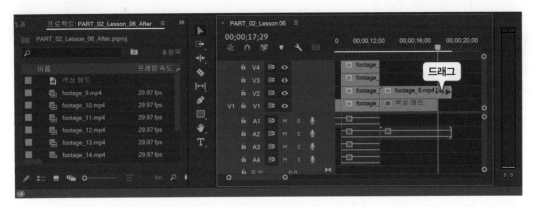

TIP 프레임을 고정하면 현재 타임바가 위치한 곳을 기준으로 영상 클립이 나누어지고, 나누어진 영상 뒷부분이 해당 프레임으로 고정됩니다. 따라서 영상 클립의 끝 장면을 고정한 상태로 만들려면 영상 클립의 길이를 미리 살짝 늘립니다. 이 부분은 뒤의 실습을 따라 하면 자연스럽게 이해될 겁니다.

04 ❶ 비디오 클립을 마우스 오른쪽 버튼으로 클릭하고 ❷ [프레임 고정 추가(Add Frame Hold)]를 클릭합니다.

05 현재 타임바가 위치한 곳을 기준으로 비디오 클립이 나뉩니다. 이때 ❶ 앞부분은 기존 영상이, ❷ 뒷부분은 정지 장면이 추가된 것입니다. 오디오 클립은 원본 클립 그대로 유지되고 있습니다. ❸ Alt 를 누른 상태로 영상 길이에 맞게 오디오 부분의 오른쪽 끝을 드래그해 지속 시간을 줄여줍니다.

TIP 프레임 고정 기능으로 원본 비디오 클립의 비디오 부분 길이가 달라져도 오디오 부분의 지속 시간을 조절하면 비디오 부분도 같이 조절됩니다. 이때 오디오 부분만 지속 시간을 조절하려면 Alt 를 누른 상태에서 클립의 좌우 끝을 드래그하면 됩니다.

06 V1 트랙에 위치한 색상 매트 클립의 오른쪽 끝을 드래그해 정지 화면과 동일하게 지속 시간을 맞춥니다.

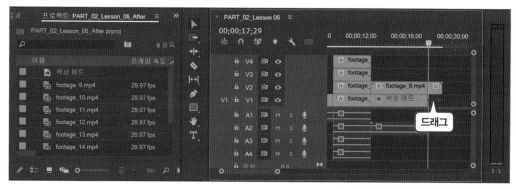

TIP 색상 매트와 같은 그래픽 클립과 마찬가지로 프레임 고정으로 추가한 정지 장면도 원본 동영상 길이에 상관없이 원하는 만큼 지속 시간을 조절할 수 있습니다.

07 Enter 를 눌러 영상을 처음부터 확인합니다.

유튜브 테크닉

초보 유튜버 가이드

프리미어 프로 기초

영상 편집 기본

프리미어 프로 효과

영상 특수 효과

간단한 촬영으로
화면 전환 효과 연출하기

▶ 모션 블러로 촬영한 영상을 컷 편집해 멋진 화면 전환 효과 만들기

이번 LESSON에서는 간단한 촬영 테크닉을 알아보겠습니다. 이 테크닉으로 촬영하면 영상을 이어 붙이는 것만으로도 그럴싸한 장면 전환 효과가 탄생합니다. 매끄럽게 공간이 이동하고 장면이 전환되는 연출이 가능해 시청자에게 강한 인상을 줄 수 있습니다. 매우 단순하지만 유행을 타지 않는 효과라 가끔씩 활용하기에 정말 좋은 효과입니다.

PREVIEW

예제 파일 CHAPTER_02\LESSON_07_Before.prproj
완성 파일 CHAPTER_02\LESSON_07_After.prproj

TIP 전환 효과 또는 트랜지션(Transition)이란 두 비디오(영상) 사이에 전환되는 효과를 의미합니다. 오디오에도 적용할 수 있습니다.

한눈에 확인하는 작업 순서	첫 번째 비디오 배치하기	>	두 번째 비디오 배치하기	>	편집 지점 자르기

유튜브 테크닉

초보 유튜버 가이드

프리미어 프로 기초

영상 편집 기본

프리미어 프로 효과

영상 특수 효과

STEP 01　전환 효과 촬영하기

이 효과는 촬영이 거의 전부라고 할 수 있습니다. 예제로 촬영된 샘플 영상을 참고해 효과를 만들 수 있지만 가급적 직접 촬영까지 해보는 것을 추천합니다.

01　먼저 아래 영상을 **A영상**이라고 부르겠습니다. 영상을 보면 모델로 등장한 '에이프롬'이 계단을 내려오는 장면을 촬영하다 마지막에 카메라를 왼쪽으로 빠르게 회전하는 방식으로 촬영을 마쳤습니다. 이런 장면을 직접 촬영할 때 카메라의 회전 방향을 반드시 기억해야 합니다.

  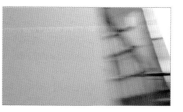

TIP 모션 블러(Motion Blur, 움직임 흐림) 효과를 적절하게 촬영하려면 잔상이 생길 정도로 카메라를 빠르게 회전하며 촬영합니다. 이때 카메라의 셔터 스피드를 적절히 설정하면 더욱 큰 모션 블러 효과를 촬영할 수 있습니다. 카메라가 있다면 직접 셔터 스피드를 설정해보며 적절한 수치를 찾는 것도 한 방법입니다.

02　아래 영상은 **B영상**이라고 부르겠습니다. B영상은 원래 촬영하려는 구도에서 시작하는 것이 아닌 오른쪽을 바라보며 촬영을 시작했습니다. 그리고 A영상에서 이어질 것을 생각하며 똑같이 왼쪽으로 빠르게 회전하며 촬영했습니다. 이때 원래 촬영하려던 위치에서 너무 과하게 벗어나지 않게 미리 구도를 설정하고 촬영합니다. 이렇게 촬영하면 왼쪽으로 회전하며 끝난 장면이 다시 자연스럽게 이어지는 연출로 편집할 수 있습니다.

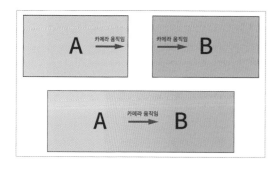

03　포인트는 A영상이 회전하며 끝나는 방향과 B영상이 회전하며 시작하는 방향을 동일하게 촬영해야 한다는 점입니다. 반대로 왼쪽 그림처럼 A영상이 오른쪽으로 회전하며 끝났다면, B영상은 촬영하려는 지점의 왼쪽에서 촬영을 시작해 오른쪽으로 회전하며 시작합니다.

01 이 기법의 장점은 편집할 때 특별한 효과를 적용하지 않아도 쉽게 임팩트 있는 연출이 가능하다는 점입니다. 예제 파일을 열면 [프로젝트(Project)] 패널에 촬영한 영상 두 개가 삽입되어 있습니다.

02 A영상에 해당하는 [0A1A8906.mp4] 영상을 타임라인으로 드래그해 시퀀스를 만듭니다. A영상이 타임라인 맨 처음에 배치됩니다.

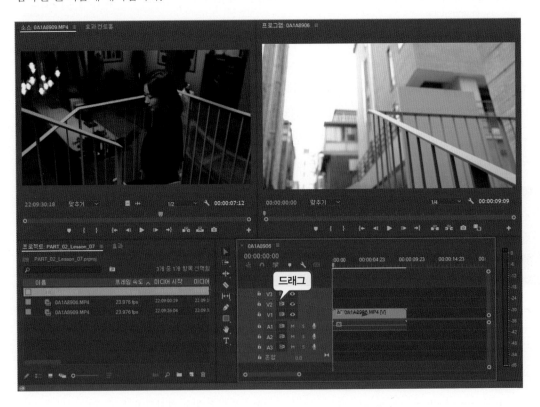

03 나머지 **B영상**에 해당하는 [0A1A8909.mp4]를 타임라인으로 드래그해 A영상 바로 뒤에 배치합니다.

04 이런 영상은 A영상과 B영상 사이에서 타임바를 천천히 앞뒤로 드래그하거나 키보드 좌우 방향키(←, →)를 이용해 전환할 장면을 확인하는 것이 좋습니다. ❶ **A영상**의 뒷부분에서 모션 블러(Motion Blur, 움직임 흐림) 현상이 가장 심한 장면에서 끝나도록 타임바를 위치시킵니다. ❷ **Ctrl** 을 누른 상태로 A영상 클립의 오른쪽 끝 부분을 왼쪽으로 드래그합니다.

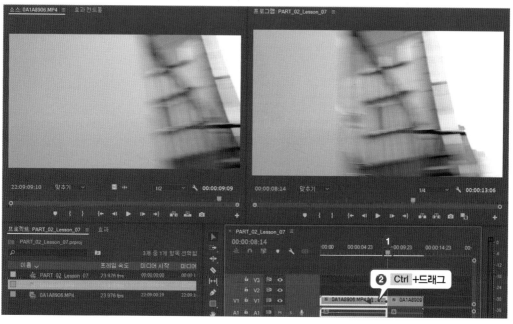

TIP 키보드의 좌우 방향키(←, →)를 이용하면 1프레임씩 이동하여 섬세한 편집이 가능합니다. 보통 회전을 시작하고 멈추는 움직임은 중간 부분이 가속도가 붙어 가장 빠르고 이후에 멈추기까지 살짝 느려지므로 해당 위치를 잘 확인합니다.

05 B영상은 시작점에서 모션블러가 심한 장면일 때 시작되도록 확인한 후 Ctrl 을 누른 상태로 B영상 클립의 왼쪽 끝 부분을 오른쪽으로 드래그합니다.

TIP 편집 방법은 원하는 방식 중 어떤 것을 사용해도 됩니다. 예제처럼 Ctrl +드래그해 클립을 직접 조절해도 되고 클립을 자른 후 잔물결 제거 (Ripple Delete) 기능을 사용해도 됩니다.

06 Spacebar 를 눌러 완성된 영상을 재생해보면 별다른 효과 없이 컷 편집만 했음에도 아주 자연스럽게 넘어가며 장면이 이어지는 듯한 느낌이 됩니다.

유캔튜브 테크닉

초보 유튜버 가이드

프리미어 프로 기초

영상 편집 기본

프리미어 프로 효과

영상 특수 효과

유캔튜브 테크닉

작업에 편리하게 단축키 커스터마이징하기

예제 파일 없음 | 완성 파일 없음

CHAPTER 02까지 실습을 진행했다면 프리미어의 여러 단축키를 사용하면서 어떤 것은 정말 유용하지만 또 어떤 것은 많이 사용하는 기능임에도 누르기 불편하다고 느낀 것이 있을 겁니다. 프리미어 프로에서는 원하는 방식으로 단축키를 자유롭게 변경(Customize)할 수 있습니다. 이번 테크닉을 통해 여러분이 원하는 기능을 가장 편한 단축키로 설정해봅니다.

01 프리미어 프로에서 임의의 프로젝트 파일을 열고 **Ctrl** + **Alt** + **K** 를 누릅니다. [키보드 단축키 (Keyboard Shortcut)] 대화상자가 나타납니다.

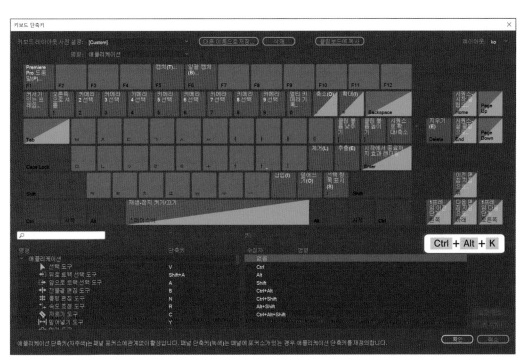

TIP [키보드 단축키(Keyboard Shortcut)] 대화상자는 [편집(Edit)]-[키보드 단축키(Keyboard Shortcut)] 메뉴를 클릭해도 됩니다. MacOS 이 경우 [파일(File)]-[키보드 단축키(Keyboard Shortcut)] 메뉴를 클릭합니다.

02 오른쪽 상단의 [레이아웃(Layout)]을 [en]으로 선택합니다. 키보드에 할당된 단축키를 모두 확인할 수 있습니다. 여기에서 각 키에 할당된 기능을 확인할 수 있지만 기능명에 익숙하지 않으면 처음에는 무슨 뜻인지 모를 수 있습니다. 하지만 당장은 몰라도 괜찮습니다. 중요한 것은 단축키를 변경하는 방법이기 때문입니다.

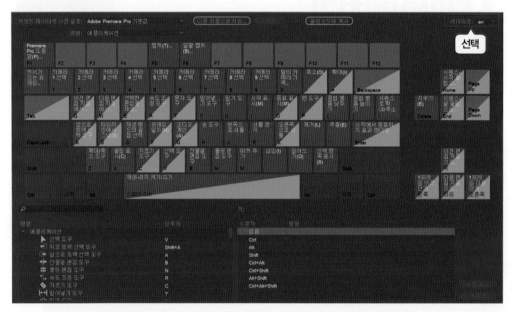

TIP 만약 프리미어 프로 영문판을 사용 중이라면 [레이아웃(layout)]이 기본적으로 [en]로 설정되어 있습니다.

TIP 단축키를 확인할 때 Ctrl , Alt , Shift 를 각각 누르거나 혹은 Ctrl + Alt 혹은 Ctrl + Shift , Alt + Shift , Ctrl + Alt + Shift 와 같이 기능키를 같이 누르면 그에 맞는 단축키를 확인할 수 있습니다.

03 대화상자 왼쪽 하단의 검색란에 **편집 추가**를 입력합니다. 참고로 편집 추가는 컷 편집에서 배웠던 클립 나누기, 자르기(Ctrl + K)의 기능 이름입니다.

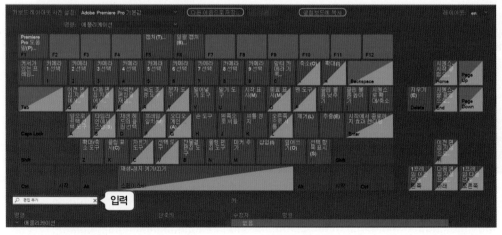

TIP 편집 추가 기능의 영문판 이름은 Add Edit입니다. 프리미어 프로 한글판을 사용할 때는 한글 기능명을, 영문판을 사용할 때는 영문 기능명을 입력해야 각 기능을 검색할 수 있습니다.

04 ❶ [편집 추가] 기능 옆의 빈 공간을 클릭하면 아래 그림처럼 빈 버튼이 나타납니다. 이때 원하는 키를 입력하면 해당 단축키가 할당됩니다. ❷ 추천하는 키는 G 입니다. 왼손이 항상 머무는 자리라 누르기도 쉽고, 옆의 D (타임바가 놓인 지점의 클립 선택)와 가깝기 때문입니다. 물론 취향에 따라 다르게 지정해도 됩니다. 다른 필수 단축키와 중복되지 않도록 하는게 중요합니다.

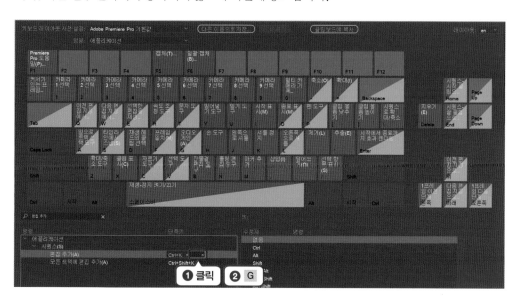

05 ❶ G 키로 설정한 경우 대화상자 하단에 '다른 응용 프로그램에서 이미 사용되고 있습니다. 오디오 게인(Audio Gain)'이라는 경고 메시지가 나타납니다. 오디오 게인은 단축키로 자주 쓰지 않아 무시해도 좋습니다. ❷ [확인(OK)]을 클릭하면 이대로 저장되며, 오디오 게인의 단축키 G 는 할당이 없어집니다. 만약 나중에라도 오디오 게인을 단축키로 활용할 예정이라면 나중에 다시 변경할 수 있습니다.

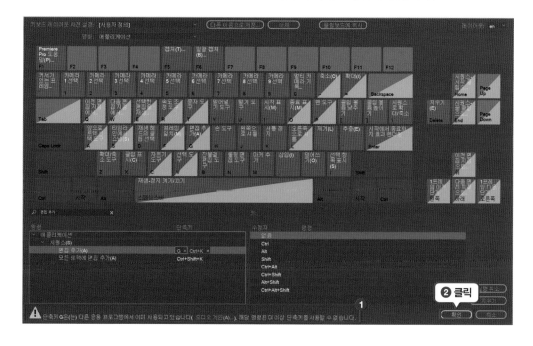

06 참고로 타임바가 위치한 모든 트랙의 클립을 한번에 나누는 기능도 있습니다. [모든 트랙에 편집 추가 (Add Edit to All Tracks)]가 해당 기능입니다. 이번에는 **①** **②** `Ctrl` + `Shift` + `G` 로 지정합니다. 기본 단축키인 `Ctrl` + `Shift` + `K` 는 한 손을 사용해 누르기 어렵지만 `Ctrl` + `Shift` + `G` 는 한 손으로도 누를 수 있다는 큰 차이가 있습니다.

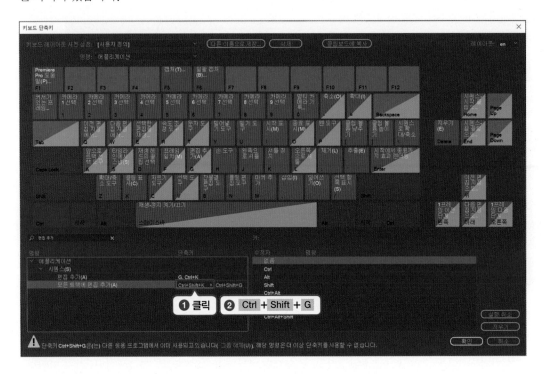

07 변경하면 좋은 단축키 리스트를 살펴보겠습니다. 다음 목록은 매우 단편적인 예시입니다. 여러분이 프리미어 프로로 영상 편집 작업을 진행하며 앞으로 필요로 하는 기능은 각자 다를 수 있으니 참고합니다.

단축키 변경을 추천하는 기능	추천 단축키
[애플리케이션] – [시퀀스] – [편집 추가(Add Edit)] • 기본값 : `Ctrl` + `K` • 현재 타임바가 위치한 지점에서 클립을 나누는 기능입니다.	`G`
[애플리케이션] – [편집] – [잔물결 제거(Ripple Delete)] • 기본값 : `Alt` + `Backspace` • 클립을 지우고 빈공간을 남기지 않게 뒤의 클립을 끌어오는 기능입니다.	`F` 편집 추가를 `G` 로 바꾼 경우, 인접한 `G` 와 `F` 만으로 클립을 자르고 삭제할 수 있어 편집이 훨씬 쉬워집니다.
[애플리케이션] – [클립] – [비디오 옵션] – [고정 프레임 추가(Add Frame Hold)] • 기본값 : 없음 • 영상에서 멈춘 장면을 만드는 기능입니다.	`Ctrl` + `Shift` + `F`

단축키 변경을 추천하는 기능	추천 단축키
[패널] – [프로그램 모니터 패널] – [보호 여백(Safe Margin)] • 기본값 : 없음 • [프로그램(Program)] 패널에서 보호 여백을 표시하는 기능입니다.	Shift + ' 참고로 프로그램 패널이 선택되어 있을 때만 단축키가 작동합니다.
[애플리케이션] – [클립] – [연결(Link)] • 기본값 : Ctrl + L • 비디오+오디오 클립으로 이루어진 클립을 연결 또는 해제할 때 사용합니다. 보통은 해제하는 용도로 자주 사용합니다.	1 혹은 임의의 숫자키

TIP 참고로 키보드 상단의 1~0 숫자키는 '카메라 선택' 관련 기능에 할당되어 있습니다. 카메라 선택은 자주 사용하지 않으므로 기본 단축키가 설정되지 않은 기능의 경우 숫자키에 할당하면 매우 편리합니다.

유캔튜브 테크닉

초보 유튜버 가이드

프리미어 프로 기초

영상 편집 기본

프리미어 프로 효과

영상 특수 효과

멋진 유튜브 영상을 만드는 프리미어 프로 효과

CHAPTER

03

자연스럽게 장면이 넘어가는 장면 전환 효과

▶ 트랜지션(Transition) 효과로 장면 전환 효과 구현하기

트랜지션(Transition)은 전환 효과를 의미합니다. 보통은 한 장면에서 다른 장면으로 넘어갈 때 주로 쓰이는 효과입니다. 트랜지션 효과를 활용해 그래픽 요소의 등장, 퇴장의 애니메이션 효과로도 사용할 수 있습니다. 프리미어 프로에서는 장면 전환을 위한 트랜지션 효과가 따로 존재하며 영상 제작 시 다양하게 활용할 수 있습니다.

PREVIEW

예제 파일 CHAPTER_03\LESSON_01_Before.prproj
완성 파일 CHAPTER_03\LESSON_01_After.prproj

◀ 트랜지션 효과가 적용되지 않은 자막

▲ 트랜지션 효과가 적용되어 서서히 사라지는 자막

| 한눈에 확인하는 작업 순서 | 트랜지션 영상 사이에 설정 | > | 트랜지션 영상 앞, 뒤에 설정 | > | 트랜지션 지속 시간 변경 |

유캔튜브 테크닉

초보 유튜버 가이드

프리미어 프로 기초

영상 편집 기본

프리미어 프로 효과

영상 특수 효과

STEP 01   교차 디졸브 트랜지션 적용하기

01 트랜지션은 [효과(Effects)] 패널에서 확인할 수 있습니다. [효과(Effects)] 패널 탭을 클릭합니다.

TIP [효과(Effects)] 패널은 [프로젝트(Project)] 패널과 동일한 위치에 있습니다. 만약 [효과(Effects)] 패널이 보이지 않는다면 [창(Window)] – [효과(Effects)] 메뉴를 클릭합니다.

02 [효과(Effects)] 패널의 다양한 효과 목록 중 [비디오 전환(Video Transitions)]을 더블클릭하고 트랜지션 효과 목록을 확인합니다.

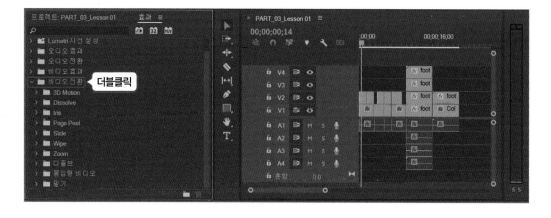

03 V2 트랙에 위치한 첫 번째와 두 번째 자막 클립 사이에 디졸브(Dissolve) 효과를 적용해보겠습니다. [효과(Effects)] 패널에서 [비디오 전환(Video Transitions)]-[디졸브(Dissolve)]-[교차 디졸브(Cross Dissolve)]를 드래그해 타임라인의 첫 번째와 두 번째 자막 클립 사이에 위치시킵니다.

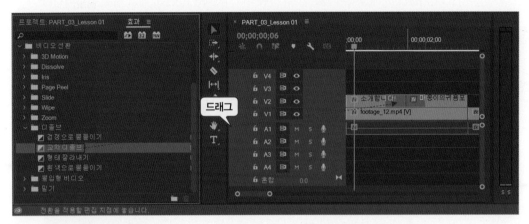

TIP 트랜지션 효과를 적용할 때 클립과 클립 사이가 제대로 보이지 않으면 타임라인을 확대한 후 작업합니다.

04 자막 클립 사이에 교차 디졸브(Cross Dissolve) 효과가 적용됩니다. ❶ 적용된 트랜지션은 양 끝을 드래그하여 길이(전환 속도)를 조절할 수 있고, ❷ [효과 컨트롤(Effect Controls)] 패널에서 [지속 시간 (Duration)]을 직접 입력해 조절할 수도 있습니다.

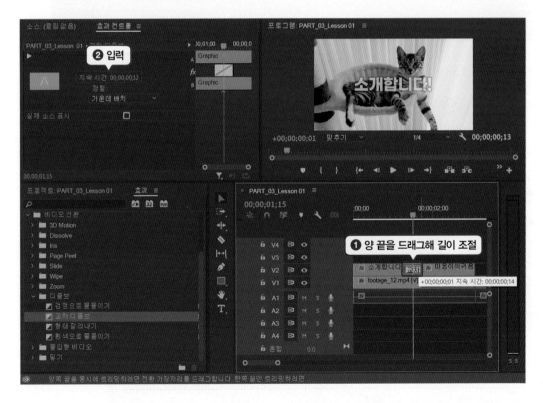

05 Spacebar 를 눌러 재생해보면 트랜지션이 적용된 것을 확인할 수 있습니다.

TIP 적용된 트랜지션의 중간 지점을 드래그해 트랜지션의 시작점, 끝점을 조절할 수도 있습니다.

06 동일한 방법으로 클립 사이가 아닌 클립의 끝 부분과 시작 부분에도 트랜지션 효과를 적용할 수 있습니다. 이렇게 적용된 교차 디졸브(Cross Dissolve) 효과를 이용해 그래픽 클립이 서서히 사라지는 효과를 구현할 수도 있습니다.

🔔 **비됴클래스 작업 꿀팁** ▶ 클립 사이에 트랜지션을 적용하더라도 단일 클립에 적용되는 것처럼 만들기

트랜지션 효과를 드래그로 적용하면 기본적으로 클립과 클립 사이에 적용되며 한쪽에만 적용되어도 앞뒤 클립에 영향을 받습니다. 이때 Ctrl 을 누른 상태로 드래그해 적용하면 앞뒤 클립에 영향을 받지 않고 분리된 것처럼 트랜지션이 적용됩니다.

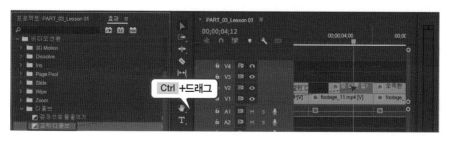

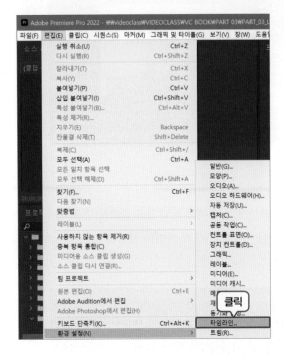

01 　트랜지션을 삽입하면 기본 지속 시간이 적용되며, 기본 지속 시간은 1초(30fps 시퀀스의 경우 30프레임)입니다. 이때 기본 지속 시간이 너무 길거나 짧을 경우 사용자가 바꿀 수 있습니다. [편집(Edit)]–[환경 설정(Preferences)]–[타임라인(Timeline)] 메뉴를 클릭합니다.

TIP　MacOS에서는 [Premiere Pro]–[환경 설정(Preferences)] 메뉴를 클릭합니다.

02 　[환경 설정(Preferences)] 대화상자가 나타납니다. ❶ [비디오 전환 기본 지속시간(Video Transition Default Duration)]이 **1초** 혹은 **30Frames**로 설정된 것을 자유롭게 변경하면 됩니다. 1초 혹은 30프레임은 요즘 영상 트렌드에 맞지 않는 긴 시간입니다. 권장 시간은 **0.4초**(second)로 본인의 영상 스타일에 맞게 적절히 설정하면 됩니다. 설정이 완료되면 ❷ [확인(OK)]을 클릭합니다.

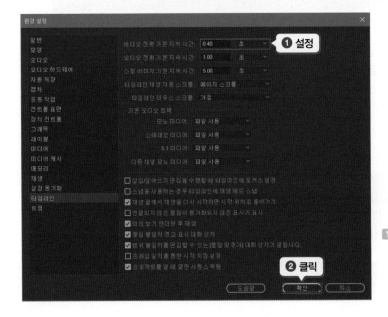

TIP　영상 클립 외 이미지 클립을 타임라인에 삽입할 때 기본 지속 시간은 5초로 설정됩니다. 이 부분은 [스틸 이미지 기본 지속 시간(Still Image Default Duration)]에서 원하는 만큼 조정할 수 있습니다.

유캔튜브 테크닉

초보 유튜버 가이드

프리미어 프로 기초

영상 편집 기본

프리미어 프로 효과

영상 특수 효과

유캔튜브 테크닉

트랜지션 빠르게 삽입하기

예제 파일 없음 | 완성 파일 없음

트랜지션을 삽입할 때 [효과(Effects)] 패널에서 트랜지션 효과를 타임라인의 클립으로 드래그하지 않고도 타임라인에서 작업하며 바로 삽입할 수도 있습니다. 이 방법을 활용하면 영상 전환 효과를 더욱 빠르게 적용할 수 있습니다.

첫째. 비디오 트랜지션을 빠르게 넣는 단축키

01 트랜지션을 빠르게 적용하려면 먼저 클립을 클릭한 후 `Ctrl` + `D` 를 누르는 방법이 있습니다. 이번에는 클립과 클립이 닿은 부분에 트랜지션을 삽입해보겠습니다. 클립 사이를 클릭합니다.

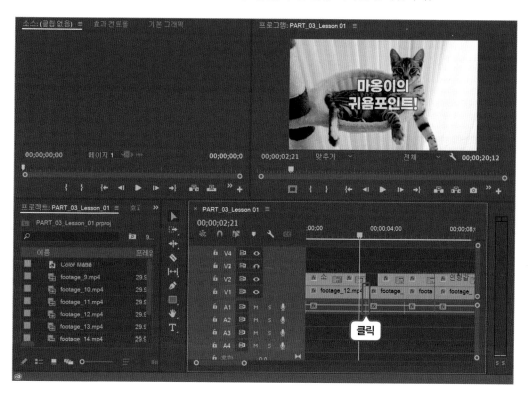

02 클립 사이에 빨간색 선이 표시되면 해당 부분이 선택되었다는 의미입니다. 이 상태에서 `Ctrl` + `D` 를 누릅니다.

03 ❶ 해당 부분에 교차 디졸브(Cross Dissolve)가 삽입됩니다. ❷ [효과(Effects)] 패널에서 [교차 디졸브(Cross Dissolve)]의 아이콘에 파란 테두리가 적용된 것을 확인할 수 있습니다. 이 표시는 `Ctrl` + `D` 를 눌러 적용하는 기본 트랜지션이라는 의미입니다. 기본 트랜지션은 사용자가 원하는 것으로 바꿀 수 있습니다.

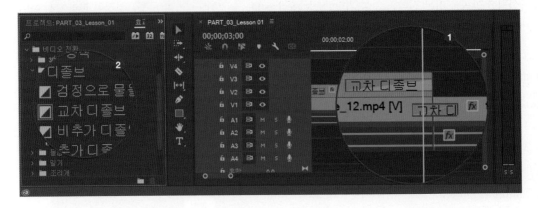

둘째. 기본 트랜지션 바꾸기

01 [프로젝트(Project)] 패널에서 ❶ 임의의 트랜지션 효과에서 마우스 오른쪽 버튼을 클릭하고 ❷ [선택한 항목을 기본 전환으로 설정(Set Selected as Default Transition)]을 클릭합니다. 예시에서는 [밀기(Slide)]-[밀어내기(Slide)] 효과에 적용했습니다.

02 [선택한 항목을 기본 전환으로 설정(Set Selected as Default Transition)]으로 설정한 트랜지션 아이콘에 파란색 테두리가 표시됩니다.

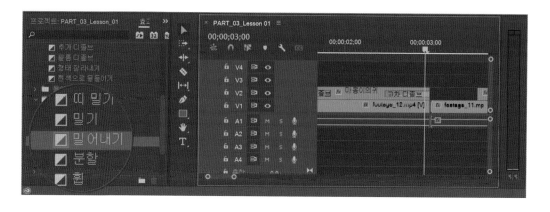

유캔두 테크닉

초보 유튜버 가이드

프리미어 프로 기초

영상 편집 기초

프리미어 프로 효과

영상 특수 효과

03 ① 임의의 클립 사이를 클릭한 후 ② Ctrl + D 를 누르면 밀어내기(Slide) 트랜지션이 적용됩니다.

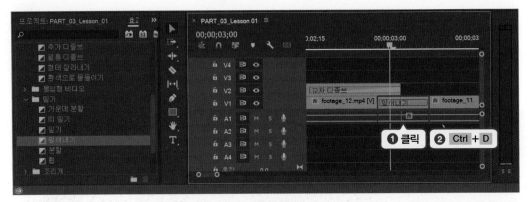

TIP 교차 디졸브(Cross Dissolve)는 가장 많이 쓰이는 트랜지션이므로 실습 후 다시 기본 트랜지션으로 적용하는 것을 추천합니다.

비됴클래스 작업 꿀팁 ▶ 오디오 트랜지션 적용하기

기본적으로 오디오 트랜지션도 비디오 트랜지션과 동일하게 [효과(Effects)] 패널에서 타임라인의 오디오 클립으로 드래그해 적용합니다. 오디오 트랜지션 단축키는 Ctrl + Shift + D 로 바로 적용 가능하며 기본 트랜지션은 [지속 가감속(Constant Power)]으로 설정되어 있습니다. 해당 트랜지션은 소리가 서서히 작아지고 커지는 식의 효과가 적용됩니다.

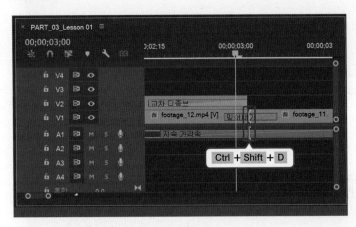

유캔튜브 테크닉

영상에서 원하는 부분만 바로 삽입하기

예제 파일 **없음** | 완성 파일 **없음**

프리미어 프로에서 작업할 때 중간에 새로운 영상을 삽입해야 하는 경우가 있습니다. 이때 프로젝트 패널에서 타임라인으로 비디오 클립을 그대로 드래그해 삽입하면 영상 클립 전체가 삽입되어 불편할 수 있습니다. 긴 영상의 일부만 필요한 상황에서 다음과 같은 방법으로 편리하게 작업할 수 있습니다.

첫째. 영상 일부분만 타임라인에 삽입하기

01 [프로젝트(Project)] 패널에서 타임라인에 삽입하려는 미디어 파일의 아이콘을 더블클릭합니다.

02 [소스(Source)] 패널이 활성화됩니다. 시간 눈금자에서 원하는 구간을 지정하겠습니다. ❶ 타임바를 영상에서 잘라 넣을 부분의 시작 지점(시작점, In)에 위치시키고 ❷ **I** 를 누릅니다.

TIP [소스(Source)] 패널에서 시작 표시(Mark In) ▮ 를 클릭해도 됩니다.

03 ❶ 타임바를 영상에서 잘라 넣을 부분의 끝 지점(끝점, Out)에 위치시키고 ❷ O 를 누릅니다.

TIP [소스(Source)] 패널에서 종료 표시(Mark Out) 버튼을 클릭해도 됩니다.

04 [소스(Source)] 패널에서 모니터 부분을 드래그하여 타임라인의 원하는 위치로 삽입합니다.

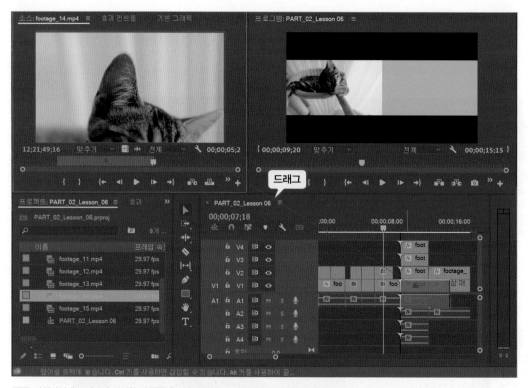

TIP 타임라인에 드래그해 삽입할 때 Ctrl 을 누른 상태로 드래그하면 뒤의 클립들을 밀어내면서 삽입할 수 있습니다.

05 이렇게 지정한 구간은 미디어에 그대로 귀속됩니다. 미디어에 적용된 시작점 및 끝점을 지우려면 ❶ 시간 눈금자에서 마우스 오른쪽 버튼으로 클릭한 후 ❷ [시작 및 종료 지우기(Clear In and Out)]를 클릭합니다.

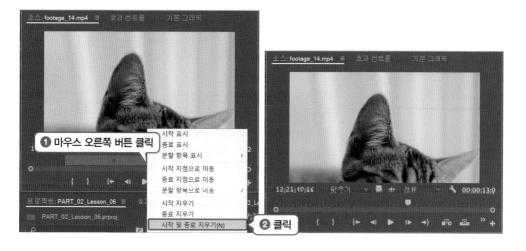

둘째. 미디어에서 영상 혹은 음성만 삽입하기

01 미디어에서 음성을 제외한 영상만 삽입할 수도 있습니다. [소스(Source)] 패널에서 비디오만 드래그 (Drag Video Only) ▦를 타임라인으로 드래그하면 영상 클립만 삽입됩니다.

TIP 음성 부분만 타임라인에 삽입할 때는 오디오만 드래그(Drag Audio Only) ▦를 드래그해 삽입하면 됩니다.

TIP 참고로 이 기능을 이용해서 영상 혹은 음성 단일 클립만 삽입하면 해당하는 영상, 음성을 살릴 수 없습니다. 쉽게 말해 비디오 클립만 가져오고 나중에 해당 구간의 오디오가 필요할 때 손쉽게 복구할 수 없다는 의미입니다. 따라서 이 기능은 반드시 음성을 사용하지 않을 경우에만 사용합니다.

여러 개의 클립을 합치는 중첩 시퀀스 기능

▶ 여러 개의 클립을 중첩 시퀀스 기능으로 합쳐 한번에 관리하기

중첩 시퀀스(Nest)를 활용하면 여러 클립들을 하나의 클립으로 만들어서 활용할 수 있습니다. 중첩의 영어 기능명인 Nest는 '둥지' 또는 '한 세트'라는 의미를 갖고 있습니다. 여러 개의 클립을 한 둥지 안에 담는 기능이라고 보면 됩니다. 여러 트랙이 층으로 이루어진 클립에 중첩 시퀀스 기능을 이용하면 트랜지션을 한 번만 삽입할 수 있습니다.

PREVIEW

예제 파일 CHAPTER_03\LESSON_02_Before.prproj
완성 파일 CHAPTER_03\LESSON_02_After.prproj

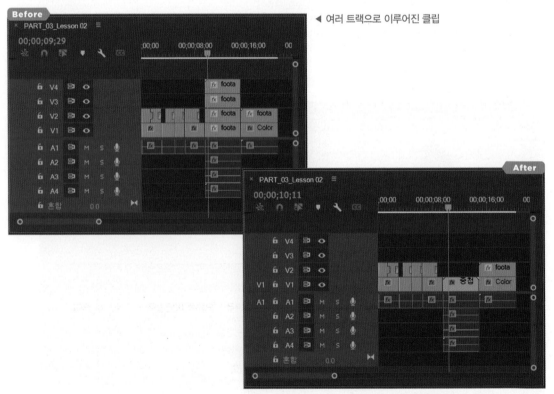

◀ 여러 트랙으로 이루어진 클립

▲ 하나의 중첩 시퀀스로 만들어 하나의 클립처럼 작업

한눈에 확인하는
작업 순서

여러 클립을 하나의 중첩 시퀀스로 작업   >   중첩 시퀀스에 트랜지션 적용하기

유캔두 테크닉

초보 유튜버 가이드

프리미어 프로 기초

영상 편집 기본

프리미어 프로 효과

영상 특수 효과

STEP 01　중첩 기능 사용하기

01　예제 프로젝트 파일에는 네 개의 트랙으로 이루어진 비디오 클립이 있습니다. 이 클립들을 하나의 클립으로 중첩(Nest)해보겠습니다. 네 개의 클립을 드래그해 모두 선택합니다.

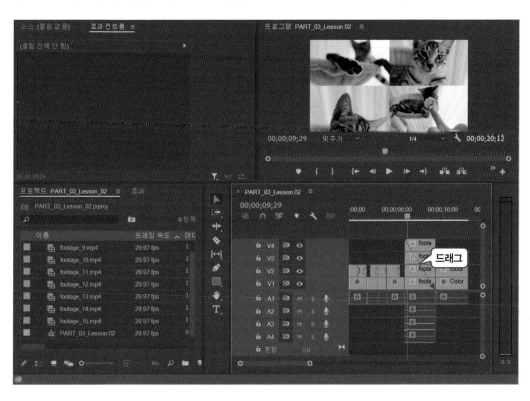

02　❶ 선택한 클립에서 마우스 오른쪽 버튼을 클릭한 후 ❷ [중첩(Nest)]을 클릭합니다. [중첩된 시퀀스 이름(Nested Sequence Name)] 대화상자가 나타납니다. ❸ 여기에서 중첩 시퀀스의 이름을 지정할 수 있습니다. ❹ 실습에서는 바로 [확인(OK)]을 클릭합니다.

03 선택했던 클립이 '중첩 시퀀스 01(Nest Sequence 01)'이라는 하나의 초록색 클립으로 바뀝니다.

🖱 STEP 02 | 중첩된 클립에 트랜지션 적용하기

01 중첩된 클립에 트랜지션을 적용해보겠습니다. [효과(Effects)] 패널에서 [비디오 전환(Video Transition)]–[밀기(Slide)]–[밀기(Push)]를 드래그해 중첩된 클립 앞에 삽입합니다.

02 참고로 일부 트랜지션은 삽입된 트랜지션을 클릭하고 [효과 컨트롤(Effect Controls)] 패널에서 트랜지션의 방향 등을 바꿀 수 있습니다. 밀기(Push) 트랜지션은 한 쪽 방향으로 화면이 슬라이딩되며 전환되는 효과로 강조 표시된 부분에서 화살표를 클릭해 전환 방향을 바꿀 수 있습니다.

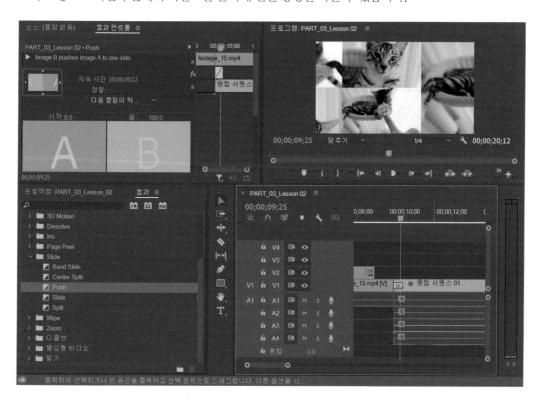

합쳐진 중첩 시퀀스(Nest Sequence) 클립을 더블클릭하면 중첩된 시퀀스의 타임라인이 열리며 편집 가능한 상태가 됩니다. 중첩 시퀀스를 해제하기는 어려우며, 해제할 때는 클립을 복사해 원래 시퀀스에 붙여 넣는 방법을 사용해야 합니다. 따라서 중첩 시퀀스는 여러 클립에 효과를 한번에 적용해야 하는 상황 위주로 신중하게 사용합니다.

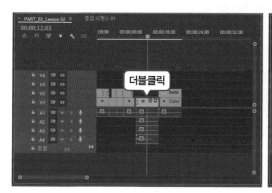

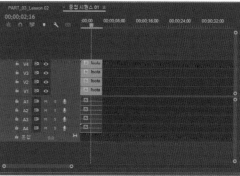

LESSON 03

다양한 자막 디자인하기

▶ 기본 그래픽 패널에서 다양한 자막 디자인하고 스타일로 저장해 관리하기

앞선 CHAPTER 01에서는 자막을 입력하는 최소한의 방법만 학습했습니다. 이번 LESSON에서는 다양한 자막 디자인 방법에 대해 알아보겠습니다. 멋진 자막을 디자인해도 조금 더 빠르고, 효율적으로 하는 방법이 있습니다. 이번에 배울 [기본 그래픽(Essential Graphics)] 패널의 사용 방법과 다양한 기능은 앞으로 유튜브 영상 작업에 큰 도움이 될 것입니다.

PREVIEW

예제 파일 CHAPTER_03\LESSON_03_Before.prproj
완성 파일 CHAPTER_03\LESSON_03_After.prproj

한눈에 확인하는
작업 순서

기본 그래픽 채널
활성화

〉

자막 디자인하기

〉

디자인한 자막 스타일
저장해 활용하기

기본 그래픽 패널 사용하기

01 먼저 예제 프로젝트를 열면 여러 자막 클립을 확인할 수 있습니다.

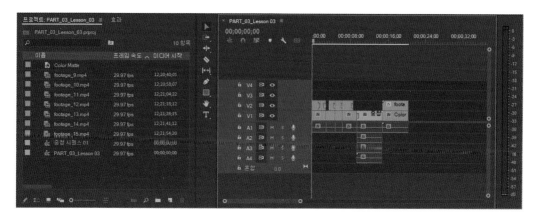

02 첫 번째 자막 클립을 클릭합니다.

03 앞선 LESSON에서는 [효과 컨트롤(Effect Controls)] 패널에서 텍스트를 수정했지만 이번에는 [기본 그래픽(Essential Graphics)] 패널을 사용해보겠습니다. [기본 그래픽(Essential Graphics)] 패널을 사용하기 위해 [창(Window)]-[기본 그래픽(Essential Graphics)] 메뉴를 클릭합니다.

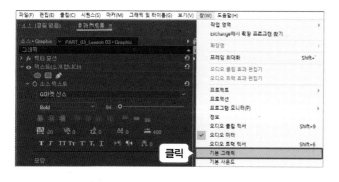

 **비됴클래스 작업 꿀팁** ▶ 왜 [기본 그래픽(Essential Graphics)] 패널에서 작업하나요?

[효과 컨트롤(Effect Controls)] 패널에서도 텍스트 스타일 수정이 가능하지만 기본적으로는 모션(Motion)과 효과(Effect)를 수정하는 패널입니다. 텍스트 및 그래픽 작업을 하기에 불편한 구조이며, 수정을 위한 몇몇 기능이 제한되는 경우도 있습니다. 따라서 간단한 텍스트 스타일 수정 외의 디자인 작업에는 [기본 그래픽(Essential Graphics)] 패널을 사용하는 것을 추천합니다.

04 [기본 그래픽(Essential Graphics)] 패널이 나타납니다. 텍스트 디자인을 변경하려면 우선 [편집(Edit)] 탭을 클릭합니다.

05 [기본 그래픽(Essential Graphics)] 패널의 [편집(Edit)] 탭에서는 선택된 텍스트 클립(그래픽 클립)의 디자인을 수정할 수 있습니다. 선택된 텍스트 클립에 있는 텍스트 및 옵션 목록이 나타나며, 해당 요소(그래픽)를 클릭하면 해당 그래픽을 수정할 수 있습니다.

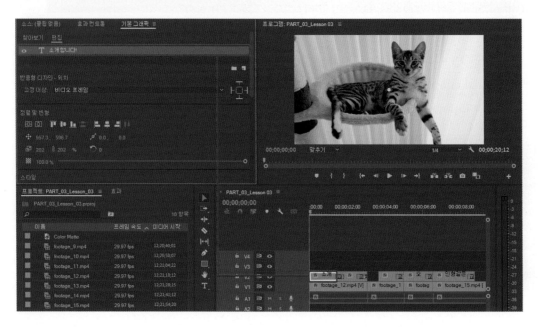

06 [편집(Edit)] 탭의 구조에 대해 간단히 살펴보겠습니다. [효과 컨트롤(Effect Controls)] 패널의 텍스트(Text) 옵션에서 사용했던 기본적인 디자인 기능도 있고 새로운 기능도 존재합니다.

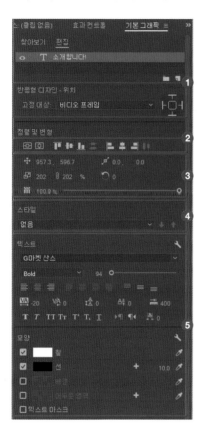

① **반응형 디자인(Responsive Design)** | 텍스트의 위치를 다른 그래픽 요소의 모서리에 맞출 수 있습니다.

② **정렬(Align)** | 텍스트를 화면의 가운데에 배치하거나 여러 텍스트를 균일하게 정렬할 수 있습니다.

③ **변형(Transform)** | 텍스트의 위치, 크기, 회전, 불투명도를 조절합니다.

④ **스타일(Style)** | 같은 프로젝트 내에서 사용 가능한 스타일을 저장할 수 있습니다. 물론 다른 프로젝트에 내보낼 수도 있지만, 이때는 '모션 그래픽 템플릿(Motion Graphic Template)' 기능을 더욱 추천합니다. 또한 자동 자막 스타일 일괄 적용에도 사용할 수 있습니다.

⑤ **텍스트(Text), 모양(Appearance)**은 [효과 컨트롤(Effect Controls)] 패널에서 텍스트(Text) 옵션을 편집하는 것과 동일합니다.

🔔 **비됴클래스 작업 꿀팁** ▷ **텍스트의 일부만 디자인 적용이 가능할까?**

하나로 이루어진 텍스트 클립의 개체도 [프로그램(Program)] 패널에서 드래그하여 일부 텍스트만 수정할 수 있습니다. 이때 글꼴(Font), 크기(Size), 칠(Fill), 선(Stroke) 등을 변경할 수 있지만 정렬(Align), 배경(Background), 어두운 영역(Shadow)처럼 클립 전체에 일괄 적용되는 항목이 있으니 변경 시 유의하여야 합니다.

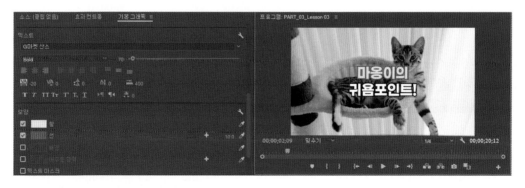

유캔두잇 테크닉

초보 유튜버 가이드

프리미어 프로 기초

영상 편집 기본

영상 효과

프리미어 프로 효과

영상 특수 효과

07 [기본 그래픽(Essential Graphics)] 패널을 활용해 자막을 디자인해보겠습니다. 세 번째 텍스트 클립을 선택합니다.

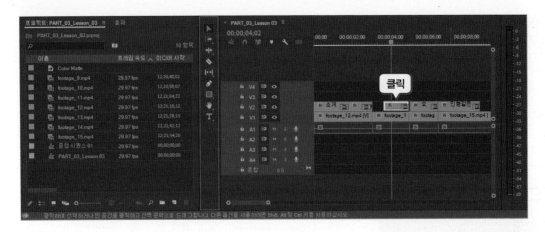

08 아래 그림을 참고하여 자막 스타일을 수정합니다. [스타일(Style)] 옵션에서 텍스트 크기와 자간 등을 설정하는 작업은 [효과 컨트롤(Effect Controls)] 패널에서 작업하는 것과 동일하며, [모양(Appearance)] 옵션에서 텍스트의 색상, 배경, 그림자 등을 설정할 수 있습니다.

TIP 예제에서 사용된 [210 굴림] 폰트는 어도비에서 제공하는 폰트로 크리에이티브 클라우드에서 다운로드할 수 있습니다. 어도비에서 제공하는 폰트를 사용하는 방법은 별도의 영상에서 확인하실 수 있습니다. 임의의 폰트로 실습을 진행해도 됩니다.
접속 주소 https://youtu.be/P6g--JxlUjg

STEP 02　한 클립 내에서 여러 텍스트 만들기

문자 도구(Type Tool)를 이용해 만든 텍스트 클립의 정확한 명칭은 '그래픽(Graphic) 클립'입니다. 이 클립에 텍스트는 물론 도형, 이미지 개체도 삽입할 수 있습니다. 한 클립에 여러 텍스트 및 그래픽 요소를 종속해 관리하는 것이라고 할 수 있습니다. 이번에는 이미 작성된 텍스트 클립 안에 다른 텍스트를 넣어보겠습니다.

01 먼저 예제의 시퀀스에서 STEP 01에서 수정했던 세 번째 텍스트 클립을 선택합니다.

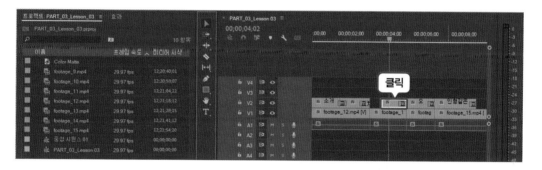

02 ❶ [도구(Tools)] 패널에서 문자 도구(Type Tool) **T**를 클릭하고 ❷ [프로그램(Program)] 패널에서 기존 자막 왼쪽 상단을 클릭해 텍스트 입력 상태로 들어갑니다.

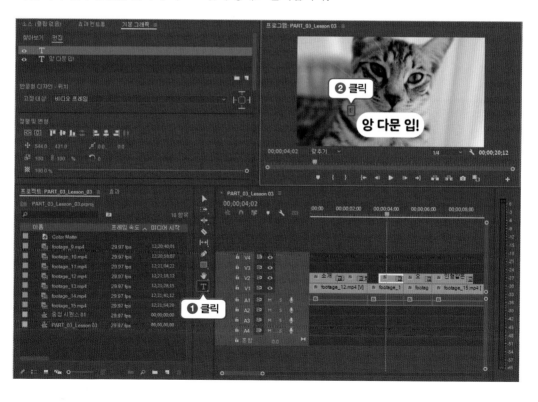

03 예시에서는 1을 입력했습니다. [기본 그래픽(Essential Graphics)] 패널의 [편집(Edit)]에 [1]이라는 항목이 새로 추가됩니다. 별도의 클립이 생성되지 않고 한 클립 안에 텍스트 개체가 포함된 것입니다. 스타일은 자유롭게 설정합니다.

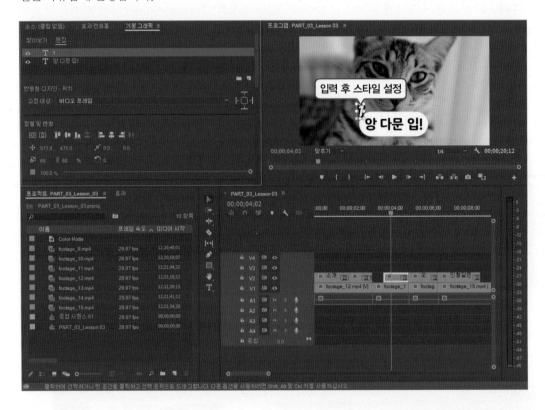

04 텍스트 입력을 마친 후에는 선택 도구(Selection Tool)▶를 클릭합니다. 단축키 **V**를 눌러도 됩니다.

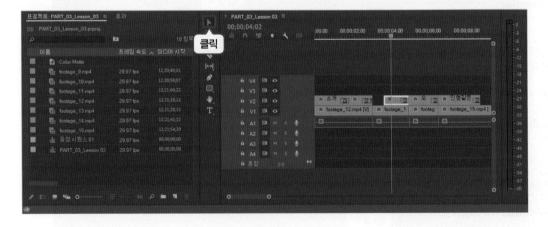

STEP 03 텍스트 스타일 저장하기

텍스트에 적용한 각종 옵션은 '스타일(Style)'이라는 기능으로 저장할 수 있습니다. 물론 이렇게 저장한 스타일을 다른 텍스트에 쉽게 적용할 수도 있습니다.

01 [기본 그래픽(Essential Graphics)] 패널의 [편집(Edit)] 탭에서 ❶ [스타일(Style)]의 [없음]을 클릭하고 ❷ [스타일 만들기(Create Style)]를 클릭합니다. [새 텍스트 스타일(New Text Style)] 대화상자가 나타나면 ❸ [이름(Name)]에 **하얀배경 둥근 모서리**를 입력한 후 ❹ [확인(OK)]을 클릭합니다.

> **TIP** 스타일을 저장할 때 한 그래픽 클립 안에 여러 텍스트 개체가 있다면 하나만 선택합니다.

02 [프로젝트(Project)] 패널에 방금 새로 생성한 스타일이 📄 아이콘을 가진 항목으로 새롭게 추가됩니다.

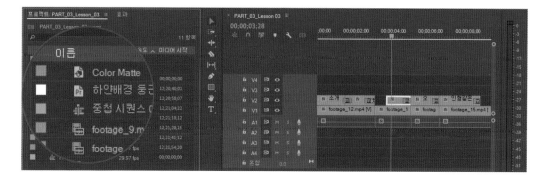

03 이제 다른 텍스트에 스타일을 적용해보겠습니다. ❶ 네 번째 그래픽 클립을 클릭합니다. [기본 그래픽 (Essential Graphics)] 패널의 [편집(Edit)] 탭-[스타일(Style)]에서 방금 지정한 스타일인 ❷ [하얀배경 둥근 모서리]를 선택하면 ❸ 지정한 스타일로 변경됩니다.

🔔 **비됴클래스 작업 꿀팁** | **다른 프로젝트에서도 저장한 스타일을 사용할 수 있을까?**

[기본 그래픽(Essential Graphics)] 패널에서 저장한 스타일을 다른 프로젝트에서 사용할 수 있지만 스타일을 내보내기(Export)하고, 다른 프로젝트에서 가져오기(Import)해야 하는 등 절차가 번거롭습니다. 하지만 다음 LESSON에서 배울 모션 그래픽 템플릿(Motion Graphic Template) 기능을 사용하면 훨씬 쉽고 편리하게 저장한 스타일을 재사용할 수 있습니다. 이번 LESSON에서 배운 텍스트 스타일 기능은 현재 프로젝트 내에서만 사용하는 용도라고 이해하면 됩니다.

🖱STEP 04 | 다른 클립 내의 텍스트 복사하기

01 다른 그래픽 클립에서 텍스트를 직접 복사해 수정하는 방법도 사용할 수도 있습니다. 우선 이전에 만

들었던 ❶ 세 번째 텍스트 클립을 클릭합니다. 여기에 있는 숫자 '1' 텍스트를 복사하겠습니다. [기본 그래픽 (Essential Graphics)] 패널의 [편집(Edit)] 탭에서 ❷ [1]을 클릭하고 ❸ Ctrl + C 를 눌러 복사합니다.

02 타임라인에서 텍스트를 붙여 넣을 ❶ 네 번째 그래픽 클립을 클릭합니다. ❷ Ctrl + V 를 누릅니다. ❸ 복사한 텍스트가 그래픽 클립에 붙여 넣어집니다. 복사된 숫자 텍스트는 ❹ [프로그램(Program)] 패널에서 2로 변경합니다.

유캔두 테크닉

초보 유튜버 가이드

프리미어 프로 기초

영상 편집 기본

프리미어 프로 효과

영상 특수 효과

03 ❶❷❸❹ 다섯 번째 그래픽 클립도 동일한 방법을 활용해 텍스트를 붙여 넣은 후 3으로 변경합니다.

텍스트 디자인은 텍스트와 폰트 외에도 [기본 그래픽(Essential Graphics)] 패널에서 다양하게 설정할 수 있습니다. 특히 [모양(Appearance)] 옵션에서 칠(Fill), 선(Stroke), 배경(Background), 어두운 영역(Shadow, 그림자) 등 다양한 옵션을 적절히 적용해 눈에 확 띄는 방송국 톤 자막도 얼마든지 만들 수 있습니다. 선(Stroke) 옵션의 경우 ➕를 클릭해 추가하는 방식으로 디자인을 더욱 다채롭게 활용할 수 있습니다. 아래 이미지를 참고하여 오른쪽과 같은 자막을 직접 디자인해보고, 여러분 취향에 맞는 자막도 디자인해볼 수 있기를 바랍니다.

자주 쓰는 텍스트 디자인 저장하기

▶ 모션 그래픽 템플릿 기능으로 자주 사용하는 텍스트 디자인 활용하기

지난 LESSON에서는 텍스트를 디자인하는 방법에 대해 배웠습니다. 하지만 새 프로젝트를 시작할 때마다 디자인을 다시 해야 한다면 너무 번거로울 것입니다. 프리미어 프로에서는 무의미한 반복 작업을 하시 않게끔 편리한 기능을 제공하고 있습니다. 이번 LESSON에서는 모션 그래픽 템플릿(Motion Graphic Template) 기능을 이용하여 텍스트 디자인을 템플릿으로 활용하는 방법을 배워보겠습니다.

PREVIEW

예제 파일 CHAPTER_03\LESSON_04_Before.prproj 완성 파일 없음

▲ 자주 사용하는 디자인을 모션 그래픽 템플릿(Motion Graphic Template) 형식으로 저장하여 다른 프로젝트에서도 언제든 사용하는 [기본 그래픽(Essential Graphics)] 패널의 [찾아보기(Browse)] 탭

한눈에 확인하는 작업 순서	디자인한 자막 모션 그래픽 템플릿으로 저장하기	>	라이브러리 폴더 정리하기	>	모션 그래픽 자막 템플릿 삽입하기

 **STEP 01** 　모션 그래픽 템플릿으로 저장하기

01 먼저 템플릿으로 저장하려는 텍스트 디자인을 선택합니다. 예제 파일에서는 세 번째 텍스트 파일입니다. ❶ 마우스 오른쪽 버튼으로 클립을 클릭한 후 ❷ [모션 그래픽 템플릿으로 내보내기(Export As Motion Graphics Template)]를 클릭합니다.

02 [모션 그래픽 템플릿으로 내보내기(Export As Motion Graphics Template)] 대화상자가 나타납니다. 해당 대화상자에서 지정할 수 있는 몇 가지 옵션을 알아보겠습니다.

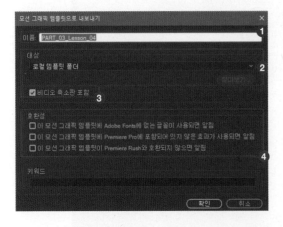

① **이름(Name)** ｜ 템플릿의 이름을 입력합니다.

② **대상(Destination)** ｜ [로컬 템플릿 폴더 (Local Templates Folder)], [로컬 드라이브 (Local Drive)], [크리에이티브 클라우드 내의 라이브러리(Libraries)] 세 가지 옵션 중 하나를 선택할 수 있습니다.

③ **비디오 축소판 포함(Include Video Thumbnail)** ｜ 미리 보기 섬네일을 추가합니다.

④ **호환성(Compatibility)** ｜ 템플릿의 결과물에는 영향이 없지만 타인에게 공유하는 템플릿을 만들 경우에 폰트 호환성을 경고하는 옵션을 제공합니다.

> TIP [대상(Destination)]에서 각각의 옵션은 다음과 같은 특징을 가지고 있습니다.
> • **로컬 템플릿 폴더(Local Templates Folder)** ｜ 프로젝트에 바로 사용이 가능하도록 프리미어 프로 내장 템플릿 폴더에 저장합니다. mogrt 파일 형식으로 저장되지 않습니다.
> • **로컬 드라이브(Local Drive)** ｜ 모션 그래픽 템플릿 파일(.mogrt) 형식으로 사용자의 PC에 저장합니다.
> • **크리에이티브 클라우드 내의 라이브러리(Libraries)** ｜ 어도비 크리에이티브 클라우드에서 제공하는 웹 클라우드 계정에 템플릿을 저장합니다. 이렇게 저장하면 다른 PC에서도 내 어도비 계정으로 접속할 경우 저장한 템플릿을 쉽게 사용할 수 있습니다.

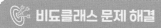
01 크리에이티브 클라우드 앱(Creative Cloud Apps)을 실행합니다. 크리에이티브 클라우드 앱에서 ❶ [파일] 탭 – [내 라이브러리]를 클릭하고 ❷ [새 라이브러리]를 클릭합니다.

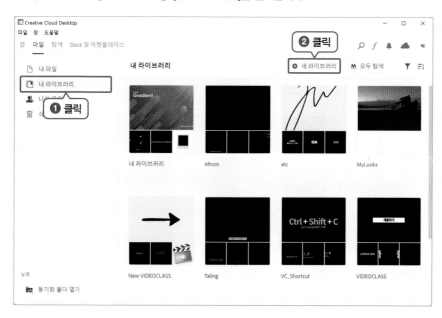

02 ❶ 새 라이브러리의 이름을 입력한 후 ❷ [만들기]를 클릭합니다. 라이브러리 이름은 자유롭게 정해도 되지만 나중에 템플릿이 많아지면 관리하기 불편합니다. 따라서 내가 만들 콘텐츠 이름 또는 시리즈 이름으로 템플릿을 관리하는 것을 추천합니다.

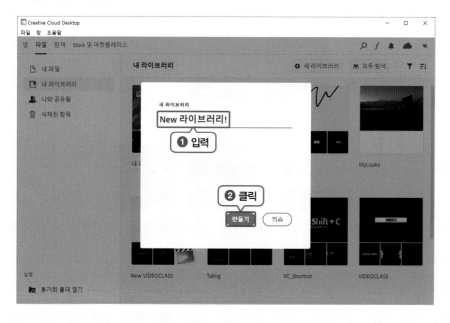

03 아래와 같이 새로운 라이브러리가 추가된 것을 확인할 수 있습니다. 이렇게 생성한 라이브러리는 프리미어 프로에서 템플릿을 저장하는 패널 혹은 템플릿 사용하는 패널에서 확인할 수 있습니다.

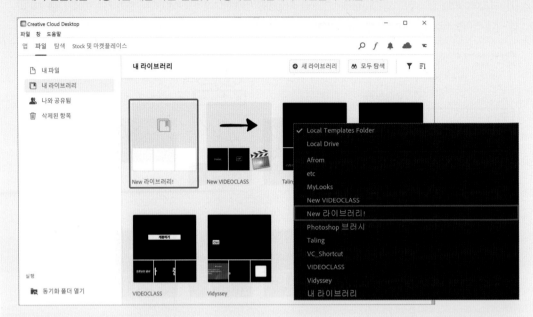

04 생성한 라이브러리를 삭제하려면 생성한 해당 라이브러리에서 ❶ 마우스 오른쪽 버튼을 클릭한 후 ❷ [삭제]를 클릭합니다.

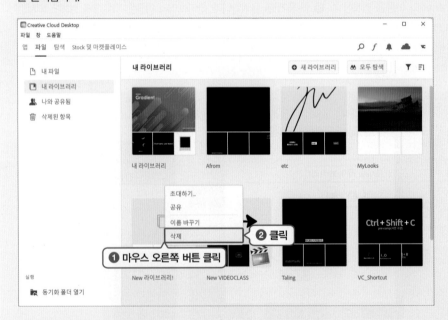

05 라이브러리에 추가된 템플릿을 삭제하려면 라이브러리 내의 템플릿을 ❶ 마우스 오른쪽 버튼으로 클릭한 후 ❷ [삭제]를 클릭합니다.

03 이번 실습에서는 템플릿을 프리미어 프로에서 바로 사용하겠습니다. ❶ [이름(Name)]에 **둥근 모서리 텍스트와 숫자**를 입력하고 ❷ [대상(Destination)]을 [로컬 템플릿 폴더(Local Templates Folder)]로 선택한 후 ❸ [확인(OK)]을 클릭합니다.

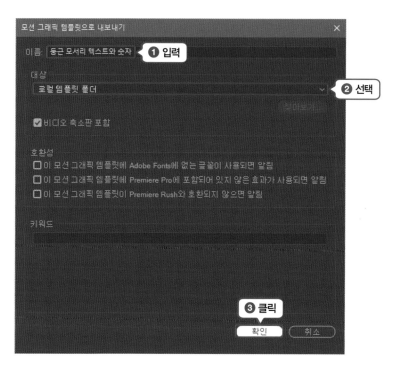

STEP 02 | 로컬 템플릿 폴더 정리하기

01 템플릿을 사용하려면 [기본 그래픽(Essential Graphics)] 패널의 [찾아보기(Browse)] 탭을 클릭합니다.

02 ❶ [로컬 템플릿 폴더(Local Template Folder)]에 체크하면 ❷ 내 컴퓨터에 저장된 여러 프리미어 프로 전용 템플릿을 확인할 수 있습니다.

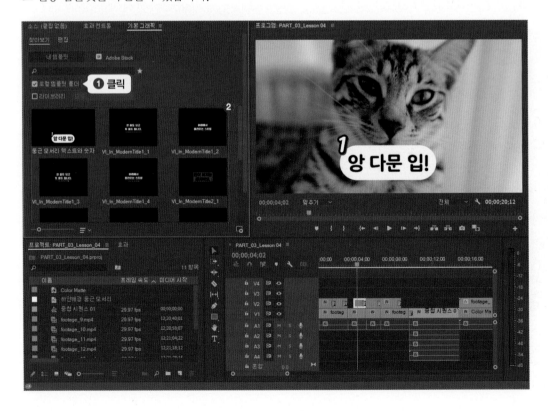

03 다만 프리미어 프로에서 기본으로 제공하는 템플릿은 일부를 제외하면 현재 트렌드와는 거리가 먼 것이 많습니다. 따라서 불필요한 템플릿은 삭제한 후 작업하겠습니다. 앞서 추가한 ❶ [둥근 모서리 텍스트와 숫자] 템플릿을 제외한 나머지 템플릿들을 모두 선택한 후 ❷ 마우스 오른쪽 버튼을 클릭하고 ❸ [삭제(Delete)]를 클릭합니다.

TIP 템플릿을 선택할 때 직접 만든 템플릿을 제외한 두 번째 템플릿을 클릭한 후 Shift 를 누른 상태에서 마지막 템플릿을 클릭하면 됩니다. 불필요한 기본 템플릿을 모두 삭제할 필요는 없습니다. 다만 앞으로 유튜브 영상 편집을 진행하기 전 불필요한 템플릿을 미리 삭제해 관리하는 것이 훨씬 편리합니다.

04 로컬 템플릿 폴더가 깔끔하게 정리된 것을 확인할 수 있습니다.

STEP 03 | 모션 그래픽 템플릿 사용하기

01 [기본 그래픽(Essential Graphics)] 패널의 [찾아보기(Browse)]에서 저장한 템플릿을 타임라인의 원하는 위치로 드래그해 삽입합니다.

02 앞서 템플릿으로 저장했던 텍스트와 효과가 그대로 삽입됩니다.

감성적인 VLOG에 어울리는 뿌연 화면 느낌 내기

▶ 가우시안 흐림(Gaussian Blur) 효과로 뿌연 느낌의 미스트 효과 적용하기

카메라 장비 중 프로 미스트(Pro-Mist) 필터가 있습니다. 이 필터는 영화 드라마에서 자주 사용되며 렌즈 앞에 달아 화면을 아름답고 몽환적인 느낌이 들도록 살짝 뿌옇게 만들어주는 필터입니다. 프리미어 프로에서도 이러한 느낌을 유사하게 낼 수 있는 간단한 방법이 있습니다. 이 효과의 이름은 '미스트 효과'라고 부릅니다.

PREVIEW

예제 파일 CHAPTER_03\LESSON_05_Before.prproj
완성 파일 CHAPTER_03\LESSON_05_After.prproj

◀ 미스트 효과가 적용되기 전 영상

▲ 미스트 효과를 적용한 후 영상

한눈에 확인하는 작업 순서	비디오 클립 복제하기	>	가우시안 블러 효과 적용하기	>	영상 클립 투명도 조절하기

 가우시안 흐림 효과 적용하기

01 이번 예제에서는 시퀀스의 마지막 비디오 클립에 미스트 효과를 적용해보겠습니다. 프로젝트 파일을 열고 V2 트랙에 위치한 마지막 비디오 클립을 선택합니다.

TIP 마지막 클립 부분에 V1 트랙에 위치한 그래픽 클립은 배경에 삽입된 초록색 테두리인 컬러 매트이며, 비디오 클립은 V2 트랙에 있습니다.

02 선택한 비디오 클립을 Alt 를 누른 상태로 드래그하여 바로 위인 V3 트랙에 복제합니다.

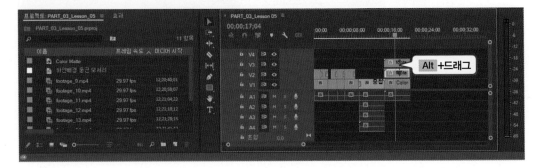

03 미스트 효과를 만들기 위해선 가우시안 흐림(Gaussian Blur) 효과를 사용해야 합니다. [효과 (Effects)] 패널의 검색란에 ❶ **가우시안**을 입력하고 ❷ [비디오 효과(Video Effects)]−[흐림/선명(Blur & Sharpen)]−[가우시안 흐림(Gaussian Blur)]을 클릭합니다.

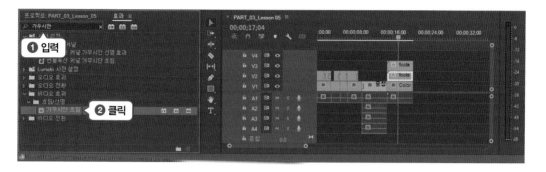

04 ❶ [가우시안 흐림(Gaussian Blur)] 효과를 복제한 클립에 드래그해 적용합니다. ❷ [효과 컨트롤 (Effect Controls)] 패널에 [가우시안 흐림(Gaussian Blur)] 효과가 추가된 것을 확인할 수 있습니다.

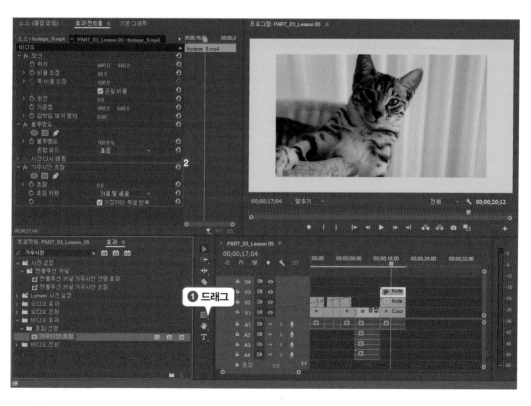

유캔튜브 테크닉

초보 유튜버 가이드

프리미어 프로 기초

영상 편집 기본

프리미어 프로 효과

영상 특수 효과

01 [효과 컨트롤(Effect Controls)] 패널에서 가우시안 흐림 효과의 ❶ [흐림(Blurriness)] 옵션값을 적절히 조절합니다. 예제에서는 52로 설정했습니다. 해당 장면에서는 자연스러운 연출을 위해 ❷ [가장자리 픽셀 반복(Repeat Edge Pixels)] 옵션에 체크합니다.

TIP 모든 영상에 [흐림(Blurriness)]을 반드시 52로 설정하거나, [가장자리 픽셀 반복(Repeat Edge Pixels)] 옵션에 반드시 체크해야 하는 것은 아닙니다. 각 장면에 맞는 값과 옵션이 있으므로 나중에 다른 영상을 편집할 때는 각 영상에 맞는 값을 찾아 적용합니다.

02 [효과 컨트롤(Effect Controls)] 패널에서 ❶ [불투명도(Opacity)] 옵션을 50%로 설정합니다. ❷ [혼합 모드(Blend Mode)]는 [화면(Screen)]으로 변경합니다. ❸ Spacebar 를 눌러 확인해보면 뿌옇고 몽환적인 미스트 효과가 완성됩니다.

TIP [불투명도(Opacity)] 또한 자유롭게 조절하면서 적당한 값을 찾아야 합니다.

유캔튜브 테크닉

클립에 적용된 효과 쉽게 복제하기

예제 파일 CHAPTER_03\LESSON_05_YT.prproj | 완성 파일 없음

프리미어 프로에는 클립에 포함된 효과와 모든 특성(위치나 크기, 모션, 불투명도, 효과 등)을 한번에 복사하고 다른 클립에 붙어 넣는 기능이 있습니다. [효과 컨트롤(Effect Controls)] 패널에서 효과별로 복사/붙여넣기해도 되지만 특성 붙여넣기(Paste Attributes) 기능을 사용하면 더욱 편리하게 작업할 수 있습니다.

클립에 적용된 효과를 복사해 다른 클립에 일괄 적용하기

01 예제 프로젝트 파일을 엽니다. ❶ A클립에는 미스트 효과가 적용되어 있습니다. 옆의 ❷ B클립에 해당 효과를 복사해 붙여 넣겠습니다.

02 ❶ Alt 를 누른 상태로 B클립을 V2 트랙으로 드래그해 복제합니다. ❷ A클립을 클릭하고 ❸ Ctrl + C 를 눌러서 복사합니다. ❹ B클립의 복제본 클립을 클릭하고 Ctrl + Alt + V 를 누릅니다.

03 [특성 붙여넣기(Paste Attributes)] 대화상자가 나타납니다. 이 대화상자에서 복사했던 클립의 특성 중 무엇을 붙여 넣을지 선택합니다. ❶ 미스트 효과는 [효과(Effects)]의 [가우시안 흐림(Gaussian Blur)] 효과, [불투명도(Opacity)]의 [혼합 모드(Blend Mode)]를 설정했습니다. 해당 효과만 체크한 후 나머지는 선택 해제하고 ❷ [확인(OK)]을 클릭합니다.

TIP [혼합 모드(Blend Mode)]는 [불투명도(Opacity)]의 하위 효과이므로 [불투명도(Opacity)]에 체크하면 붙여 넣을 효과에 포함됩니다.

04 해당 클립에도 동일한 미스트 효과가 적용된 것을 확인할 수 있습니다.

유캔튜브 테크닉

초보 유튜버 가이드

프리미어 프로 기초

영상 편집 기본

프리미어 프로 효과

영상 특수 효과

원하는 느낌으로 색감 바꾸기

▶ Lumetri 색상 효과를 이용해 원하는 감성의 색감 구현하기

영상미가 좋은 영상은 한눈에 봐도 아름다워 보이며 색감이 중요한 역할을 합니다. 색감만 바꿔도 영상에 대한 감상이 완전히 달라질 만큼, 촬영된 영상에서 색 보정은 정말 중요합니다. 색 보정은 깊게 배우려면 한도 끝도 없는 전문적인 영역이지만 기본적인 유튜브 영상 편집에 필요한 내용은 간단합니다. 몇 가지 기능만 학습하면 여러분도 유튜브 영상 제작에 필요한 색 보정 기능을 쉽게 활용할 수 있습니다.

PREVIEW

예제 파일 CHAPTER_03\LESSON_06_Before.prproj
완성 파일 CHAPTER_03\LESSON_06_After.prproj

▲ 색 보정 이전의 영상 클립

▲ 색 보정 이후의 영상 클립

| 한눈에 확인하는
작업 순서 | 조정 레이어
삽입하기 | ＞ | 조정 레이어에 루메트리 컬러 효과
적용하기 | ＞ | 영상 색
보정하기 |

STEP 01 조정 레이어와 Lumetri 색상 효과 삽입하기

색 보정 효과 또한 프리미어 프로의 효과에 해당하기 때문에 클립 단위로 적용합니다. 이때 여러 클립에 공통적으로 적용하고 싶은 효과는 조정 레이어(Adjustment Layer)를 사용하면 훨씬 간편하게 적용할 수 있습니다.

01 먼저 예제 파일을 열고 [프로젝트(Project)] 패널에서 ❶ 새 항목(New Item)🔲을 클릭 후 ❷ [조정 레이어(Adjustment Layer)]를 클릭합니다. [조정 레이어(Adjustment Layer)] 대화상자가 나타나면 시퀀스 설정에 기본적으로 맞춰집니다. 바로 ❸ [확인(OK)]을 클릭합니다.

02 ❶ [프로젝트(Project)] 패널에 [조정 레이어(Adjustment Layer)]가 생성됩니다. 기본적으로 조정 레이어(Adjustment Layer)는 투명한 그래픽 개체로 취급됩니다. ❷ 생성된 [조정 레이어(Adjustment Layer)]를 드래그하여 타임라인의 V2 트랙에 배치합니다.

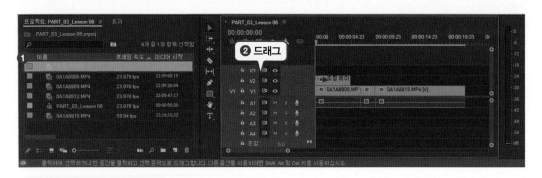

03 ❶ 타임라인에 배치된 조정 레이어 클립의 길이를 V1 트랙 영상 클립 길이에 맞게 조절합니다. ❷ [프로그램(Program)] 패널의 모니터 화면에는 아직 아무런 변화가 없습니다.

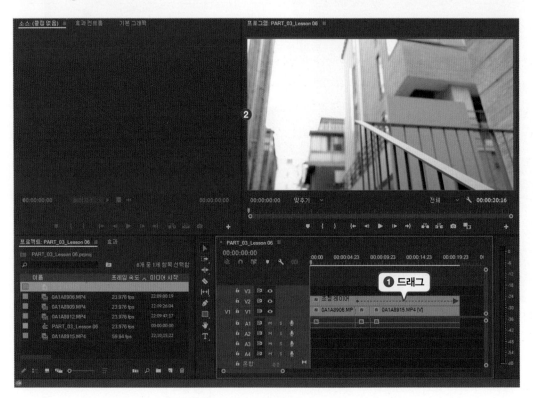

04 [효과(Effects)] 패널에서 [비디오 효과(Video Effects)]-[색상 교정(Color Correction)]-[Lumetri 색상(Lumetri Color)]을 조정 레이어에 드래그하여 적용합니다.

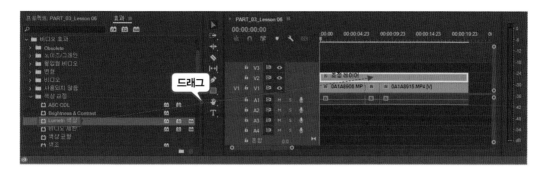

STEP 02   Lumetri 색상 살펴보기

기본적으로 조정 레이어에 적용한 효과는 조정 레이어 아래(하위 트랙)에 위치한 클립에 공통으로 효과가 적용됩니다. Lumetri 색상 효과도 마찬가지입니다. [효과 컨트롤(Effect Controls)] 패널에서 확인할 수 있는 Lumetri 색상 효과는 단순한 색 보정 효과가 아닌, 여러 색 보정 효과가 모두 들어있는 종합 효과입니다. 한 효과 안에 여러 기능이 있기 때문에 자칫 복잡해 보일 수 있지만 실제로 사용하는 기능은 몇 가지로 압축할 수 있습니다. 이번 LESSON에서는 자주 사용하는 색 보정 효과 위주로 차근차근 알아보겠습니다.

① **기본 교정(Basic Correction)** ┃ 동영상의 밝기나 흰색 균형(화이트 밸런스) 조절 등의 기본적인 보정을 통해 영상 톤을 바로잡을 수 있습니다.

② **크리에이티브(Creative)** ┃ 외부 색 보정 프리셋 파일인 'LUT(Look Up Table)'을 적용하거나 기타 몇 가지의 특수한 색감 효과를 조정할 수 있습니다.

③ **곡선(Curves)** ┃ 사진과 영상 색 보정에서 전통적으로 쓰이고 있는 커브(곡선) 툴을 제공합니다. 일반적인 RGB 커브 외에 다양한 색싱 기준의 기브를 제공하기 때문에 이를 잘 사용한다면 전문가 수준으로 디테일한 작업이 가능합니다.

④ **색상 휠 및 일치(Color Wheels)** | 영상의 톤을 명도 기준의 3단계로 나누어 색감을 보정하는 도구입니다. 전문적인 작업에서도 쓰이지만 직관적인 사용 방법으로 누구나 쉽게 원하는 색을 찾을 수 있습니다.

⑤ **HSL 보조(HSL Secondary)** | 특정 색을 지정하여 조정하는 효과입니다. 하늘만 다른 색상으로 바꾸거나 초록색만 더욱 초록색으로 만드는 등의 작업이 가능합니다.

⑥ **비네팅(Vignette)** | 사진과 영상에서 광학적인 이유로 발생하는 비네팅 현상을 제거하거나 재현하는 도구입니다. 이를 활용하면 영상 테두리 부분을 어둡게 또는 밝게 만들 수 있습니다.

Lumtri 색상에서 가장 강력한 도구는 곡선(Curves)이지만 처음부터 다루기는 쉽지 않습니다. 그래서 프리미어 프로에서 처음 색 보정을 배우는 사용자도 쉽게 다룰 수 있으면서도, 색 보정의 기초가 되는 두 가지 기능을 좀 더 자세히 살펴보겠습니다.

TIP Lumetri 색상 효과는 [효과 컨트롤(Effects Controls)] 패널 외에도 [Lumetri 색상(Lumetri Color)] 패널에서도 조정할 수 있습니다. [Lumetri 색상(Lumetri Color)] 패널은 [창(Window)]-[Lumetri 색상(Lumetri Color)] 메뉴를 클릭해 활성화합니다.

01 기본 교정(Basic Correction) | 색 보정을 하기 위해서 가장 먼저 해야할 작업은 잘못 촬영된 색감을 표준 수준으로 바로잡고 다른 색 보정 효과를 진행해야 합니다. 그래서 이름에 바로잡다는 뜻의 '교정(Correction)'이 쓰인 것입니다. 스마트폰으로 간단한 색 보정을 한 번이라도 해보았다면 기본 옵션은 친숙할 것입니다. 기본적으로 ❶ [자동(Auto)]은 프리미어 프로가 자체적으로 모든 항목을 자동으로 설정하지만 효과적이지 않으므로 수동으로 조절하는 것이 좋습니다. ❷ [다시 설정(Reset)]은 모든 항목을 초기화하는 기능입니다.

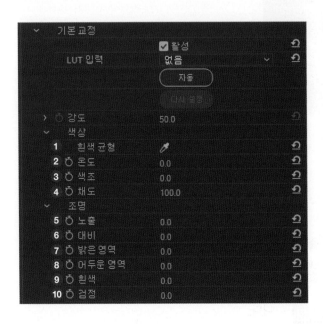

① **흰색 균형(White Balance)** | 동영상의 색 온도와 색조를 조절하는 기능입니다. '흰색 균형'이라고 변역되기는 하였으나 보통 '화이트 밸런스'라고 많이 부릅니다. 오른쪽의 🖋를 클릭한 후 영상의 하얀 부분을 클릭하면 자동으로 화이트 밸런스를 맞출 수도 있습니다.

② **온도(Temperature)** | 색 온도를 조절하는 항목입니다. 영상이 지나치게 노랗거나 파란 상태일 때 반대되는 방향으로 조절하여 색상의 밸런스를 맞춥니다.

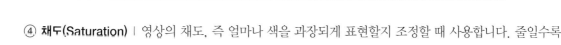

③ **색조(Tint)** | 색 온도와 함께 화이트 밸런스를 조절할 때 사용합니다. 온도와 색조 두 가지를 잘 조절하면 잘못 촬영된 화이트 밸런스를 거의 바로잡을 수 있습니다.

④ **채도(Saturation)** | 영상의 채도, 즉 얼마나 색을 과장되게 표현할지 조정할 때 사용합니다. 줄일수록 점점 색이 사라져서 흑백이 되고, 높일수록 색감이 더욱 뚜렷하게 바뀝니다.

⑤ **노출(Exposure)** | 영상의 기본적인 밝기를 조절합니다. 실제 카메라의 촬영에서 노출을 조절하는 것 같은 방식으로 밝기를 조절할 수 있습니다.

⑥ **대비(Contrast)** | 영상의 밝은 부분과 어두운 부분의 격차(대비)를 조정합니다.

⑦ **밝은 영역(Highlight)** | 영상에서 대체로 밝은 영역의 밝기를 조정합니다.

⑧ **어두운 영역(Shadows)** | 밝은 영역과 반대되는 개념으로 영상에서 대체로 어두운 영역의 밝기를 조정합니다.

⑨ **흰색(White)** | 영상에서 매우 밝은 영역을 기준으로 밝기를 조정합니다.

⑩ **검정(Black)** | 영상에서 매우 어두운 영역을 기준으로 밝기를 조정합니다.

> **TIP** 그 밖에도 LUT 관련 옵션 등이 있으나 해당 부분은 일종의 필터 역할이라고 생각하면 편리합니다. LUT와 관련된 내용은 별도의 영상 강의가 마련되어 있습니다.
> **접속 주소** https://youtu.be/id8knA96_DQ

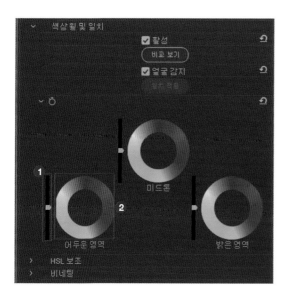

02 색상 휠(Color Wheels) | 색상 휠은 영상의 명도를 기준으로 화면 영역을 3단계로 나누어 색감을 조정하는 간단하지만 강력한 도구입니다.

[어두운 영역(Shadows)], [미드톤(Midtones)], [밝은 영역(Highlights)] 항목은 밝기를 기준으로 나눈 것이며 각 항목의 ❶ 세로 슬라이더는 밝기를 조절하고, ❷ 원형 색상 휠은 기준점을 이동해 색감을 조절하는 역할을 합니다.

각 항목(슬라이더와 휠)은 더블클릭하면 초기화됩니다.

01 앞서 배운 Lumetri 색상 기능을 활용해 간단한 색 보정을 진행하겠습니다. 색 보정은 각자 만들고자 하는 영상의 목적과 감성에 따라 진행하며 정답이 없습니다. 해당 영상은 간단한 톤 조절 후 색감 보정만 진행해보겠습니다. ❶ 타임라인에서 조정 레이어 클립을 클릭합니다. ❷ [효과 컨트롤(Effect Controls)] 패널에서 [채도(Saturation)]만 **125%**로 설정합니다.

02 ❶ [색상 및 휠 일치(Color Wheels & Match)]는 아래 그림과 같이 보정합니다. ❷ Spacebar 를 눌러 보정된 영상을 확인합니다. 다른 다양한 색 보정 기능도 직접 적용해보며 각 기능으로 어떤 색 보정 효과를 구현할 수 있는지 확인합니다.

유캔튜브 테크닉

초보 유튜버 가이드

프리미어 프로 기초

영상 편집 기본

프리미어 프로 효과

영상 특수 효과

비됴클래스 작업 꿀팁 〉 여러 클립에 적용된 효과 한번에 제거하기

[효과 컨트롤(Effect Controls)] 패널에서 기존의 방법으로는 여러 클립에 적용된 효과를 빠르게 제거하기 어렵습니다. 이때 활용할 수 있는 여러 클립에 적용된 효과 또는 특성을 지우는 기능에 대해 알아보겠습니다. 특성 제거 (Remove Attributes) 기능을 활용하면 여러 클립에 적용된 효과 한번에 제거할 수 있습니다. 먼저 타임라인에서 효과 혹은 특성을 제거하려는 클립을 모두 선택한 후 ❶ 마우스 오른쪽 버튼을 클릭하고 ❷ [특성 제거(Remove Attributes)]를 클릭합니다. ❸ [특성 제거(Remove Attributes)] 대화상자가 나타나면 삭제할 특성에 체크한 후 ❹ [확인(OK)]을 클릭합니다.

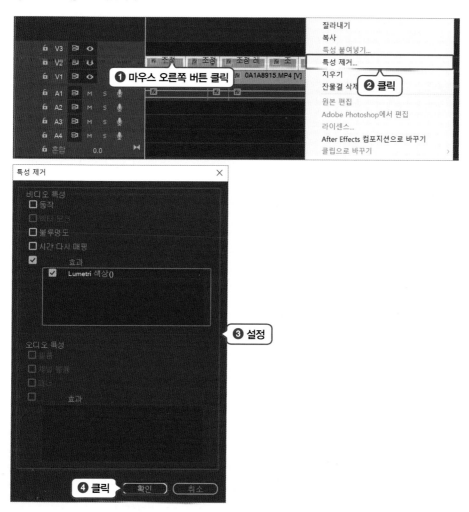

재생 속도 조절로
슬로우/패스트 모션 만들기

▶ 영상의 재생 속도를 수정하고, 자연스러운 속도 조절 연출 촬영하기

슬로우/패스트 모션은 영상 제작의 필수 기법 중 하나입니다. 감성적인 영상을 연출할 때는 슬로우 모션으로, 타임랩스처럼 시간의 흐름을 보여줄 때는 패스트 모션을 적용하는 등 여러 방면으로 활용이 가능합니다. 이번 LESSON에서는 동영상의 속도 조절 방법과 함께 촬영 설정을 어떻게 해야 자연스러운 속도 조절이 가능한지 알아보겠습니다.

PREVIEW

예제 파일 CHAPTER_03\LESSON_07_Before.prproj
완성 파일 CHAPTER_03\LESSON_07_After.prproj

▲ 영상의 속도 조절을 적용하는 [클립 속도/지속 시간(Clip Speed/Duration)] 대화상자와 속도가 조절된 영상 시퀀스

한눈에 확인하는 작업 순서	영상 클립에 슬로우 모션 적용하기		영상 클립에 패스트 모션 적용하기

STEP 01   슬로우 모션 적용하기

01 비디오 클립의 속도를 조절하기 전에 적용한 V2 트랙에 위치한 조정 레이어(Adjustment Layer) 클립이 편집되지 않도록 V2 트랙의 🔒을 클릭하여 트랙을 잠급니다.

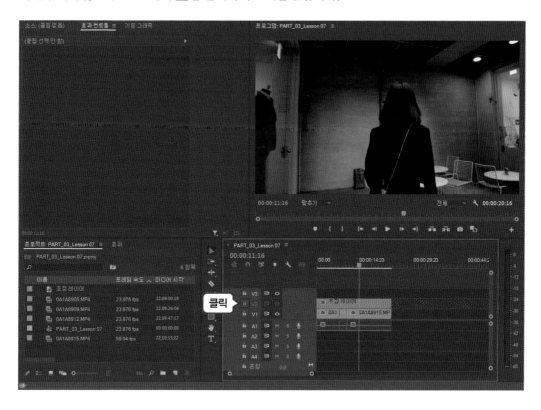

02 속도를 조절할 타이밍을 골라서 클립을 나누겠습니다. 예제에서는 ❶ 모델이 걸어가는 장면 초반(9초 1프레임 지점)에서 슬로우 모션이 시작되도록 타임바를 위치한 후 ❷ Ctrl + K 를 눌러서 클립을 나눕니다.

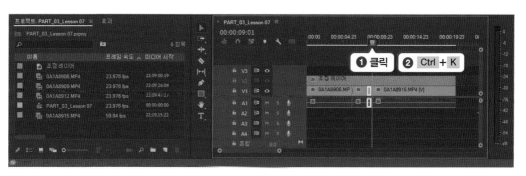

TIP 클립을 자르는 단축키인 Ctrl + K 의 단축키를 변경했다면 해당 단축키를 누릅니다.

03 나누어진 클립 뒷부분을 ❶ 마우스 오른쪽 버튼으로 클릭하고 ❷ [속도/지속 시간(Speed/Duration)] 을 클릭합니다.

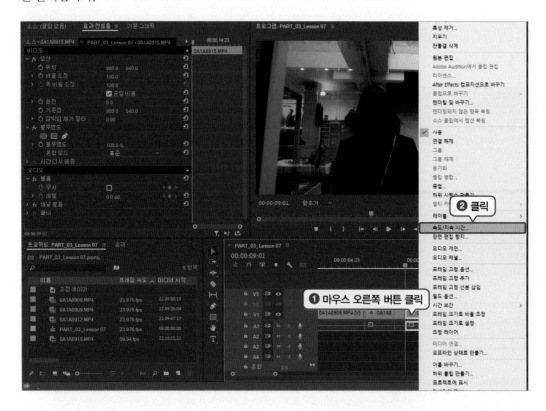

04 [클립 속도/지속 시간(Clip Speed/Duration)] 대화상자가 나타납니다. ❶ [속도(Speed)]에 **50%**를 입력해 두 배 느리게 만들겠습니다. ❷ [확인(OK)]을 클릭합니다. ❸ Spacebar 를 눌러 재생해보면 두 배 느린 슬로우 모션이 적용된 것을 확인할 수 있습니다.

평상시 영상 촬영에 자주 사용하는 프레임레이트인 30fps(또는 29.97fps)로 촬영하면 2배 슬로우 모션을 적용했을 때 뚝뚝 끊기는 부자연스러운 영상이 됩니다. 프레임레이트는 30fps의 경우 1초에 30장의 이미지를 촬영하는 규격입니다. 따라서 1초에 30장으로 촬영된 영상을 두 배로 늘리면 1초에 15장의 이미지를 사용하지만, 끊김 없는 영상 재생을 위해서는 여전히 30장이 필요한 상태입니다. 예시로 알아보겠습니다.

초당 8프레임의 1초짜리 시퀀스 영상이 있다고 가정해보겠습니다. 총 8프레임을 완성하기 위해 여덟 개의 프레임이 각 장면마다 나와야 합니다. 하지만 초당 8프레임으로 촬영한 영상에 두 배 슬로우 모션(50% 속도)을 적용하면 프리미어 프로에서는 아래와 같은 방법으로 영상을 처리합니다.

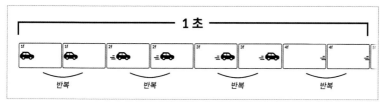

▲ 프레임 부족으로 동일한 프레임을 반복해 영상에 채워넣습니다.

즉, 8장으로 이루어진 1초짜리 영상을 2초로 늘리려면 필요한 이미지는 16장이 되므로 프리미어 프로는 동일한 이미지를 반복해 채워넣고, 부자연스럽게 끊기는 영상이 되는 것입니다.

이때 초당 16프레임으로 촬영한 1초짜리 영상에 두 배 슬로우 모션을 적용하면 프리미어 프로에서는 다음과 같은 방법으로 영상을 처리합니다.

▲ 16프레임의 영상이 두 배 늘어나서 초당 8프레임이 됩니다.

1초에 16프레임으로 촬영된 영상을 초당 8프레임 영상으로 늘려 느리게 만들어도 클립에는 여전히 16장의 이미지가 있으므로 온전한 8프레임 영상이 되는 것입니다. 따라서 슬로우 모션 편집을 가정하고 촬영하는 영상은 표현하고자 하는 슬로우 모션 속도에 맞는 프레임레이트로 촬영해야 부드러운 슬로우 모션 결과를 얻을 수 있습니다.

똑같이 30fps로 재생되는 영상이라도 두 배 슬로우 모션을 적용하려면 60fps로, 네 배 슬로우 모션을 적용하려면 120fps로 촬영해야 합니다. 물론 패스트 모션은 1초에 필요한 프레임을 선택적으로 삭제하는 기능이므로 시퀀스와 동일한 프레임으로만 촬영해도 자연스러운 결과물을 얻을 수 있습니다.

01 빠른 패스트 모션을 적용해보겠습니다. ❶ 슬로우 모션이 적용된 장면 중간(11초 01프레임) 지점에 타임바를 위치시킨 후 ❷ Ctrl + K 를 눌러 클립을 나눕니다.

02 이번엔 ❶ 패스트 모션이 끝날 지점인 모델이 자리에 앉기 직전(18초 16프레임)에 타임바를 위치시키고 ❷ Ctrl + K 를 눌러 클립을 나눕니다.

03 ❶ 패스트 모션을 적용할 클립을 클릭하고 ❷ Ctrl + R 을 누릅니다. [클립 속도/지속 시간(Clip Speed/Duration)] 대화상자가 나타납니다. 속도를 다섯 배 빠르게 하기 위해 ❸ [속도(Speed)]에 **500%**을 입력합니다. ❹ [잔물결 편집, 후행 클립 이동(ripple edit shifting trailing clips)]에 체크한 후 ❺ [확인(OK)]을 클릭합니다.

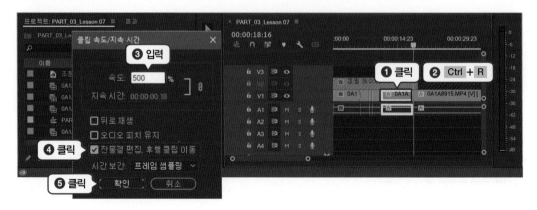

04 ❶ V2 트랙의 🔒을 클릭해 잠금을 해제한 후 ❷ 조정 레이어의 오른쪽 끝을 드래그해 V1 트랙의 영상 클립 전체 길이에 맞게 조절합니다. ❸ Spacebar 를 눌러 완성된 영상을 확인합니다.

유캔브르 테크닉
초보 유튜버 가이드
프리미어 프로 기초
영상 편집 기본
프리미어 프로 효과
영상 특수 효과

> 🔔 **비됴클래스 작업 꿀팁** ▷ **[잔물결 편집, 후행 클립 이동]에 체크하는 이유**

기능 이름만 보면 어떤 기능인지 짐작하기 어렵지만 속도를 조절하면서 발생하는 클립 잘림 또는 클립의 사이가 벌어지는 현상을 막는 기능입니다. 아래 예시를 통해 쉽게 알아보겠습니다. ❶처럼 배치된 클립의 속도를 **200%**로 조절하면 ❷와 같은 상태가 됩니다.

 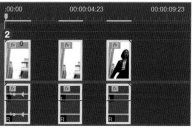

▲ 속도 200% 빠르게 : 잔물결 편집, 후행 클립 이동 OFF

비디오 클립의 속도가 빨라지며 지속 시간이 줄어들고 시작점 기준으로 빨라진 속도만큼 공간이 생깁니다. 이때 [잔물결 편집, 후행 클립 이동(ripple edit shifting trailing clips)]에 체크한 후 속도를 조절하면 클립 사이에 발생하는 공간을 없앨 수 있습니다.

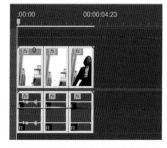

▲ 속도 200% 빠르게 : 잔물결 편집, 후행 클립 이동 ON

클립의 지속 시간이 변경되며 발생하는 공간이 모두 잔물결 지우기로 삭제된 상태입니다. 반대로 슬로우 모션으로 작업할 때 영상 클립의 총 지속 시간이 늘어나며 뒤에 있는 클립 위에 덮어씌워지는 경우가 발생하는데 이때는 반대로 뒤의 클립을 밀어내게 됩니다.

영상을
풍부하게 만드는
다양한 특수 효과

CHAPTER

04

LESSON 01

똑같은 사람이 동시에 등장하는 장면 만들기

▶ 마스크 기능으로 한 장면에 똑 같은 사람이 동시에 등장하는 효과 만들기

'마스크(Mask)' 기능을 활용하면 영상을 가위로 오려내듯이 필요한 모양으로 잘라 활용할 수 있습니다. 이 기능을 활용하면 한 장면에 두 명이 등장하는 신기한 영상을 만들 수도 있습니다. 고전적인 영상 기법이지만 재미있는 장면 연출에 자주 사용하는, 유튜브 영상에서는 특히 쓸 일이 많은 기법 중 하나입니다.

PREVIEW
예제 파일 CHAPTER_04\LESSON_01_Before.prproj
완성 파일 CHAPTER_04\LESSON_01_After.prproj

◀ 마스크 사용 전 원본 영상 A만 있는 상태

▲ 마스크 사용 후 원본 영상 A에 영상 B를 합성해 한 장면에 같은 사람이 동시에 등장

한눈에 확인하는 작업 순서 : 컷 편집으로 영상 정리하기 > 마스크 기능으로 영상 테두리 자르기 > 트랜지션 적용하기

STEP 01 컷 편집으로 원본 영상 정리하기

01 먼저 영상을 잘라 합성하기 전 Spacebar 를 눌러 예제 파일의 준비된 영상을 확인합니다. 초반부는 자리에 앉아 이야기하는 장면, 후반부는 화면 왼쪽에서 쟁반을 들고 들어오는 장면입니다. 해당 영상을 컷 편집해 하나의 장면으로 합성해보겠습니다.

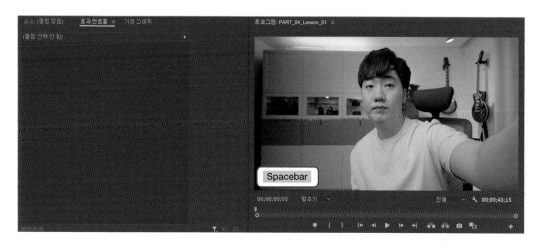

02 ❶ 17초 19프레임 지점으로 이동합니다. 카메라를 끄는 듯한 장면에서 ❷ Ctrl + K 를 눌러서 클립을 나눕니다.

03 ❶ 자리에서 일어나서 왼쪽으로 나갔다 다시 들어오는 장면 직전인 ❷ **30초 지점**에 타임바를 두고 ❸ Ctrl + K 를 눌러서 클립을 나눕니다.

04 ❶ 중간에 필요 없는 클립은 클릭한 후 ❷ Delete 를 눌러 삭제합니다.

TIP 이러한 영상을 촬영하기 위해선 카메라를 한 위치에 고정시킨 후 조명 등을 동일하게 유지한 상태에서 연속해서 촬영하는 것이 좋습니다. 또한 각 인물이 한 장면에서 겹치면 편집이 어려워지므로 동선 등을 사전에 고려해 촬영합니다.

05 남은 클립을 합성하기 위해 ❶❷❸ 두 번째 클립의 비디오/오디오 클립 모두 V2와 A2 트랙으로 각각 이동한 후 아래 그림처럼 배치합니다.

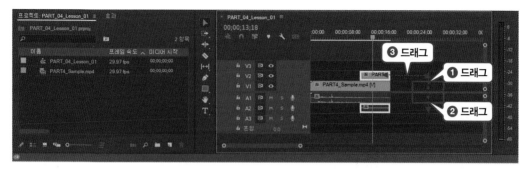

TIP 한번에 이동하면 비디오나 오디오 트랙이 겹치게 되므로 클립을 V2 트랙으로 먼저 옮긴 후 그림과 같은 위치로 이동합니다.

06 A2 트랙에 있는 오디오는 필요 없으므로 ❶ Alt +클릭으로 오디오 클립만 따로 선택합니다. ❷ 마우스 오른쪽 버튼을 클릭하고 ❸ [사용(Enable)]을 클릭해 체크 해제하여 비활성화합니다.

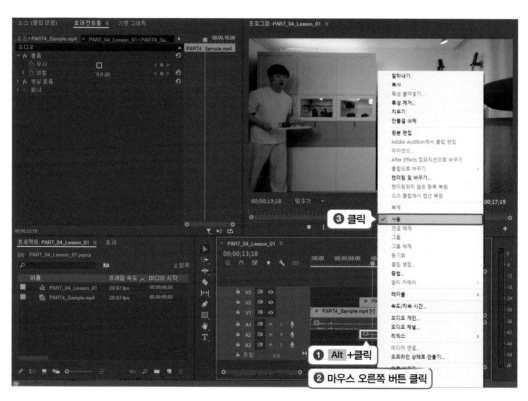

유캔두 프리미어 테크닉

초보 유튜버 가이드

프리미어 프로 기초

영상 편집 기본

프리미어 프로 효과

영상 특수 효과

STEP 02 | 마스크 기능 사용해 영상 합성하기

01 마스크 기능을 사용해보겠습니다. ❶ V2 트랙의 비디오 클립을 클릭합니다. ❷ [효과 컨트롤(Effect Controls)] 패널에서 [불투명도(Opacity)] 옵션의 ■를 클릭합니다. ❸ [프로그램(Program)] 패널의 미리 보기 화면에 파란색 사각형 영역이 생성됩니다.

TIP 파란색 사각형으로 표시된 부분이 현재 선택된 V2 트랙에 위치한 클립에 생성된 '마스크 영역'입니다. 해당 영상에서 파란색 영역 안쪽만 화면에 표시되는 방식입니다.

02 마스크 영역은 [프로그램(Program)] 패널의 미리 보기 화면에서 설정합니다. 이때 패널에 화면이 최대 크기로 설정(fit)되었다면 작업이 불편할 수 있습니다. 확대 비율을 클릭하고 적당한 크기를 설정합니다. 보통은 [25%]가 적당합니다.

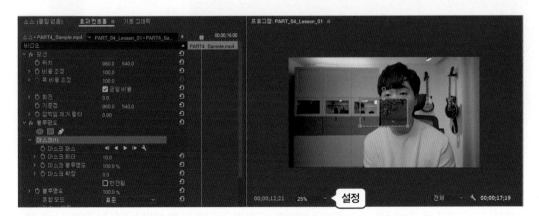

TIP 미리 보기 화면의 확대 비율은 현재 사용 중인 PC의 해상도와 프리미어 프로 인터페이스 배치에 따라 적절한 수치가 다를 수 있습니다. [프로그램(Program)] 패널 화면을 기준으로 미리 보기 화면 상하좌우에 여백이 어느 정도 생길 수 있도록 조절합니다.

03 마스크 영역의 가운데 부분을 드래그해 화면 왼쪽 중앙으로 이동합니다.

> **TIP** 파란색 사각형의 마스크 영역이 표시되지 않으면 [불투명도(Opacity)]−[마스크(1)(Mask(1))] 항목을 클릭합니다.

04 마스크 영역을 조절해보겠습니다. 마스크 영역의 아래 모서리에 위치한 **❶** 크기 조절점▓ 두 개를 드래그해 같이 선택한 후 **❷** 선택된 크기 조절점▓ 중 하나를 미리 보기 화면보다 아래쪽으로 더 크게 드래그합니다.

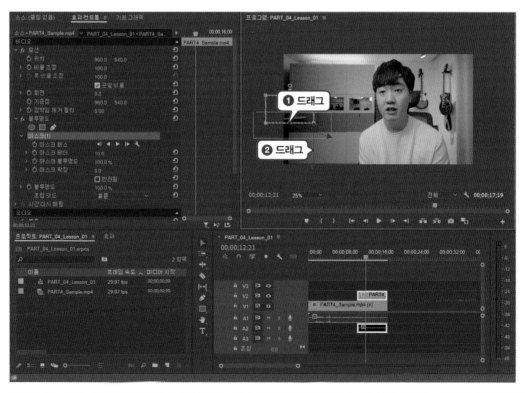

> **TIP** 마스크 영역의 크기 조절점을 선택하고 드래그할 때는 마우스 포인터가 ▸ 모양일 때 작업합니다. ▸ 모양을 클릭하면 크기 조절점이 추가됩니다. 선택된 크기 조절점은 ▓ 모양이 되며 하나만 클릭해서 선택하거나 드래그해 여러 개를 동시에 선택할 수 있습니다. Shift 를 누른 상태로 클릭해 하나 이상을 선택할 수 있습니다.

05 ❶ 상단 두 개의 크기 조절점 ▣도 같이 선택한 후 ❷ 아래 그림처럼 드래그합니다. 마스크 영역이 화면 왼쪽을 가득 채우도록 조절합니다.

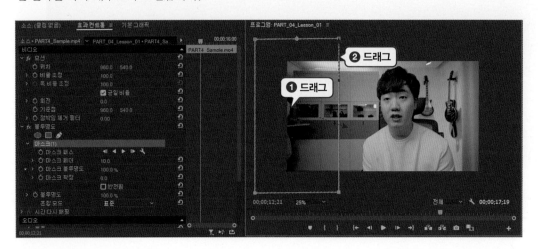

06 [효과 컨트롤(Effect Controls)] 패널의 [불투명도(Opacity)]−[마스크(1)(Mask(1))] 옵션 중 [마스크 페더(Mask Feather)]가 있습니다. 이 옵션을 조절하면 마스크의 단면이 부드럽게 표현됩니다. 대략 50~80정도가 적당하며, 예제에서는 80으로 설정했습니다.

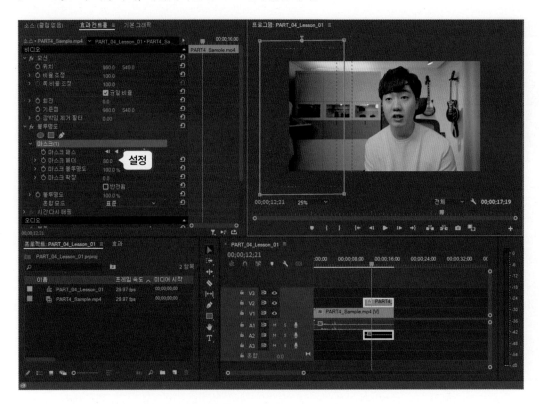

07 ❶ Spacebar 를 눌러 영상을 재생해보면서 영상이 겹쳐 어색하게 보이는 부분이 있는지 확인합니다. 만약 겹치는 부분이 있다면 마스크 영역을 조절합니다. ❷ 최종 작업은 아래 그림처럼 영역을 설정했습니다. 정확하게 일치하지 않아도 영상에 어색한 부분이 없으면 됩니다.

08 V2 트랙에 위치한 클립의 타이밍을 조절하여 ❶ 어색한 부분을 편집하고 ❷ Ctrl + D 를 눌러 기본 트랜지션인 교차 디졸브(Cross Dissolve)를 적용해 매끄럽게 끝나도록 처리합니다.

TIP 교차 디졸브(Cross Dissolve)가 기본 트랜지션으로 설정되어 있지않다면 [효과(Effects)] 패널에서 찾아서 적용합니다.

09 Spacebar 를 눌러 영상을 확인합니다. 한 장면에 동일한 인물이 동시에 등장하는 영상이 완성되었습니다.

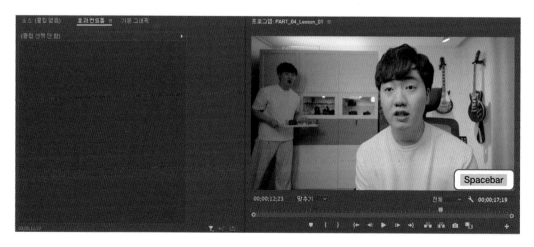

LESSON 02 ⟫⟫

얼굴을 따라다니는 모자이크 만들기

▶ 자동으로 인물의 얼굴을 추적해 움직이는 마스크 추적 기능 활용하기

동영상을 촬영하다 보면 얼굴에 모자이크를 처리해야 하는 일이 자주 발생하고, 영상 속 인물이 계속 움직이면 모자이크를 이동해야 하는 경우가 있습니다. 이때 키프레임으로 일일이 위치를 변경할 수도 있지만 훨씬 편리한 '마스크 추적' 기능을 활용하면 됩니다. 이번 LESSON에서는 영상 속 인물 얼굴에 모자이크를 적용하고 이를 따라다니도록 하는 방법에 대해 알아보겠습니다.

PREVIEW

예제 파일 CHAPTER_04\LESSON_02_Before.prproj
완성 파일 CHAPTER_04\LESSON_02_After.prproj

◀ 얼굴에 모자이크를 적용하기 전

▲ 모자이크를 삽입한 후 마스크 추적 기능 적용

한눈에 확인하는 작업 순서	얼굴에 모자이크 삽입하기	⟩	모자이크 효과 설정하기	⟩	마스크 추적 적용하기	⟩	타이밍 조정하기

유캔튜브 테크닉

초보 유튜버 가이드

프리미어 프로 기초

영상 편집 기본

프리미어 프로 효과

영상 특수 효과

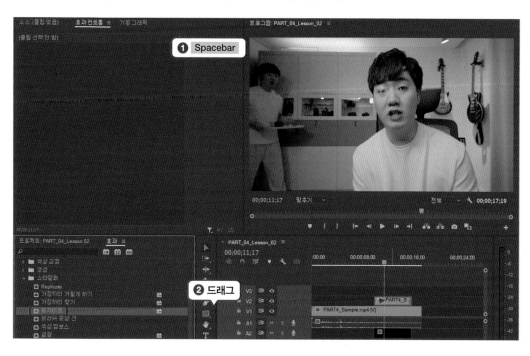

STEP 01 | 얼굴에 모자이크 삽입하기

01 ❶ Spacebar 를 눌러 확인해보면 LESSON 01에서 작업했던 영상과 동일한 영상인 것을 확인할 수 있습니다. 화면 뒤에서 나타나는 하퀸의 얼굴에 모자이크를 적용해보겠습니다. 모자이크 효과를 V2 트랙의 클립에 적용하겠습니다. ❷ [효과(Effects)] 패널에서 [비디오 효과(Video Effects)]−[스타일화(Stylize)]−[모자이크(Mosaic)]를 V2 트랙에 위치한 클립으로 드래그합니다.

02 ❶ [효과 컨트롤(Effect Control)] 패널을 확인해보면 [모자이크(Mosaic)] 효과가 추가된 것을 확인할 수 있습니다. ❷ 지금은 모자이크가 클립 전체에 적용된 상태이며, 모자이크 블록의 크기도 너무 큽니다.

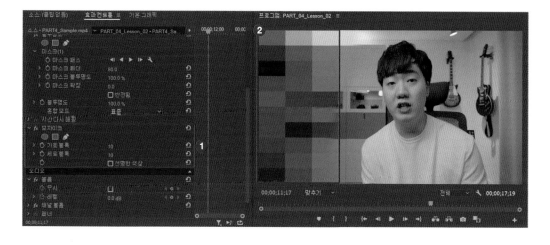

03 모자이크 블록의 크기를 적당히 조정해보겠습니다. [효과 컨트롤(Effect Controls)] 패널에서 [모자이크(Mosaic)] 항목을 보면 [가로 블록(Horizontal Blocks)] 옵션과 [세로 블록(Vertical Blocks)] 옵션이 있습니다. 예제에서는 80과 45로 각각 변경했습니다.

> **TIP** [가로 블록(Horizontal Blocks)]와 [세로 블록(Vertical Blocks)] 값은 화면 전체를 몇 개의 모자이크 블록으로 나눌 것인지에 대한 설정입니다. 모자이크 블록을 정사각형에 가깝게 적용하려면 가로/세로의 비율을 16:9로 맞춰야 정사각형의 모자이크 블록을 만들 수 있습니다.

04 모자이크 영역을 얼굴에만 적용하도록 모자이크에 마스크를 적용해보겠습니다. ❶ [모자이크(Moasic)] 항목에서 ⬤을 클릭합니다. ❷ [프로그램(Program)] 패널에서 마스크 영역을 얼굴 부분에 맞도록 조절합니다.

> **TIP** 불투명도(Opacity)에 마스크를 삽입하면 영상 자체가 오려지지만, 효과(Effect) 자체에 삽입하면 효과가 일부 모양에 적용되도록 만들 수 있습니다.

유캔튜브 테크닉

초보 유튜버 가이드

프리미어 프로 기초

영상 편집 기초

프리미어 프로 효과

영상 특수 효과

자동으로 마스크가 얼굴을 따라다니도록 설정하기

01 마스크 추적(Mask Tracking) 기능으로 모자이크가 얼굴을 따라다니도록 설정해보겠습니다. 얼굴이 마스크에 가려진 시점을 찾아 ① [효과 컨트롤(Effect Control)] 패널의 타임바를 위치시킵니다. ② [마스크 패스(Mask Path)] 옵션의 ▶을 클릭하면 ③ 프리미어 프로가 분석하여 마스크 위치가 자동으로 적용됩니다.

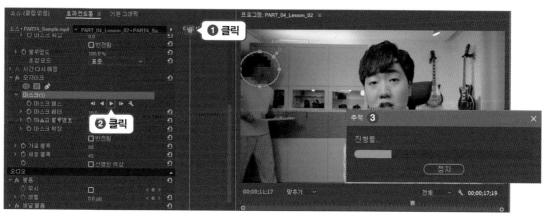

▲ 마스크 추적이 진행 중인 모습

TIP 마스크 추적은 진행할 때마다 결과가 조금씩 달라질 수 있으므로 이후 작업 시점에 대해서는 실습 내용을 진행하며 확인합니다.

02 마스크 추적이 완료되면 ① Spacebar 를 눌러 해당 구간을 재생해 제대로 추적이 이루어졌는지 확인합니다. ② [마스크 패스(Mask Path)] 항목에 키프레임이 1프레임마다 적용된 것을 확인할 수 있습니다. ③ 클립의 마지막 부분을 확인해보면 영상에서 퇴장했을 때 얼굴이 사라졌음에도 모자이크가 화면에 남아있습니다.

03 영상에서 퇴장한 직후를 시점을 찾아 ❶ [효과 컨트롤(Effect Control)] 패널의 타임바를 위치시킵니다. ❷ 해당 시점 이후의 키프레임을 드래그해 모두 선택합니다. ❸ Delete 를 눌러 제거합니다.

04 클립의 키프레임 중 가장 오른쪽 키프레임 시점을 확인합니다. 마지막 키프레임으로 이동하려면 Shift 를 누른 상태로 [효과 컨트롤(Effect Control)] 패널의 타임바를 드래그합니다. 이 시점 이후 장면을 확인해보면 모자이크 마스크가 여전히 화면에 남아있어 보기 어색합니다.

05 마지막 키프레임 시점에서 [프로그램(Program)] 패널의 모자이크 마스크를 드래그해 화면 바깥에 위치시킵니다.

06 [효과 컨트롤(Effect Control)] 패널의 타임바를 ❶ Shift 를 누른 상태로 이동해 맨 처음 키프레임으로 이동합니다. 여기부터 추적을 시작해 이전 시점에는 추적이 이루어지지 않은 것을 확인할 수 있습니다. ❷ [마스크 패스(Mask Path)] 옵션의 을 클릭해 이전 시점의 추적을 진행합니다.

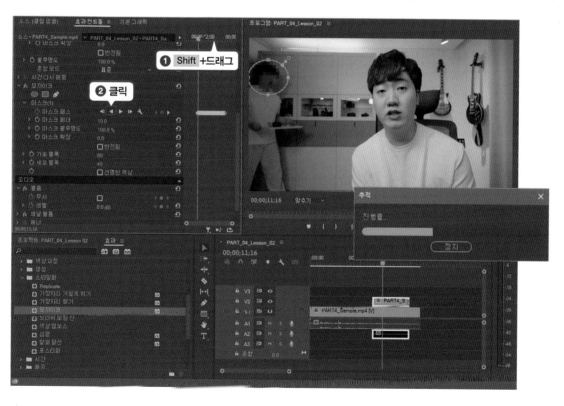

유캔두 유튜브 테크닉

초보 유튜버 가이드

프리미어 프로 기초

영상 편집 기본

프리미어 프로 효과

영상 특수 효과

07 ❶ 클립의 맨 앞부분으로 타임바를 이동해보면 등장하기 전부터 ❷ 모자이크가 생성된 것을 확인할 수 있습니다. 이 부분도 자연스럽게 처리하겠습니다.

08 ❶ [효과 컨트롤(Effect Control)] 패널의 타임바를 드래그해 등장하기 직전 장면으로 이동합니다. ❷ 이 시점 이전의 키프레임을 모두 드래그해 선택하고 ❸ Delete 를 눌러 제거합니다.

09 가장 처음 키프레임의 마스크 패스는 ❶ [프로그램(Program)] 패널에서 화면 바깥으로 드래그해 이동합니다. ❷ Spacebar 를 눌러 완성된 영상을 확인합니다.

모자이크 대신 흐림 효과로 처리하기

예제 파일 CHAPTER_04\LESSON_02_YT_Before.prproj
완성 파일 CHAPTER_04\LESSON_02_YT_After.prproj

앞서 배운 마스크 추적 기능을 활용하면 다양한 효과를 구현할 수 있습니다. 유튜브 영상 중에는 모자이크 대신 흐리게 처리하는 경우도 있습니다. 이때도 마스그 추직 기능을 활용하면 좋습니다. 이번에는 이전에 작업했던 모자이크 마스크 패스의 값을 복사하여 가우시안 흐림(Gaussian Blur) 효과를 적용해보겠습니다.

아래 그림 ❶은 작업하기 이전의 모자이크가 적용된 영상이며, 그림 ❷는 모자이크의 마스크 패스 값을 복사해 가우시안 흐림(Gaussian Blur) 효과를 적용한 영상입니다.

01 ❶ [효과(Effects)] 패널에서 **가우시안**을 입력해 검색하고 ❷ [가우시안 흐림(Gaussian Blur)]을 드래그해 V2 트랙의 클립에 삽입합니다.

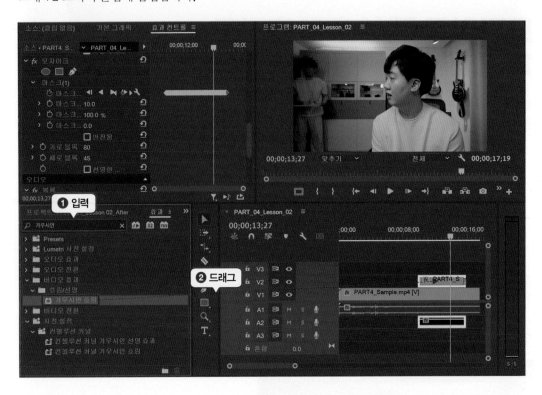

02 [효과 컨트롤(Effect Controls)] 패널에서 기존 ❶ [모자이크(Mosaic)] 효과 항목의 [마스크(1)(Mask(1))] 항목을 클릭하고 ❷ Ctrl + C 를 눌러 복사합니다.

03 ❶ [가우시안 흐림(Gaussian Blur)] 효과 항목의 [마스크(1)(Mask(1))]을 클릭합니다. ❷ `Ctrl` + `V` 를 눌러서 앞서 복사한 모자이크 마스크 패스의 값을 붙여 넣습니다.

04 ❶ [모자이크(Mosaic)] 효과 항목을 클릭한 후 ❷ `Delete` 를 눌러 삭제합니다.

05 [가우시안 흐림(Gaussian Blur)] 효과 항목의 [흐림(Blurriness)] 옵션값을 수정해 흐림 정도를 조정합니다.

유튜브 테크닉

초보 유튜버 가이드

프리미어 프로 기초

영상 편집 기본

프리미어 프로 효과

영상 특수 효과

LESSON 03

다양한 효과를 가진 외부 플러그인 활용하기

▶ 외부 플러그인 Premiere Composer 설치하고 활용하기

프리미어 프로는 기본적으로 내장된 기능과 효과 외에 더욱 다양한 효과를 추가로 설치하여 사용할 수 있습니다. 이러한 기능을 보통 플러그인(Plug-in)이라고 부르며 어도비 제품에서는 확장(Extension)이라고 부르기도 합니다. 플러그인은 대부분 유료지만 좋은 무료 플러그인도 존재합니다. 이번 LESSON에서는 개인적으로 추천하는 플러그인인 Premiere Composer의 설치 방법과 사용 방법에 대해 알아보겠습니다.

PREVIEW

예제 파일 CHAPTER_04\LESSON_03_Before.prproj
완성 파일 CHAPTER_04\LESSON_03_After.prproj

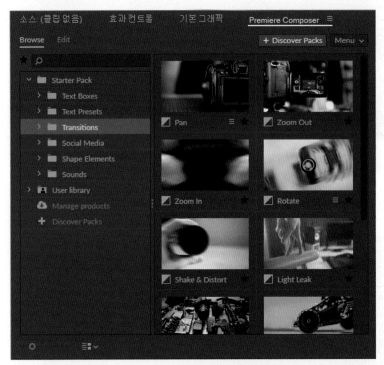

▲ 프리미어 프로 외부 플러그인으로 다양한 전환 효과 삽입하기

한눈에 확인하는 작업 순서	Premiere Composer 다운로드하기	>	Premiere Composer 설치하기	>	동영상에 트랜지션 적용하기

STEP 01 | Premiere Composer 다운로드하고 설치하기

01 인터넷 브라우저(Edge, 크롬 등)를 열고 ❶ 주소창에 misterhorse.com/premiere-composer를 입력해 접속합니다. Premiere Composer의 소개 페이지가 나타납니다. ❷ [Download for Win]을 클릭해 설치 파일을 다운로드합니다.

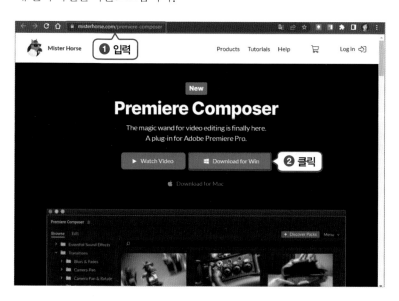

02 간혹 이러한 창이 나타나는 경우가 있습니다. 뉴스레터 구독 화면으로 불필요하다면 ❶ 닫기를 클릭한후 오른쪽 상단의 ❷ [Log in]을 클릭합니다.

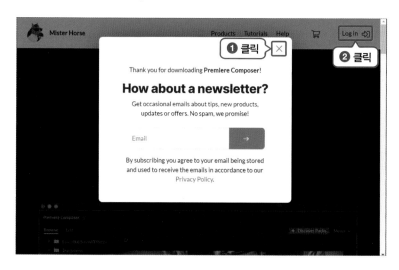

유캔튜브 테크닉

초보 유튜버 가이드

프리미어 프로 기초

영상 편집 기본

프리미어 프로 효과

영상 특수 효과

03 Mister Horse 제품을 이용하려면 계정이 필요합니다. 새로운 계정을 만들기 위해 하단의 [Create free account]를 클릭합니다.

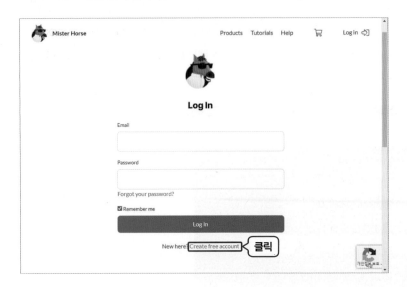

04 ❶ 새 계정을 만들기 위한 필수 정보를 입력한 후 ❷ [Create Account]를 클릭합니다.

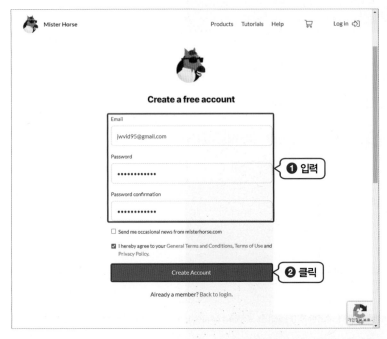

TIP 하단의 [Send me occasional news from…]의 체크를 해제해야 뉴스레터 메일이 오지 않습니다. 업데이트 정보나 제품 할인 정보를 받으려면 체크합니다.

05 계정을 만들 때 입력한 이메일 주소의 이메일 함을 확인하여 이메일을 인증합니다. [Confirm My Account]를 클릭합니다.

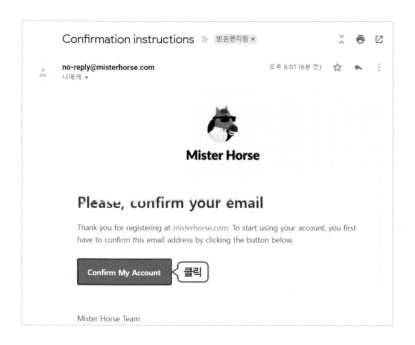

06 다운로드한 Mister Horse Product Manager 설치 파일을 실행해 설치를 진행합니다. ❶ [Next]를 계속 클릭해 진행합니다. ❷ 설치가 완료되면 [Finish]를 클릭합니다.

TIP 설치 완료 화면에서 [Open Product Manager]에 체크한 후 [Finish]를 클릭해야 Mister Horse Product Manager가 실행됩니다.

07 설치가 완료된 후 Mister Horse Product Manager가 실행됩니다. ❶ 앞서 생성한 계정의 이메일 주소와 비밀번호를 입력한 후 ❷ [Log-in]을 클릭해 로그인합니다.

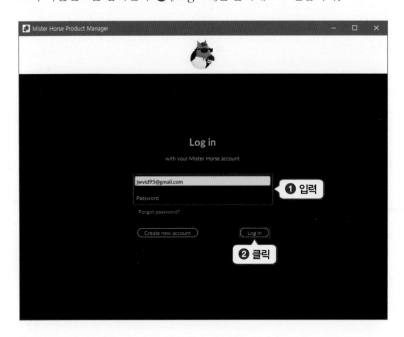

08 플러그인 설치 화면의 상단 탭에서 ❶ [Premiere Pro]를 클릭한 후 하단의 ❷ [Install All]을 클릭합니다. 플러그인이 모두 설치되었다면 ❸ 각 플러그인 오른쪽 버튼이 [Uninstall]로 바뀝니다. ❹ [X]를 클릭해 닫습니다.

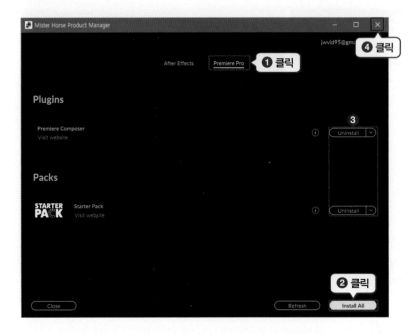

STEP 02 | 프리미어 프로에서 Premiere Composer 사용하기

01 예제 파일을 엽니다. 프리미어 프로의 [창(Window)]-[확장명(Extensions)]-[Premiere Composer] 메뉴를 클릭합니다.

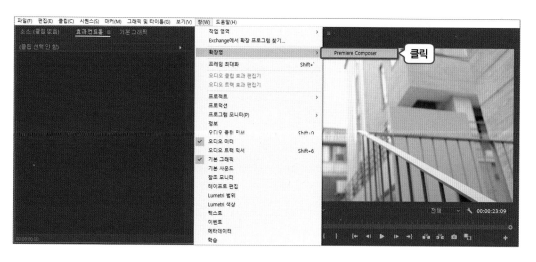

02 아래 그림처럼 [Premiere Composer] 패널이 별도의 창으로 나타납니다. 해당 패널을 다른 패널처럼 작업 영역 안에 고정되게 설정하겠습니다.

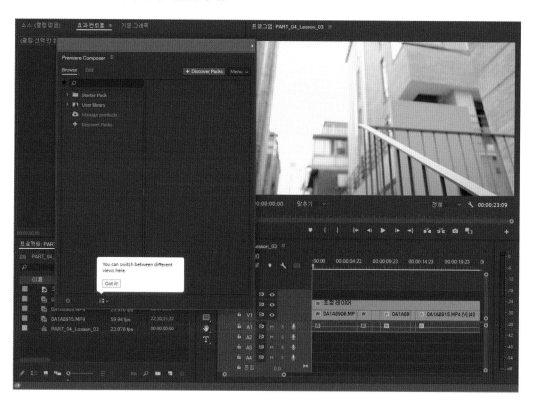

03 [Premiere Composer] 패널의 이름 부분을 드래그해 왼쪽 위의 작업 영역(효과 컨트롤(Effect Controls)] 패널 위치)의 중앙으로 이동합니다. 아래 그림과 같이 가운데 파란색 영역이 나타나는 곳에 드래그하면 됩니다.

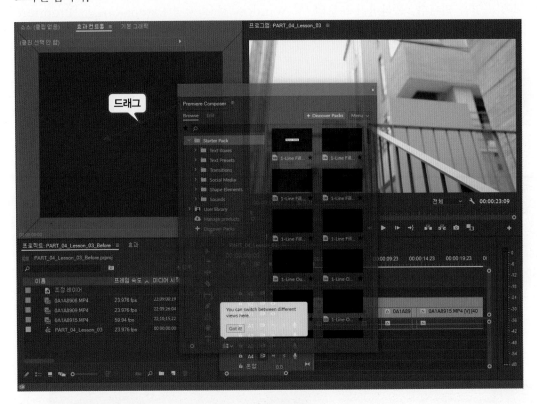

04 ❶ [Premiere Composer] 패널의 왼쪽 영역에서 효과 카테고리를 선택하면 ❷ 오른쪽 영역에서 효과를 미리 확인할 수 있습니다. 왼쪽 목록에서 전환 효과에 해당하는 ❸ [Starter Pack]-[Transitions]를 클릭합니다. 오른쪽 목록에서 다양한 화면 전환 효과를 확인할 수 있습니다. 마우스 포인터를 각 효과에 올리면 어떤 효과인지 미리 확인할 수 있습니다.

05 원하는 트랜지션을 선택했다면 타임라인에서 화면 전환이 이루어지는 위치의 새 트랙으로 드래그합니다. 예제에서는 [Zoom In] 효과를 삽입했습니다.

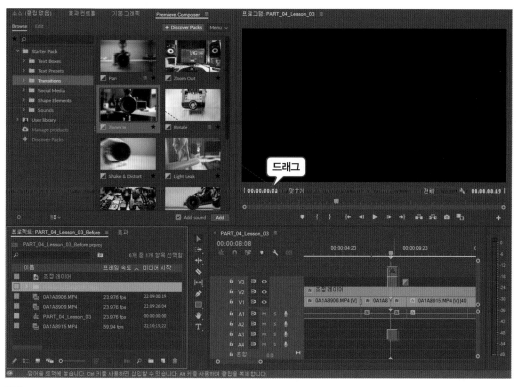

> **TIP** Premiere Composer 플러그인의 트랜지션은 프리미어 프로 기본 트랜지션처럼 클립에 바로 적용하는 것이 아닌, 새 클립을 생성해 적용됩니다. 이처럼 플러그인마다 사용 방법이 각각 다르므로 새 플러그인을 사용할 때는 사용 방법을 새롭게 익혀야 합니다.

06 'Importing item…' 메시지가 나타나면 효과가 적용되는 중입니다. 이때 다른 곳을 클릭하거나 키보드 입력하지 않습니다. 적용이 모두 끝날 때까지 기다립니다.

유캔두 비 테크닉

초보 유튜버 가이드

프리미어 프로 기초

영상 편집 기본

프리미어 프로 효과

영상 특수 효과

07 해당 구간에서 **❶** Spacebar 를 눌러 확인해보면 트랜지션이 적용된 것을 확인할 수 있습니다. 해당 트랜지션은 오디오도 삽입됩니다. 만약 오디오를 삽입하고 싶지 않다면 [Premiere Composer] 패널 하단의 **❷** [Add sound]의 체크를 해제합니다.

🖱 STEP 03 | 트랜지션 속도 조절하기

01 트랜지션의 속도도 조절할 수도 있습니다. Alt 를 누른 상태로 트랜지션의 시작 또는 끝 부분에 해당하는 클립을 드래그해 선택한 후, Alt 를 떼고 길이를 조절하면 됩니다.

TIP 트랜지션에 해당하는 클립을 선택할 때만 Alt 를 누르고, 길이를 조절할 때는 Alt 를 뗍니다.

추천 유료 플러그인과 템플릿 서비스

예제 파일 **없음** | 완성 파일 **없음**

프리미어 프로에 기본 내장된 기능 외에 외부 플러그인을 사용하면 훨씬 다양한 효과를 영상에 적용할 수 있습니다. 프리미어 프로의 기본 기능으로는 절대 만들 수 없는 비주얼, 멋진 인트로를 뚝딱 만들거나 추가적인 편의 기능을 제공하는 등 목적에 따라 다양한 플러그인이 존재합니다. 그 중에서 필자가 Mister Horse 외에 추천하는 유료 플러그인 두 가지와 템플릿 서비스를 알아보겠습니다.

추천 유료 플러그인

01   Film Impact | 원래는 몇 가지의 단순한 트랜지션을 무료로 간편하게 다운로드해 사용할 수 있는 서비스였지만, 다양한 기능을 업데이트하는 대신 30일만 무료로 사용할 수 있도록 바뀌었습니다. 하지만 유료 기능이 꽤 다양하고 구성이 괜찮기 때문에 소개합니다. Film Impact는 저렴하지 않은 편이지만 매우 다양한 프리미어 프로 전용 트랜지션 세트를 제공합니다.

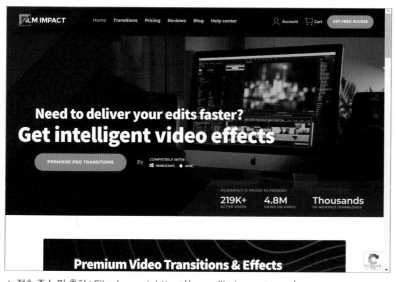

▲ 접속 주소 및 출처 : Film Impact, https://www.filmimpact.com/

아래 그림은 Film Impact 트랜지션 중 Earthquake Impacts(지진 트랜지션)을 적용한 예시입니다.

02 **Maxon-Red Giant Universe** | 유튜브 영상 강의 등에서 자주 추천하는 Universe의 원래 이름은 Red Giant의 Universe였지만, 2020년 Universe의 개발사인 Red Giant가 Maxon에 인수되었습니다. Red Giant에서는 영상 제작자들이 많이 사용하는 유명한 플러그인을 많이 개발했고, 종합 효과 및 트랜지션을 제공하는 Universe가 가장 대표적입니다. VHS(옛날 비디오 효과)나 Glitch(레트로 스타일의 지글 거리는 잔산 효과) 등 요즘 영상에서 쉽게 볼 수 있는 다양한 효과들을 제공하며, 영상을 직업으로 하는 사람에게는 거의 필수적인 플러그인으로 불립니다. 2022년 12월 기준 연 302,000원 정도의 비싼 가격이지만, 올인원 플러그인으로 다양한 기능을 제공하기 때문에 필자는 물론 유료 구독형 플러그인으로 이것 하나만 사용하는 편집자가 굉장히 많습니다.

▲ 접속 주소 및 출처 : Maxon-Red giat, https://www.maxon.net/en/red-giant

Red Giant 홈페이지에서 다양한 효과 적용 예시를 미리 확인할 수 있습니다.

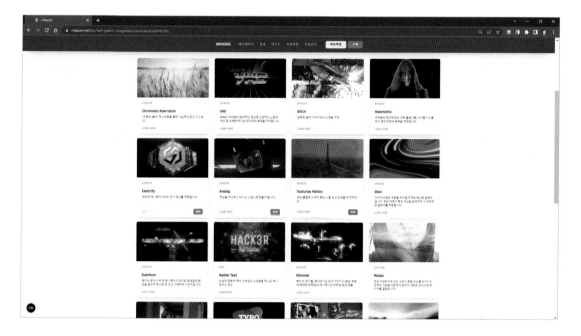

아래 그림은 Universe의 효과 중 VHS(옛날 비디오 효과)를 적용한 예시입니다.

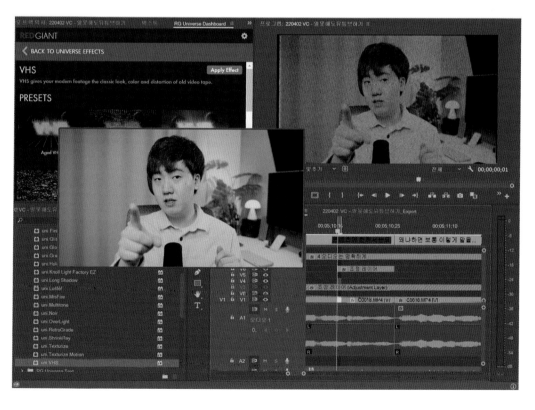

유객튜브 테크닉

초보 유튜버 가이드

프리미어 프로 기초

영상 편집 기본

프리미어 프로 효과

영상 특수 효과

추천 유료 템플릿 서비스

01 비디세이(Vidyssey) | 비디세이는 국내의 템플릿과 에셋(Asset) 제공 서비스입니다. 국내 영상에서 많이 쓸 법한 텍스트 애니메이션의 모션 그래픽 템플릿(Mogrt)을 저렴한 가격에 판매하고 있습니다. 구독형이 아닌 단일 결제로 평생 사용 가능한 라이선스입니다.

▲ 접속 주소 및 출처 : 비디세이(Vidyssey), https://vidyssey.com/

아래 그림은 비디세이의 제품 중 프리미어 프로 전용 '모던 타이틀 템플릿'의 예시입니다. 다양한 스타일의 텍스트 애니메이션을 제공하며 프리미어 프로에서 세부적인 값을 쉽게 수정할 수 있습니다.

02 **Envato Elements** ｜ 세계에서 가장 큰 디자인 템플릿 플랫폼입니다. 그만큼 다양한 자료가 있지만, 대부분 해외 자료이기 때문에 해외 유튜브 감성에 가까운 디자인이라는 점, 설명이 영어로 된 자료인 점만 참고하면 됩니다. 이러한 템플릿을 자주 사용한다면 월 16달러의 무제한 정액제로 사용하는 것이 합리적입니다.

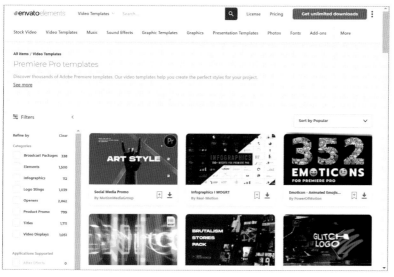

▲ 접속 주소 및 출처 : Envato Elements, https://elements.envato.com/

Envato Elements의 제품 중 유튜브 구독 버튼 템플릿 예시입니다.

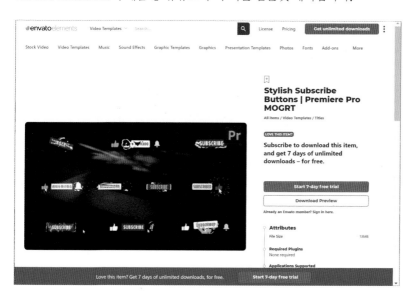

유튜브 테크닉

초보 유튜버 가이드

프리미어 프로 기초

영상 편집 기본

프리미어 프로 효과

영상 특수 효과

LESSON 04 ⟫⟫⟫

크로마키 기능으로
재미있는 장면 만들기

▶ 그린 스크린 촬영 장면에 울트라 키(Ultra Key) 효과를 적용해 원하는 배경으로 꾸미기

피사체 뒤에 자막이나 이미지를 삽입하거나, 배경을 바꾸거나 합성하는 것을 크로마키 기법이라고 합니다. 이번 LESSON에서는 유튜브 영상은 물론 다양한 영상 작업에 활용 가능한 크로마키 편집 작업에 대해 알아 보겠습니다. 프리미어 프로에서 울트라 키(Ultra Key)라는 이름의 효과가 바로 크로마키입니다. 이 효과를 활용하면 영상을 더욱 다이내믹하고 다채롭게 꾸밀 수 있습니다.

PREVIEW

예제 파일 CHAPTER_04\LESSON_04_Before.prproj
완성 파일 CHAPTER_04\LESSON_04_After.prproj

◀ 크로마키 촬영 영상 원본

▲ 영상을 적절히 확대하고 녹색 배경을 제거한 후 텍스트, 배경 삽입

한눈에 확인하는 작업 순서	영상 크기 조절	>	울트라 키 적용하기	>	울트라 키 효과 설정하기	>	배경 삽입하기

STEP 01 울트라 키 효과 적용하기

01 예제 파일을 열면 크로마키 작업을 위해 그린 스크린에서 촬영한 영상이 있습니다. 현재는 화면 주변부에 그린 스크린이 아닌 다른 배경이 있습니다. 영상을 적당히 확대해 그린 스크린 부분만 나오도록 편집하겠습니다.

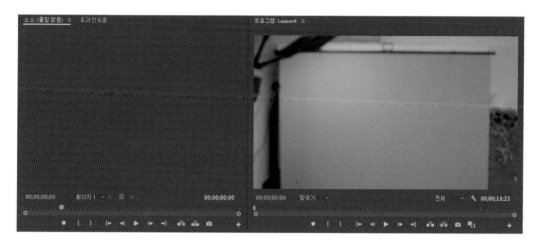

02 ❶ 타임라인에 삽입된 클립을 클릭한 후 [효과 컨트롤(Effect Controls)] 패널의 [모션(Motion)]-[위치(Position)]와 [비율 조정(Scale)]을 설정해 그린 스크린이 화면에 가득하도록 만듭니다. ❷ [위치(Position)]는 **960, 443**으로 [비율 조정(Scale)]은 **127**로 설정합니다.

03 본격적인 크로마키 작업 진행해보겠습니다. 프리미어 프로에서 크로마키 작업은 울트라 키(Ultra Key)라는 효과를 이용해 구현할 수 있습니다. [효과(Effects)] 패널에서 [비디오 효과(Video Effects)]-[키잉(Keying)]-[울트라 키(Ultra Key)]를 드래그해 클립에 적용합니다.

04 [효과 컨트롤(Effect Controls)] 패널에서 [울트라 키(Ultra Key)] 효과의 [키 색상(Key Color)] 항목 오른쪽에 위치한 ❶ 🖌️를 클릭합니다. [프로그램(Program)] 패널의 미리 보기 화면에서 ❷ 초록색 부분을 클릭합니다. 아래 그림처럼 초록색이 검은색으로 바뀝니다. 검은색 화면은 투명한 부분으로 시퀀스 기본 배경색입니다. 타임라인에서 해당 클립 아래에 다른 이미지, 비디오 클립을 삽입하면 됩니다.

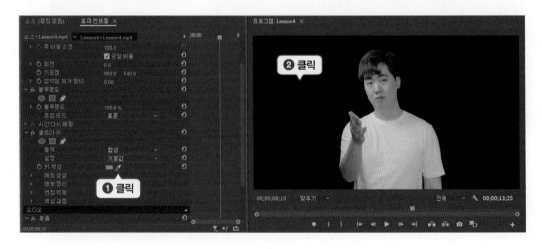

비디오클래스 작업 꿀팁 **영상의 투명한 부분을 체크 무늬 격자로 보고 싶다면?**

영상 클립의 투명한 부분을 검은색 화면으로 보면 어디가 진짜 투명한 부분이고, 어디가 실제 검은색인지 구분할 수 없습니다. 투명한 부분을 체크 무늬 격자로 보기 위해서는 다음과 같이 설정합니다. [프로그램(Program)] 패널의 미리 보기 화면을 ❶ 마우스 오른쪽 버튼을 클릭하고 ❷ [투명도 격자(Transparency Grid)]를 클릭해 체크합니다.

아래 그림처럼 투명한 부분에 체크 무늬 격자가 설정됩니다. 이렇게 설정하면 투명한 줄 알았던 부분이 얼룩덜룩하게 남아 있는 것을 쉽게 확인할 수 있습니다.

01 크로마키로 제거된 부분과 남은 부분을 제대로 확인하기 위해 [효과 컨트롤(Effect Controls)] 패널의 [울트라 키(Ultra Key)] 효과 항목의 [출력(Output)] 옵션에서 [알파 채널(Alpha Channel)]을 선택합니다. **제거된 부분은 검은색, 제거되지 않은 부분은 하얀색으로** 나타납니다. 이 상태에서 크로마키를 다듬으면 더욱 정밀한 작업이 가능합니다.

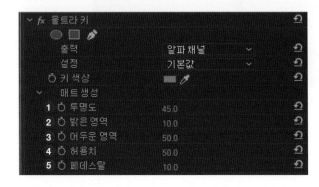

02 크로마키를 다듬는 작업은 [매트 생성 (Matte Generation)] 항목의 하위 옵션에서 진행합니다. 작업 진행 전 각각의 옵션에 대해 간단히 알아보겠습니다.

① **투명도(Transparency)** ㅣ 키 색상(Key Color)으로 선택한 색상을 얼마나 투명하게 만들지 조절합니다.

② **밝은 영역(Highlight)** ㅣ 크로마키의 밝은 영역(빛이 많이 비치는 부분)을 얼마나 제거할지 조절합니다.
③ **어두운 영역(Shadows)** ㅣ 크로마키의 어두운 영역(그림자)을 얼마나 제거할지 조절합니다.

유튜브 테크닉

초보 유튜버 가이드

프리미어 프로 기초

영상 편집 기본

프리미어 프로 효과

영상 특수 효과

④ **허용치(Tolerance)** | 키 색상(Key Color)으로 선택한 색상과 어느 정도 비슷한 색상까지 제거할 것인지 조절합니다.

⑤ **페데스탈(Pedestal)** | 크로마키로 제거된 부분 중 노이즈가 나타날 수 있는 부분을 얼마나 부드럽게 처리할 것인지 설정합니다.

03 앞서 설명한 옵션값을 간단히 이해하고 적절히 조절해보겠습니다. ❶ 아래 그림을 참고해 옵션값을 설정하고 영상을 재생합니다. 장면을 옮겨가며 ❷ 아래 그림처럼 모든 장면에 적절한 값인지 확인합니다. 인물이 배경과 완전히 흑백으로 분리되면 가장 이상적입니다. 작업이 끝나면 ❸ [출력(Output)] 옵션을 [합성(Composite)]으로 설정합니다.

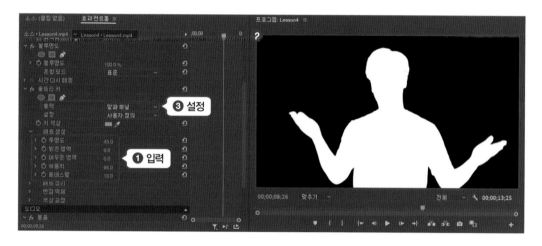

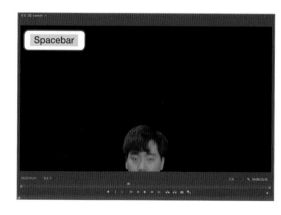

04 Spacebar 를 눌러 확인해보면 아직 어딘가 어색한 느낌이 있습니다. 특히 피사체의 모서리가 너무 날카롭게 처리되어 부자연스러운 느낌입니다.

05 이런 부분은 [매트 정리(Matte Cleanup)] 항목에서 설정합니다. 해당 항목에는 크로마키의 세기가 아닌 크로마키를 처리한 후 피사체의 모서리를 다듬는 옵션이 있습니다.

① **경계 감소(Choke)** | 피사체 모서리의 여분을 조절하는 옵션입니다. 값이 커지면 피사체 모서리의 크기가 줄어든다고 생각하면 쉽습니다.

② **부드럽게(Soften)** | 피사체 모서리를 부드럽게 만드는 옵션입니다.

③ **대비(Contrast)** | 알파 채널(투명한 부분)의 대비를 조절합니다.

④ **중간 점(Mid Point)** | 위 대비 옵션의 중간점을 조절합니다.

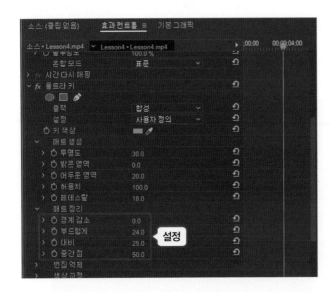

06 최종적으로 왼쪽 그림과 같은 값으로 조절하였습니다. 영상마다 적절한 값이 다르기 때문에 꼼꼼하게 모니터링하면서 부자연스럽지 않도록 조정하는 것이 중요합니다.

07 마지막으로 크로마키 뒤(하위 트랙)에 원하는 그림이나 영상, 텍스트를 삽입하면 됩니다. 여러분이 원하는 색상의 매트 배경 혹은 텍스트를 삽입해봅니다.

유캔튜브 테크닉

초보 유튜버 가이드

프리미어 프로 기초

영상 편집 기본

프리미어 프로 효과

영상 특수 효과

유캔튜브 테크닉

미리 보기가 끊길 때 활용하는 구간 렌더링 기능

예제 파일 없음 | 완성 파일 없음

프리미어 프로에서 영상을 편집하고 효과를 적용한 후 Spacebar 를 눌러 미리 보기를 실행하면 간혹 영상이 뚝뚝 끊겨 보이는 현상이 발생합니다. 특히 프리미어 프로가 영상 미리 보기를 실시간으로 렌더링할 때 컴퓨터 사양 대비 처리할 효과의 양이 많을 때 주로 발생합니다. 이때 구간 렌더링 기능을 활용하면 미리 보기를 끊김 없이 실행할 수 있습니다.

프리미어 프로의 타임라인을 확인해보면 아래 그림처럼 노란색 혹은 초록색 줄이 생기는 것을 확인할 수 있습니다. 이 줄의 색상으로 해당 구간의 미리 보기 상태를 유추할 수 있습니다.

노란색 | 미리 보기 렌더링 파일이 준비되지 않았으며, 실시간으로 재생이 원활하지 않을 수 있습니다.

빨간색 | 특정 효과를 사용하거나 복잡한 작업을 적용했을 경우 나타납니다. 실시간 재생이 원활하지 않을 확률이 높은 상태를 의미합니다. 컴퓨터 사양이 충분할 경우 정상적으로 재생되기도 합니다.

초록색 | 미리 보기 렌더링 파일이 준비 되어 미리 보기가 매우 원활한 상태입니다.

해당 줄을 초록색 상태로 만들기 위해서는 특별한 작업이 필요합니다. 바로 미리 보기 렌더링입니다.

미리 보기 렌더링 하는 방법

01 미리 보기를 실행할 구간을 설정합니다. 타임라인에서 구간 ❶ 시작점에서 **I** , ❷ 구간 끝점에서 **O** 를 누릅니다.

> **TIP** 현재 타임바가 위치해 선택된 클립 길이만큼 자동으로 구간 설정하려면 **X** 를 누릅니다.

> **TIP** 구간 지정 후 추가 작업이 필요 없다면 반드시 구간을 해제합니다. 해제 방법은 타임라인에서 마우스 오른쪽 버튼을 클릭하고 [시작 및 종료 지우기(Clear In and Out)]를 클릭합니다.

02 구간을 지정한 후 [시퀀스(Sequence)]–[시작에서 종료까지 렌더링(Render Entire Work Area)] 메뉴를 클릭합니다. 렌더링이 진행되며 컴퓨터 사양에 따라 속도가 다릅니다. 중간에 [취소(Cancel)]를 클릭해도 렌더링이 진행된 만큼은 미리 보기가 완료됩니다.

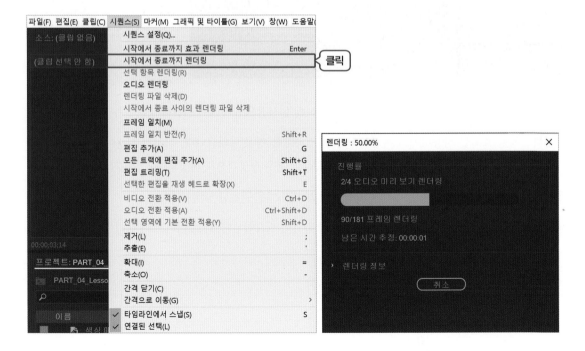

03 앞서 선택한 구간에 초록색 줄이 적용된 것을 알 수 있습니다.

04 초록색 구간은 클립을 옮기거나, 효과 수정이 발생하면 다시 노란색이나, 빨간색으로 돌아옵니다. 만약 아래처럼 클립을 옮긴다면 수정된 만큼 노란색 줄로 변경됩니다. 다만 렌더링된 미리 보기와 편집 후 화면이 완벽히 일치하는 경우(정지된 이미지 등만 움직인 경우)에는 클립을 옮겨도 초록색으로 표시되기도 합니다.

유튜브 테크닉

초보 유튜버 가이드

프리미어 프로 기초

영상 편집 기본

프리미어 프로 효과

영상 특수 효과

LESSON 05 ▶▶▶

오디오에 메아리 효과,
울림 효과 적용하기

▶ 오디오 이펙트를 적용하는 방법과 간단한 옵션값 설정하기

메아리, 울림이라고 표현했지만 정확한 효과 이름은 지연(Delay, 딜레이)과 반향(Reverb, 리버브)입니다. 프리미어 프로는 비디오 외에 오디오도 자유롭게 수정하고 적용할 수 있는 효과가 많이 있습니다. 이번 LESSON에서는 프리미어 프로에서 자주 사용하는 오디오 효과인 지연과 반향을 적용해보면서 오디오 효과를 적용하는 방법에 대해 알아보겠습니다.

PREVIEW

예제 파일 CHAPTER_04\LESSON_05_Before.prproj
완성 파일 CHAPTER_04\LESSON_05_After.prproj

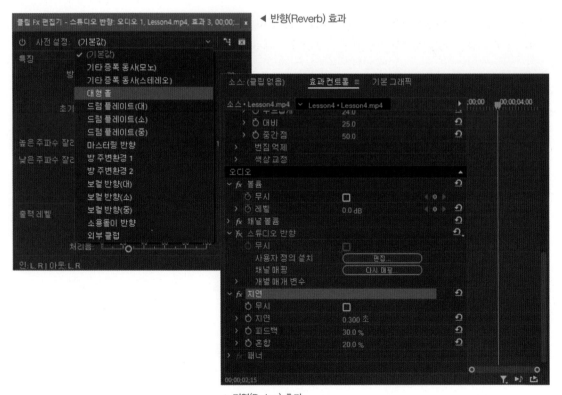

◀ 반향(Reverb) 효과

▲ 지연(Delay) 효과

한눈에 확인하는 작업 순서	반향 효과 적용하기	>	반향 효과 옵션 설정하기	>	지연 효과 적용하기	>	지연 효과 옵션 설정하기

 **STEP 01** **울림 효과–반향 적용하기**

01 예제 파일을 엽니다. 타임라인의 A1 트랙에 위치한 오디오 클립에 효과를 적용해보겠습니다. [효과
(Effects)] 패널에서 [오디오 효과(Audio Effects)]–[반향(Reverb)]–[스튜디오 반향(Studio Reverb)] 효
과를 드래그해 오디오 클립에 적용합니다.

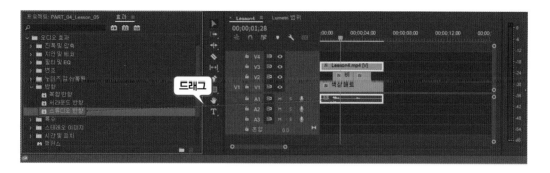

02 ❶ 효과를 적용한 클립을 클릭합니다. ❷ [효과 컨트롤(Effect Controls)] 패널의 [오디오(Audio)]–
[스튜디오 반향(Studio Reverb)] 효과 항목에서 [편집(Edit)]을 클릭합니다. ❸ [클립 Fx 편집기] 대화상자
가 나타납니다. 여기에서 효과의 세부 옵션을 조절할 수 있습니다. ❹ [사전 설정(Preset)]을 클릭합니다.

TIP 모든 오디오 효과에 [편집(Edit)]이 존재하지는 않습니다. 뒤에서 배울 지연(Delay) 효과처럼 직접 값을 조정해야 하는 경우도 있습니다.

03 [사전 설정(Preset)]은 복잡한 옵션을 특정 조건에 맞게 미리 설정한 값을 의미합니다. ❶ 하나씩 적용하고 재생해보면서 마음에 드는 사전 설정을 찾아봅니다. 원하는 값을 찾았다면 ❷ [클립 Fx 편집기] 대화상자를 닫습니다.

STEP 02   **메아리 효과–지연 적용하기**

01 [효과(Effects)] 패널에서 [오디오 효과(Audio Effects)]–[지연 및 에코(Delay & Echo)]–[지연(Delay)] 효과를 드래그해 클립에 적용합니다.

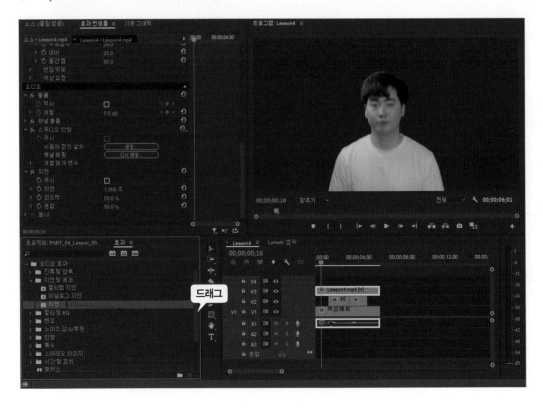

02 지연 효과에는 [편집(Edit)] 항목이 따로 없습니다. 조절해야 할 옵션이 네 개이므로 간단히 각 옵션에 대해 알아보겠습니다.

① **무시(Bypass)** | 효과를 끄는 옵션입니다.

② **지연(Delay)** | 메아리 사이의 간격을 조절합니다.

③ **피드백(Feedback)** | 메아리의 양을 조절합니다. 숫자가 낮을수록 메아리 횟수가 줄어듭니다. 50% 이하가 자연스럽게 연출됩니다.

④ **혼합(Mix)** | 원본 오디오와 메아리 처리된 오디오의 비율을 조절합니다.

03 직접 조절이 어렵다면 ❶ 아래 그림과 같은 값으로 설정해봅니다. ❷ Spacebar 를 눌러 실행해보면 자연스러운 메아리 효과가 만들어졌습니다.

유튜브 무료 음원 다운로드하기

예제 파일 **없음** | 완성 파일 **없음**

유튜브에서는 크리에이터가 다양한 음악을 콘텐츠에 사용할 수 있도록 음원을 무료로 배포하고 있습니다. 음원의 개수도 정말 많고, 한 달에 두 번씩 업데이트되므로 영상을 만들 때마다 들어가서 적절한 음원을 찾아보면 콘텐츠를 더욱 알차게 만들 수 있습니다.

01 유튜브에 로그인 한 후 ❶ 본인 계정 아이콘을 클릭하고 ❷ [YouTube 스튜디오]를 클릭합니다.

02 YouTube 스튜디오 페이지에서 왼쪽 상단의 ❶ ☰ 를 클릭하고 ❷ [오디오 보관함]을 클릭합니다.

03 오디오 보관함 페이지에서 각 음악의 장르, 분위기 등을 선택하고 미리 들어볼 수도 있습니다.

04 음원 다운로드는 하단의 플레이어에서 ⬇를 클릭하면 됩니다.

TIP 오디오 보관함 라이선스는 수익 창출도 매우 자유로운 편입니다. 하지만 유튜브 외 영상 제작 등 몇 가지 예외와 제한 사항이 있을 수 있으므로 유튜브의 도움말을 반드시 참고합니다. 그리고 ⓒⓒ 모양의 아이콘이 표기된 음원의 경우 저작자를 영상 설명, 더보기에 밝혀야 하므로 이 부분은 주의합니다.

유캔들 유튜브 테크닉

초보 유튜버 7 이드

프리미어 프로 기초

영상 편집 기본

프리미어 프로 효과

영상 특수 효과

찾아보기